"工学结合、校企合作"职业教育改革创新教材

工业企业管理

第4版

主　编　张　卿

参　编　王　鹏

机械工业出版社

本书主要是针对职业教育工科类专业需要的企业管理知识而编写的，对传统教材内容体系进行了改革和创新，突出了工科专业特点。其内容包括概论、物资管理、生产管理、设备管理、劳动管理、技术管理、营销管理、财务管理、企业管理中常用应用文写作。本书主要讲述生产一线实用的管理知识和技能，避免了传统教材以讲经营管理为主而对工科专业实用性不强的问题，内容简明易懂，职业教育特色鲜明。本书适用于高职学校和中职学校工科类专业师生，中职学校可不讲书中带*号的内容。

图书在版编目（CIP）数据

工业企业管理 / 张卿主编． -- 4 版． -- 北京：机械工业出版社，2024.8（2025.6 重印）．--（"工学结合、校企合作"职业教育改革创新教材）． -- ISBN 978-7-111-76105-1

Ⅰ. F406

中国国家版本馆 CIP 数据核字第 2024DT6390 号

机械工业出版社（北京市百万庄大街22号　邮政编码100037）
策划编辑：孔文梅　　　　　责任编辑：孔文梅　乔　晨
责任校对：梁　园　宋　安　　封面设计：鞠　杨
责任印制：刘　媛
三河市国英印务有限公司印刷
2025年6月第4版第3次印刷
184mm×260mm・15.75 印张・370 千字
标准书号：ISBN 978-7-111-76105-1
定价：49.50元

电话服务　　　　　　　　　网络服务
客服电话：010-88361066　　机 工 官 网：www.cmpbook.com
　　　　　010-88379833　　机 工 官 博：weibo.com/cmp1952
　　　　　010-68326294　　金　书　网：www.golden-book.com
封底无防伪标均为盗版　　机工教育服务网：www.cmpedu.com

前　　言

　　本书主要是为职业教育工科专业编写的，针对工科专业学生毕业后的工作需要，以生产过程管理为主，讲述生产一线需要的管理知识，内容贴近生产一线，实用性强。同时考虑到学生将来走向管理工作岗位或自主创业的需要，本书还讲述了营销管理和财务管理等必要的知识。

　　本书的特点是：①针对性和实用性强。本书针对工科专业学生在生产一线工作的实际情况，主要讲述与生产过程有关的管理知识和一些实用的操作技能，如物资入库、出库单的填写，库存物资明细账的登记，生产问题的决策，劳动时间利用，设备利用等方面的知识和技能。书中没有过多地讲述经营管理方面的内容，因为工科专业学生的培养目标不是经营管理人员，而是在生产一线工作的人员，所以职业教育工科专业学生的学习内容应有别于管理专业的学生。而一般教材中经营管理方面的内容过多，生产管理方面的内容偏少。②职业教育特色突出。本书内容突出在生产一线工作的实用性，适合职业院校学生实际需求，简明易懂，避免内容过深过难，不盲目追求过高的现代化和理论化倾向，知识以"必需、够用"为原则。

　　本书由咸阳市国资物产管理建设集团有限公司张卿（中国职业院校教学名师、中国会计学会高级会员）主编，拟定编写大纲并总撰定稿。具体承担的编写任务为：张卿编写第一～七章，咸阳市国资物产管理建设集团有限公司总会计师王鹏编写第八、九章。

　　职业教育课程教学内容改革是一项艰巨的任务，本书作为改革的尝试，缺点和不足在所难免，恳切希望读者多提宝贵意见，以便不断完善。

　　本书适用于高职和中职工科类专业，书中带有＊号的内容中职可不讲。

　　为方便教学，本书配备了电子课件等教学资源。凡选用本书作为教材的教师均可登录机械工业出版社教育服务网www.cmpedu.com，免费下载。如有问题请致电010-88379375联系营销人员，服务QQ：945379158。

编　者

目　　录

前言

第一章　概论 ... 1
第一节　企业概述 ... 1
第二节　工业企业 ... 6
第三节　工业企业管理概述 ... 9
本章小结 ... 13
课后习题 ... 14

第二章　物资管理 ... 15
第一节　工业企业物资的种类 ... 15
第二节　物资采购与储存管理 ... 16
第三节　物资仓库管理 ... 21
本章小结 ... 29
课后习题 ... 30

第三章　生产管理 ... 33
第一节　工业生产的类型、组成和过程 ... 33
第二节　生产过程的组织 ... 35
*第三节　生产最优化决策 ... 41
第四节　材料消耗控制 ... 57
第五节　质量管理 ... 63
第六节　生产现场管理 ... 80
本章小结 ... 81
课后习题 ... 82

第四章　设备管理 ... 87
第一节　工业设备的种类 ... 87
第二节　设备生产能力和需要量核定 ... 89
第三节　设备利用状况评价 ... 91
第四节　设备的维护与修理 ... 98
第五节　设备的更新与改造 ... 105
本章小结 ... 110
课后习题 ... 111

第五章　劳动管理 ... 115
第一节　人力资源管理 ... 115
第二节　劳动时间利用情况评价 ... 124
第三节　劳动定额 ... 128
第四节　劳动生产率 ... 133
第五节　绩效工资制度 ... 136
本章小结 ... 138
课后习题 ... 139

*第六章　技术管理 ... 143
第一节　新产品开发 ... 143
第二节　技术革新和技术改造 ... 150
第三节　高新技术企业认定 ... 157
本章小结 ... 160
课后习题 ... 161

第七章　营销管理 ... 163
第一节　营销策略 ... 163
*第二节　销售规划 ... 176
第三节　销售业务管理 ... 179
第四节　电子商务在产品营销中的应用 ... 185
本章小结 ... 186
课后习题 ... 186

第八章　财务管理 ... 189
第一节　成本费用管理 ... 189
第二节　资金筹集管理 ... 192
第三节　资产管理 ... 203
*第四节　项目投资管理 ... 208
第五节　税金和利润 ... 212
*第六节　企业经济效益评价 ... 217
本章小结 ... 223
课后习题 ... 224

第九章　企业管理中常用应用文写作 ... 229
第一节　管理制度的写作 ... 229
第二节　经济合同的写作 ... 231
第三节　商务信函的写作 ... 234
第四节　其他应用文书写作 ... 238
本章小结 ... 242
课后习题 ... 242

参考文献 ... 245

第一章

概论

> **学习目标**
> - 明确企业的概念和种类,了解企业的组织形式和设立要求。
> - 了解工业企业的范围和种类划分。
> - 了解工业企业管理的职能、内容和组织机构。

第一节 企业概述

我国的企业分为国有企业和民营企业两大类,其中民营企业是国民经济的重要组成部分,民营企业数量占企业总数的绝大部分。优化民营企业发展环境,促进民营经济发展壮大,关键要抓好多方面政策举措落实。一是加快营造稳定公平透明可预期的营商环境。坚持社会主义市场经济改革方向,持续破除市场准入壁垒,完善高质量的公平竞争制度,充分激发民营经济生机活力。二是依法保护民营企业产权。依法保护民营企业产权和自主经营权,持续完善知识产权保护体系,进一步完善监管和柔性执法体系,为民营经济发展营造良好稳定的预期。

一、企业的概念

企业就是以营利为目的的经济组织。以营利为目的,是企业的基本特征。企业是国民经济的主要组成部分,是国家财政收入主要的提供者。企业的经营业务可以是多种多样的,但都是以营利为目的,这是判断企业与非营利组织的标准。

二、企业的种类

企业按经营业务的性质,可以分为以下三类:

1. 生产企业

生产企业就是生产物质产品的企业,它们从大自然中取得物质产品或将原材料加工为物质产品。生产企业是物质财富的创造者,是国民经济的基础部门。生产企业包括农业企业、工业企业和建筑企业。

2. 流通企业

流通企业是指国民经济中流通领域中的企业，包括商业企业、货物运输企业、邮政和电信企业。它们从事物质产品或信息的传递业务，将物质产品由生产者转移到消费者手中，是社会再生产中的重要部门。

3. 服务企业

服务企业就是为企业、政府、事业单位和居民提供各种服务的企业。它们不生产物质产品，但为生产企业和流通企业提供资金、保险、技术服务，为行政事业单位和居民提供生活、餐饮、娱乐、旅游等服务。

服务企业包括银行、保险、租赁等金融企业，房地产开发企业，旅客运输企业，旅游企业，居民服务企业，娱乐企业，技术服务企业及其他服务企业。

三、企业的组织形式

现代企业的组织形式，分为个人独资企业、合伙企业和公司三种。

（一）个人独资企业

个人独资企业是由一个自然人投资，资产为投资人所有，投资人以其个人财产对企业债务承担无限责任的企业。

在个人独资企业中，企业是业主的个人财产，由业主直接经营。业主享有该企业的全部经营所得，同时，对它的债务负有完全的无限责任。如果经营失败，出现资不抵债的情况，业主要用自己的家产来抵偿。

> **小贴士**
>
> 精打细算、勤劳节俭是这类企业普遍具有的优点。

个人独资企业一般规模较小，内部管理机构简单。它的优点是设立和歇业的程序简单易行、产权能够比较自由地转让、经营者与所有者合一、经营方式灵活、决策迅速、利润独享、保密性强。

它的缺点在于：①企业本身财力有限，而且受偿债能力所限，借款的能力较差，难于从事大量投资的工商活动。个人独资企业需要扩大规模时，往往联合其他业主与其合伙经营。②企业的生命力较弱，如果业主无意经营或因健康状况无力经营，企业的业务就会中断。③企业经营好坏依赖于业主的个人素质，但业主也可以聘用他人经营。

（二）合伙企业

合伙企业（合伙制企业）是由两个或两个以上的个人或法人联合经营的企业。合伙人分享企业所得，并对企业亏损共同承担责任。普通合伙人对企业债务承担无限责任（也有有限责任的合伙人）。企业可由部分合伙人经营，其他合伙人仅出资并共负盈亏；也可由所有合伙人经营；还可以聘用合伙人以外的人经营。多数合伙企业规模较小，也有的合伙企业规模较大，甚至有几百个合伙人参加。例如，美国某些大型律师事务所和会计师事务所就是大型的合伙企业。

合伙企业与个人独资企业相比，主要有两大优点：①由于可以由众多的合伙人共筹资金，因而资本规模较个人独资企业大，也由于合伙人共负偿还责任，减少了贷款者的风险，它的筹资能力较个人独资企业大为提高。②合伙人对企业盈亏负有完全责任，意味着他们以自己全部财产来为企业担保，因而有助于增强经营者的责任心，提高企业信誉。

合伙企业的主要缺点为：①它是依据合伙人之间的协议建立的，每当一位合伙人退出、死亡或一位新的合伙人被接纳，都必须重新谈判建立新的合伙关系。②筹集资金的能力受限于合伙人。同时，合伙人都有权代表企业从事经济活动，重大决策需经所有合伙人同意，因而容易造成决策上的延误和差错。③合伙人对合伙企业的债务负有连带责任，不以他投入的那部分资本为限。这种情况会使那些不能对企业经营活动行使控制权的合伙人面临危险。

考虑到合伙企业的优缺点，一般说来，规模较小、资金需要较少，而主办人的个人信誉至关重要的企业，如律师事务所、诊疗所等，可采取这种组织形式。那些规模经济要求较高、扩展迅速、提供标准化产品和服务的企业，由于需要筹集大量资金和不断接纳新的投资者，因此，以建立法人公司制企业为宜。

（三）公司

公司是以资本联合为基础设立的一种企业组织形式，是所有权与经营权分离的企业形式。公司的股东以其出资额或股份享受权利，承担义务。股东享有参与管理的权利和享受股利的权利，同时以其出资额或股份对公司债务承担有限责任，即股东不以个人财产向公司承担偿债责任。在我国，公司分为有限责任公司和股份有限公司两种。

1. 有限责任公司

有限责任公司是指由一个以上股东共同出资，每个股东以其认缴的出资额对公司行为承担有限责任，公司以其全部资产对其债务承担责任的法人企业。

有限责任公司不对外公开发行股票，各股东的出资额由股东协商确定，各股东出资额可以不同，股东交付股金后，股份不能自由流通，在其他股东同意下才可转让，并要优先转让给公司原有股东。

> **小贴士**
>
> 有限责任公司的股东通常有限额规定，我国规定公司股东人数必须在1~50人之间。当股东人数超过上限时，须向法院申请特许或转为股份有限公司。

在有限责任公司中，股东投入公司的财产与他们个人的其他财产脱钩，股东仅以出资额为限承担公司责任。因此，与合伙企业相比，股东承担的风险大为降低。此外，有限责任公司还具有设立程序比较简单、不必发布公告、不必公开账目、不必公开资产负债表以及内部机构设置灵活等特点。有限责任公司的缺点是，筹集资金的范围和规模一般都较小，因此，一般适宜中小企业。

2. 股份有限公司

股份有限公司是指注册资本金由等额股份构成，通过发行股票筹集资本，以其全部股本对公司债务承担有限责任的企业法人组织。它由对公司行为承担有限责任的股东组成。

股份有限公司的资本金总额分为每股金额均等的股份，在交易所上市的股份有限公司，其股票可在社会上公开发行，并可自由转让，但不能退股，以保持公司资本的稳定。公司中股东的身份、地位、信誉不再具有重要的意义,任何出资人都可成为股东。股东成为单纯的股票持有者,他们的权益主要体现在股票上,并随股票的转让而转移。这类公司的股东人数在法律上有最低限额规定,我国《公司法》规定至少是 2 人。

股份有限公司的产权分属于股东,股东有权分享公司的盈利。其途径是:

(1) 公司定期向股东支付股利。股利有两种形式:①根据事先约定的利率向优先股股东发放股息;②依企业盈利状况向普通股股东发放红利。

(2) 通过股票的升值获得投资报酬。

> **补充资料**
>
> 股票的交易有两条途径:①证券交易所上市交易;②柜台交易。前者有一定的优越性。例如,有助于提高公司的信誉、知名度和资信度,股票价格变动可为公司经营决策提供重要依据等。但各国证券交易所为保障证券交易的质量,都对上市公司提出了较高的标准,公司要有足够的资金规模,要有多年良好的业绩,社会公开发行股票额占股本总额规定比例,记名股东不能少于最低限额等。经审查符合标准上市的公司只是少数,绝大多数股票转让是采取场外柜台交易。西方国家在交易所上市的股份有限公司约占股份有限公司总数的 1‰ ~ 2‰。

有限责任公司和股份有限公司的管理机构包括三个层次:①作为所有者的股东会或股东大会;②作为法人及其法定代表的董事会;③作为高层执行官员的总经理、常务董事。

公司的最高权力机关是股东会或股东大会。它的例会一般一年一次,通常采取一股一票的原则进行表决,做出人事安排、公司重大经营决策以及收入分配等决定。具体来说,作为最高决策机构的股东会或股东大会拥有对剩余收入的索取权;在审议董事会关于修改公司章程、公司合并、出卖全部财产的建议和财务报告时的投票权;对高层经理人员的任命和解雇权,对董事会的起诉权;对公司经营管理活动的知情权和监察权。由于股东会或股东大会无法适应及时做出具体经营决策的需要,需选出少数人组成董事会。董事会聘任总经理和其他高级主管人员。董事和经理人员是作为由企业所有者授权的代理人,代表股东经营管理企业。

董事会是股东会或股东大会的执行机关,董事会成员作为股东的受托人,承担受托责任,全权负责制定经营管理战略,任命总经理,任命由总经理提名的副总经理。董事长是公司的法定代表人。董事会有权随时撤换不称职的高层执行官员。事实上,在现代大公司中,董事会只起战略指导和监控作用,企业的控制权一般是掌握在高层经营管理人员之手。

在公司中,所有者与经营者、股东与高层管理人员之间形成了委托与代理的关系。委托人和代理人各自追求自己的目标。作为委托人的股东要求高层管理人员尽职尽责,执行好经营和指挥的职能,以便取得更多的盈利。作为代理人的高层管理人员追求的是社会地位及个人收入最大化。两者的差异需要一套有效的激励机制加以协调,包括:①公司聘用一定数量的外部董事,设立独立的审计稽核机构,如监事会等,对高层管理人员进行监督。②根据高层管理人员工作业绩实行物质奖惩。高层管理人员的报酬由薪酬委员会拟订并提交董事会审议及批准来决定。其报酬较普通员工高几倍到几十倍,所采取的形式有薪金、奖金、在职消费和股票或股票期权。

股份有限公司与有限责任公司相比,两者的区别是:

（1）股份有限公司规模较大，股东人数没有上限规定，股份可自由转让，董事可向社会聘任。

> **小贴士**
>
> 为了保护股东和债权人的利益，各国法律都要求股份有限公司的账目必须公开，在每一年度终了及年中时发布公司的财务报告，以供股东和债权人查询。

（2）募集资本金的方式不同。有限责任公司不发行股票，而是通过公司股东协商集资入股的方式募集资本金。股份有限公司募集资本金的方式有两种：①定向募集。由公司发起人认购股份，以及向一定范围的投资者募集股份。②社会募集。除公司发起人认购股份外，其余股份可在社会上公开发行股票募集。

（3）股份有限公司可凭借大规模的筹资能力，提高市场竞争力。

（4）股票可迅速转让，提高了资本流动性，并且，股东认为公司经营不善会抛售股票，将资金投向其他公司。众多的股东出售股票可能导致某些收购者接管公司和撤换管理人员，即"用脚投票"。这种情况将对公司管理人员形成压力，鞭策他们努力提高企业经济效益。

股份有限公司也有其缺点，如公司设立程序复杂，组建和歇业不像其他类型公司那样简便；公司营业情况和财务状况向社会公开，保密性不强；股东购买股票主要是为了取得股利和通过股票升值获利，缺少对企业长远发展的关心等。尽管如此，股份有限公司仍然是现代市场经济中最适合大中型企业的组织形式。

公司与合伙制企业比较，其优点是：①股东只对企业债务负有限责任。因此股东的风险要比合伙人小得多，从而使公司成为筹集大量资本的较好的企业组织形式。②具有独立生命力。公司一旦建立，其业务不会因为股东死亡或股权转手而终止。③决策及时，在业务决策上，只需多数同意，不必一致通过。④公司的经济行为受有关法律的限制和保护，有利于政策连续性和减少差错。

四、企业的设立

（一）企业设立的条件

1. 投资人符合要求

对个人独资企业的要求是投资人必须是一个自然人，且为中国公民。

对合伙企业的要求是要有两个以上的合伙人，自然人或法人均可。

对有限责任公司的要求是股东人数必须是 50 人或 50 人以下，股东为自然人或法人均可。

对股份有限公司的要求是应有 1 个以上 200 人以下为发起人，股东为自然人或法人均可。

2. 有合法的企业名称

个人独资企业和合伙企业的名称不得使用"有限责任""公司"的字样。

有限责任公司的名称必须标明"有限责任公司"或"有限公司"字样。

股份有限公司的名称必须标明"股份有限公司"字样。

3. 有固定的生产经营场所和必要的生产经营条件

生产经营场所包括企业的住所和与生产经营相适应的处所。住所是企业的主要办事机构所在地，是企业的法定地址。

4. 有必要的从业人员

企业要有与生产经营范围、规模相适应的从业人员。

5. 有合伙协议或公司章程

合伙企业要有合伙人达成的书面合伙协议，有限责任公司和股份有限公司要有股东共同制定的公司章程。

6. 有公司的组织机构

公司的组织机构包括有限责任公司的股东会或股份有限公司的股东大会、董事会或执行董事、监事会。

7. 股份有限公司的股份发行符合法律规定

这些规定主要包括发起人认购和公开募集股份的比例，取得股票发行资格，申请股票发行的批准，验资等方面的规定。

（二）企业设立的基本程序

1. 个人独资企业和合伙企业设立的程序

个人独资企业和合伙企业设立的程序为：

（1）向市场监督管理局提供申请。

（2）进行市场监管登记，领取营业执照。

2. 公司设立的程序

公司设立的程序为：

（1）发起人订立发起协议。

（2）制定公司章程。

（3）向政府有关部门申请批准。

（4）股东认购股份或认缴注册资本（认缴资本须在五年内缴足）。

（5）成立股东会或召开公司创立大会（即首次股东大会）。

（6）建立公司组织机构，并确定董事长、董事、监事、经理人选。

（7）向市场监督管理局申请设立登记，领取营业执照。

（8）有限责任公司向股东缴足出资后签发出资证明书，股份有限公司依法公告。

另外，企业设立后，还要进行税务登记，税务登记和申领营业执照一并办理。

第二节　工　业　企　业

一、工业企业的范围

工业的范围包括三个部分，即自然资源开采、对采掘品和农产品加工、工业品修理。相应地，工业企业包括以下三类企业：

1. 自然资源开采企业

自然资源开采企业是指对天然形成的自然资源进行开采的企业，包括对矿物资源和生物资源的开采。矿物资源包括金属矿和非金属矿，如铁、铜、金、煤、石油、天然气等。生物资源包括天然植物和动物，如天然森林、天然鱼类等。但由于海洋渔业与人工养鱼不易区分，我国目前未将海洋捕捞划入工业。对生物资源开采要与农业相区别，农产品是人工培育的产品。

2. 采掘品和农产品加工企业

对采掘品加工，就是对开采出来的自然资源产品进行一系列加工。例如：将金属矿石加工成金属，再加工成零部件、机器；将石油加工成汽油、柴油等；将煤加工成焦炭和其他化工原料，进而加工成化工产品；将木材加工成木制品等。

对农产品加工，就是将初级农产品加工成食品或服装等，如粮油加工，食品加工，棉、麻、毛纺织，果品加工，制糖等。

3. 工业品修理企业

对工业品修理，就是对机器、工具、车辆等工业产品的修理活动。对工业品修理可视作对工业产品的继续加工，所以也划归工业。但对于那些为居民服务的小商品修理，如家电、自行车、摩托车、伞、灶具等的修理划归服务业。房屋、建筑物维修属于建筑业，不属于工业。

二、工业企业的分类

（一）按产品的用途划分

按生产产品用途的不同，工业企业可分为重工业企业和轻工业企业两大类。

1. 重工业

生产生产资料的工业为重工业，重工业是工业的基础，也是其他物质生产部门的物质基础。重工业提供社会生产的工具和主要原材料。

重工业又可以分为以下三类：

（1）采掘工业，是指对自然资源开采的工业，即石油开采、煤炭开采、金属矿开采、非金属矿开采和木材采伐工业等。

（2）原料工业，是指提供制造工业所需的原材料和动力、燃料的工业。它包括金属冶炼和加工、炼焦和焦炭化学、化学原料、水泥、锯材及人造板等原料工业，以及电力、石油和煤炭加工等动力燃料工业。

（3）制造工业，是指对原材料进行加工制造的工业。它主要是制造现代化的生产工具，其产品一般多为重工业的最后成品，包括农业机械、工业设备、现代交通工具、建筑施工机械等制造工业，装配机械设备所需的构成件制造工业，和建造劳动条件（如厂房、铁道等）的金属结构、水泥制品等工业，以及制造农业生产资料的化肥、农药的工业。

采掘工业是整个工业，特别是重工业本身的基础，必须优先发展，才能满足和保证整个工业的顺利发展；原料工业提供制造的原材料，对制造工业和轻工业的发展影响很大；制造工业为工业和国民经济各部门提供现代化的生产工具，它关系到国民经济的技术改造和现代化的实现。

2. 轻工业

生产生活资料的工业为轻工业，它为人民生产生活消费品，是提高人民物质和精神生活水平的保证。

轻工业又可以分为两类：

（1）以农产品为原料的轻工业，包括粮油加工，棉、麻、毛纺织，服装制造，造纸，皮革加工、食品加工，烟草工业等。

（2）以非农产品为原料的轻工业，即以工业产品为原料的轻工业，包括日用金属制品制造、日用化工产品制造、化学纤维制造、日用玻璃制造、陶瓷制造、家用电器制造、自行车和摩托车制造、家具制造、计算机制造、医疗器械制造、文体用品制造等。

（二）按门类划分

根据产品的经济用途、使用原材料和生产技术的不同，工业企业可划分为以下20个门类：

（1）黑色金属工业，包括铁、铬、锰等金属的开采和冶炼。

（2）有色金属工业，包括金、银、铝、镍、锑、锡等金属的开采、冶炼和加工。

（3）煤炭工业，即煤炭的开采。

（4）石油工业，包括石油和天然气的开采。

（5）石化工业，包括炼油、合成纤维、合成橡胶、有机化学原料的生产。

（6）化学工业，包括化肥、酸、碱、电石、油漆、焦炭、轮胎等的生产。

（7）电力工业，包括发电和供电。

（8）森林工业，包括木材采运和木材加工。

（9）机械工业，包括各种机械、配件、汽车、船舶等的制造。

（10）电子工业，包括通信设备、广播电视设备、电子元件、计算机等的制造。

（11）核工业，包括核燃料武器、核仪器设备的制造与铀的开采和冶炼。

（12）航天工业，即航天设备的制造。

（13）航空工业，包括飞机及空降设备等的制造。

（14）兵器工业，包括各种军事武器、设备、炮弹、枪弹、炸药的制造。

（15）建材工业，包括各种建筑材料（水泥、砖、耐火材料、石灰、地板、墙面等）、平板玻璃、玻璃纤维、石棉、石膏等的生产。

（16）轻工业，包括纸、盐、糖、钟表、缝纫机、自行车、饮料、酒、电冰箱、洗衣机、印刷品、塑料制品、照相机、日用化学制品、日用陶瓷制品、灯泡、食品、文教体育用品、日用染品、工艺美术制品、皮革毛皮制品等的生产。

（17）纺织工业，包括化学纤维纺织、棉纺织、毛纺织、麻纺织、绢纺、丝织、印染、缫丝等。

（18）医药工业，包括各种中、西医药制造。

（19）烟草工业，包括各种卷烟生产和烟叶复烤。

（20）市政公用工业，包括城市自来水供应、煤气供应、供热等企业。

（三）按规模划分

按规模大小的不同，工业企业可划分为大型企业、中型企业、小型企业和微型企业。

（1）大型企业，标准为：从业人员1 000人及以上，且年营业收入40 000万元以上。

（2）中型企业，标准为：从业人员300人及以上，1 000人以下；且年营业收入2 000万元及以上，40 000万元以下。

（3）小型企业，标准为：从业人员20人及以上，300人以下；且年营业收入300万元及以上，2 000万元以下。

（4）微型企业，标准为：从业人员20人以下，或年营业收入300万元以下。

国家会在不同时期对企业规模划分标准进行调整。

第三节　工业企业管理概述

一、工业企业管理的内容

工业企业管理的内容，就是工业企业的生产经营活动。工业企业的生产经营活动，主要包括供、产、销、人、财、物等方面，因而工业企业管理的内容包括以下几个部分：

1. 物资管理

物资管理主要是物资供应和储存管理。物资供应主要是原材料供应，是生产过程得以进行的首要环节，合理地规划原材料的采购批量、采购时机、储存定额，做好库存管理工作，是生产正常进行的保证，也是提高资金利用效果、提高企业经济效益的重要一环。

2. 生产管理

生产管理是指对企业的全部生产活动进行综合性的管理。从事生产活动，是工业企业最基本的特征。做好生产管理工作，可以合理地组织企业的生产活动，充分利用企业资源，有效地进行生产控制，提高企业的生产效率。保证按品种、按质量、按数量和按期限完成企业的生产任务。生产管理的主要内容有：生产计划、生产作业计划、生产控制及生产现场管理等。

3. 营销管理

企业生产的目的就是要把生产的产品销售出去，实现其价值，取得收入，以获取利润。所以，销售是企业经营活动的中心环节，营销管理是工业企业管理的主要内容。

4. 劳动管理

劳动是基本的生产要素，在任何工业生产过程中，劳动力是最基本的生产力。任何工业的生产过程，都必须有三个基本条件：一是具有熟练生产技术和管理能力的劳动者；二是劳动手段；三是劳动对象。在生产过程中，劳动者直接或间接地运用劳动手段，使劳动对象发生物理的、化学的变化，成为合乎社会需要的产品。加强劳动管理，提高劳动时间利用率和劳动生产率，是提高企业经济效益的重要措施。

5. 设备管理

工业企业的机器设备是生产的工具，是企业生产的物质技术基础。设备的技术状态，对产品的数量、质量以及工业企业的生产经营成果都有着重大的关系。因此，加强设备管理，提高设备利用率，合理利用设备，是提高企业资金利用效果和经济效果的重要保证。

6. 技术管理

企业竞争优势是企业在竞争性市场中存在和发展的核心，竞争优势归根结底产生于企业为客户能创造的价值。竞争的优势来源于产品的技术优势、成本优势和销售优势，这些优势的取得，根本在于企业的技术创新。技术创新包括新产品的开发、新技术在生产过程中的应用、进行技术改造等。做好技术管理工作，不断开展技术创新，是提高企业竞争力的保证。

7. 财务管理

工业企业的财务管理，就是利用货币、价值形式，对企业的生产经营活动进行综合的管理。它是企业资金的形成、分配和使用过程中的各项管理的总称。加强财务管理，对于促进生产的发展、加强经济核算、增加利润、节约资金，有着巨大的作用。

二、工业企业管理的职能

1. 决策和计划

决策是企业对经济发展和经营目标以及其他手段的抉择。正确的决策能够指导人们进行有效的活动，从而获得良好的结果。错误的决策则会产生错误的行为，使人们得到失败的教训，甚至造成巨大的损失和严重的后果。所以，决策是企业管理的首要职能。

正确的决策来自周密的调查研究，要掌握市场信息，取得定量数据，预测未来的趋势，并经过方案的评价和综合平衡来做出决断。

计划就是根据决策目标做出的具体安排。在工业企业的管理中，计划是各项工作中的"龙头"。只有充分发挥计划的职能作用，才能使各个方面和各个环节以至每个职工都有明确的奋斗方向，才能把各项工作有效地组织起来，建立起正常的生产秩序和工作秩序。企业的经营规模越大，生产经营过程越复杂，计划的职能作用就越重要。所以，计划职能是现代工业企业不可缺少的重要职能。

2. 组织和指挥

组织就是将企业生产经营活动的各要素、各部门、各环节在空间和时间的联系上，在劳动分工与协作上，在上下左右的相互关系上以及对外往来上，合理地组织起来，形成一个有机的整体，使企业的人、财、物等得到最合理的运用。

组织职能的执行，要从企业生产经营的具体情况出发，服从于企业经营方针和决策。组织职能水平的高低，在一定程度上决定了企业的工作效率和生产经营活动的成果。

指挥就是为了达到既定目标，发挥领导艺术，对下级和下属进行布置和指导，使企业的生产经营活动有条不紊地正常进行。没有正确的指挥，计划和组织的职能也不可能顺利实现。

3. 协调和控制

为了有效地实现企业的目标，使企业内部上下左右之间以及对外的工作能保持良好的配合关系，就需要进行协调活动。

协调或称调节，可分为纵向协调和横向协调，对内协调和对外协调。纵向协调就是对企业内部各级之间的协调；横向协调则是对部门之间的协调；对内协调就是企业内部的协调；对外协调则是对企业与其他单位之间的协调。协调是一项综合性的职能，要做好协调工作，关键在于使全体职工明确企业的生产经营目标和决策计划内容，树立全局观念，克服本位思想，加强互相协作，消除扯皮现象。

控制又称监督，它是同计划紧密联系在一起的。没有计划，控制也失去了依据。有了计划，没有控制，计划的实现也可能落空。因此，控制和计划都是企业管理中互相配合、不可缺少的重要职能。

控制主要是对企业生产经营活动过程进行考察，把实际执行的情况与原定的计划、目标进行对比，找出差异，分析原因，采取对策，解决问题。

实现控制的职能，要求企业建立和健全一系列的规章制度，特别是应该有明确的责任制，有完整的定额管理制度和严格的经济核算等。

三、工业企业管理的组织机构

（一）公司制企业的组织机构

公司制企业（有限责任公司和股份有限公司）的组织机构包括股东会或股东大会、董事会或执行董事、经理、监事会等。各机构之间的关系如图1-1和图1-2所示。

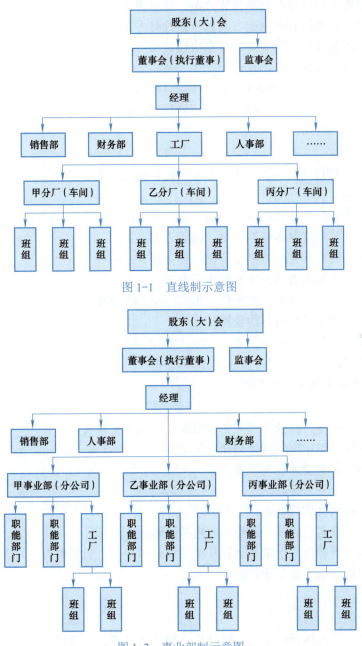

图1-1　直线制示意图

图1-2　事业部制示意图

公司制企业各机构的职权如下：

1. 股东（大）会的职权

（1）决定公司的经营方针和投资计划。

（2）选举和更换董事，决定有关董事的报酬事项。

（3）选举和更换由股东代表出任的监事，决定有关监事的报酬事项。

（4）审议批准董事会的报告。

（5）审议批准监事会或者监事的报告。

（6）审议批准公司的年度财务预算方案、决算方案。

（7）审议批准公司的利润分配方案和亏损弥补方案。

（8）对公司增加或减少注册资本做出决议。

（9）对发行公司债券做出决议。

（10）对股东向股东以外的人转让出资做出决议。

（11）对公司合并、分立、变更公司的形式、解散和清算等事项做出决议。

（12）修改公司章程。

2. 董事会的职权

（1）负责召集股东（大）会，并向股东（大）会报告工作。

（2）执行股东（大）会的决议。

（3）决定公司的经营计划和投资方案。

（4）制订公司的年度财务预算方案、决算方案。

（5）制订公司的利润分配方案和亏损弥补方案。

（6）制订公司增加或者减少注册资本的方案。

（7）拟订公司合并、分立、变更公司形式、解散的方案。

（8）决定公司内部管理机构的设置。

（9）聘任或者解聘公司经理（总经理）（以下简称经理），根据经理的提名，聘任或者解聘公司副经理、财务负责人，决定其报酬事项。

（10）制定公司的基本管理制度。

3. 经理的职权

（1）主持公司的生产经营管理工作，组织实施董事会决议。

（2）组织实施公司年度经营计划和投资方案。

（3）拟订公司内部管理机构设置方案。

（4）拟订公司的基本管理制度。

（5）制定公司的具体规章。

（6）提请聘任或者解聘公司副经理、财务负责人。

（7）聘任或者解聘除应由董事会聘任或者解聘以外的负责管理人员。

（8）公司章程和董事会授予的其他职权。

4. 监事会的职权

（1）检查公司财务。

（2）对董事、经理执行公司职务时违反法律法规或者公司章程的行为进行监督。

（3）当董事和经理的行为损害公司的利益时，对董事和经理予以纠正。
（4）提议召开临时股东会。
（5）公司章程规定的其他职权。

5．各职能部门和厂长的职权

各职能部门和厂长负责执行经理安排的工作任务，对经理负责，是企业生产经营活动的具体执行机构，企业的各项计划、政策都是通过这一管理层来落实和实现的。

6．事业部的职权

事业部的基本特点是把企业的生产经营活动按产品大类或地区划分部门，设立若干事业部。各事业部在公司统一领导下，实行独立经营、单独核算，承担盈亏责任；各事业部是实现总公司目标的责任单位；各事业部统一管理所属产品或地区的生产、销售、采购等全部活动，在经营管理上拥有相应的独立自主权，对公司赋予的任务负全面责任。事业部一般适用于经营多样化、规模大、市场覆盖地区广、产品品种多、市场变化快、产品间工艺差别较大的公司。

7．车间、班组的职权

车间、班组是工厂内部设置的管理机构，在厂长或分厂厂长的领导下，负责完成生产任务和对产品质量和材料、人工等消耗的控制。

（二）非公司制企业的组织机构

非公司制企业的组织机构比较简单，没有股东（大）会和董事会，其组织机构和它们之间的关系如图1-3所示。

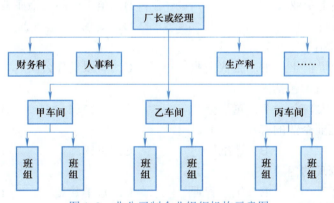

图1-3 非公司制企业组织机构示意图

非公司制企业各机构的职权与公司制企业类似，只是厂长或经理拥有相当于公司董事会的职权。

企业就是以营利为目的的经济组织，分为生产企业、流通企业和服务企业三类。企业

的组织形式分为个人独资企业、合伙企业和公司三种，各种企业投资人的权利、义务不同，其中个人独资企业和合伙企业属于自然人企业，公司属于法人企业。公司又按是否发行股票分为有限责任公司和股份有限公司两种。各种企业的设立均有法定的条件和要求。

工业企业是指从事自然资源开采、采掘品和农产品加工及工业品修理的那一类企业，按生产产品的用途可分为重工业和轻工业，按产品的经济用途、使用原材料和生产技术等可分为若干个门类，按规模大小可分为大型、中型、小型、微型几种。

工业企业管理的内容有物资管理、生产管理、营销管理、劳动管理、设备管理、技术管理、财务管理等。工业企业管理的职能包括决策和计划、组织和指挥、协调和控制。公司制企业的基本组织机构包括股东（大）会、董事会、经理、职能部门等几个层级，股东（大）会是公司最高权力机关，董事会是股东（大）会的执行机关，经理是董事会聘任的公司具体经营者，职能部门是执行公司某一方面经营管理工作的机构。非公司制的个人独资企业和合伙企业，没有股东（大）会和董事会这两层的管理机构，厂长或经理为企业的最高领导层。

课后习题

一、选择题

1. 下列属于生产企业的是（　　）。
   A．机械制造企业　　　　　　　　B．电子产品制造企业
   C．建筑公司　　　　　　　　　　D．商场
2. 法人企业包括（　　）。
   A．个人独资企业　B．合伙企业　C．有限责任公司　D．股份有限公司
3. 公司的管理机构包括（　　）。
   A．股东（大）会　B．董事会　　C．总经理　　　　D．工会
4. 下列属于工业企业的有（　　）。
   A．油田　　　　　B．造纸厂　　C．机床厂　　　　D．汽车修理厂
5. 工业企业管理的内容包括（　　）。
   A．供应管理　　　B．生产管理　C．营销管理　　　D．劳动管理

二、简答题

1. 什么是企业？
2. 企业有哪些种类？举例说明。
3. 企业有哪几种组织形式，它们的主要区别有哪些？
4. 企业的设立有哪些条件？
5. 什么是工业企业？举例说明。
6. 什么是重工业和轻工业？举例说明。
7. 公司制企业的组织机构包括哪些组成部分，它们之间是什么关系，各自的职权有什么区别？

Chapter Two

第二章

物资管理

> **学习目标**
> - 了解工业企业采购物资的种类。
> - 掌握物资采购批量、再订货点和储存定额的确定原则与方法。
> - 明确物资入库、出库、储存管理的要求、程序和方法，懂得物资出库、入库凭证和明细账的填写与登记方法。

第一节 工业企业物资的种类

工业企业的物资，就是用于工业生产的各种物质资料，按其在生产中的用途可以分为原材料、辅助材料、外购半成品、燃料、包装物、修理用备件和工具用具。

1. 原材料

原材料是指加工后构成产品实体的材料。例如，炼铁用的铁矿石、制造机器用的钢材、织布用的棉纱、生产食品用的粮食等。

原材料可分为金属材料和非金属材料两大类。金属材料包括黑色金属材料和有色金属材料。黑色金属材料主要是钢铁，被称为工业的"骨骼"。有色金属材料是指除铁、铬、锰以外的所有金属及其合金，通常分为轻金属、重金属、贵金属、半金属、稀有金属和稀土金属等。各种有色金属材料有不同的用途，例如：铜是导线材料，铀是原子能材料，镧系稀土金属有多种特殊功能（如用作照明材料、催化剂、引信和用于彩色电视等），铂族稀贵金属有难熔、耐腐蚀、耐高温、抗氧化等优异性能，可以用作有特殊要求的零件（如合成纤维喷丝头、钢笔尖等），也可以用作催化剂等。有色金属的用途很多，难以尽述。

同金属材料相对应的是非金属材料。非金属材料有煤、玻璃、陶瓷、石膏、石棉、塑料等。非金属材料中有的品种如塑料、玻璃纤维、工业陶瓷等，或具有良好的性能，或易于取得并且价格低廉，在一些方面可以代替金属材料，有些方面甚至胜过金属材料。

2. 辅助材料

辅助材料是指用于生产过程，有助于产品形成，但不构成产品实体的材料。例如：使主要材料发生物理或化学变化的辅助材料，如接触剂、催化剂、染料、油漆等；与机器设备使用有关的辅助材料，如润滑油、皮带蜡等；与劳动条件有关的辅助材料，如清扫工具、照明用品等。

3. 外购半成品

外购半成品也称外协件，是指直接从外企业购进的零部件，直接用于本企业产品的装配，如机床的外购电机、汽车的外购轮胎、内燃机的外购活塞等。

4. 燃料

燃料是指用于工艺制造、生产动力、运输和取暖等方面的煤炭、焦炭、汽油、液化气、天然气、木柴等。

5. 包装物

包装物是指用于产品包装的箱、桶、罐、瓶、袋、盒等。

6. 修理用备件

修理用备件就是用于设备维修更换的各种配件，如轴承、螺栓、零件、部件等。

7. 工具用具

工具用具是指生产过程中使用的各种工具和用具，包括以下四种：

（1）一般工具，指生产中常用的工具，如刀具、量具、夹具、辅助工具。

（2）专用工具，指专门用于制造某一特定产品，或在某一特定工序上使用的工具，如专用模具、专用夹具等。

（3）替换设备，指容易磨损或制造不同产品替换使用的各种设备，如轧钢用的轧辊，浇铸钢锭用的钢锭模等。

（4）劳保用品，指为了安全生产而发给职工作为劳动保护使用的各种用品，如工作服、安全帽、安全带、手套等各种防护用品。

第二节　物资采购与储存管理

一、物资采购批量规划

（一）物资采购批量规划的相关成本

物资采购的批量大小，关系到企业的物资管理成本，批量过大或过小，都会使管理成本增大，对企业不利。适当的采购批量，会使物资管理成本最省。决定物资采购批量的相关成本有以下四种：

1. 采购成本

采购成本就是物资的购买成本，即买价总额，也就是发票金额，是采购量与价格的乘积。当供货方存在商业折扣政策时，采购批量较大可以享受价格折扣优惠，可以节省采购成本；而采购批量小则不能享受价格折扣，不能节省采购成本。

2. 订货成本

订货成本就是在采购订货过程中发生的费用，如采购人员差旅费、运输装卸费、结算手续费等。每次订货成本的大小与每次订货量关系不大,基本上每次订货成本为一固定数额。在全年货物需求总量一定的条件下,每次采购批量越大,订货次数就越少,全年订货成本总额就越小;每次采购批量越小,订货次数就越多,全年订货成本总额就越大。

3. 储存成本

储存成本就是物资在储存过程中发生的成本,如库管人员工资、保险费、损耗、保管措施费、仓库租金、存货占用资金的机会成本。采购批量越大,库存量就越大,储存成本也就越高;采购批量越小,库存量就越小,储存成本也就越低。

4. 缺货成本

缺货成本是指因订货不及时而造成停工待料或商品脱销所造成的损失,如产品延误交货而支付的违约金及信誉损失、待料造成减产的损失、停工期间发生的费用、贻误商机而损失的利润等。采购批量越大,订货次数越少,则缺货的机会就越少,缺货成本越低;采购批量越小,订货次数越多,则缺货的机会就越多,缺货成本就可能越高。

从以上四种成本的特性可以看出,采购批量越大时,采购成本、订货成本、缺货成本越低,储存成本越高;反之,则储存成本越低,其余三项成本越高。采购批量规划就是在这四种成本的影响下做出权衡,使其总成本达到最小。总成本最小的采购批量为最佳批量,或称为经济批量。

采购经济批量规划,采用数学模型法。在建立数学模型时,只考虑了订货成本、储存成本和采购成本。至于缺货成本,可通过确定再订货点加以避免。

(二)无商业折扣条件下的经济批量规划

在没有商业折扣的条件下,采购批量无论多大,都不能节省采购成本,所以就不必考虑采购成本,只考虑订货成本和储存成本就可以了。这时订货成本和储存成本之和最小的采购批量即为经济批量。

设:全年物资总需要量为 T,每次采购批量为 Q,每次订货成本为 F,单位存货年储存成本为 C,则

$$年订货成本 = 全年订货次数 \times 每次订货成本 = \frac{T}{Q} \times F$$

$$年储存成本 = 平均储存量 \times 单位存货年储存成本 = \frac{Q}{2} \times C$$

存货储存量的变化如图 2-1 所示。

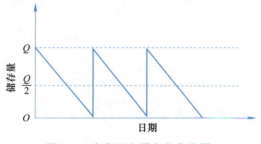

图 2-1 存货储存量变化曲线图

年总成本 $Z = \dfrac{T}{Q} \times F + \dfrac{Q}{2} \times C$

使总成本达到最小值的 Q 值即为经济批量。由图 2-2 可知,当两项成本相等时,其总和最小。因此

令: $\dfrac{T}{Q} \times F = \dfrac{Q}{2} \times C$

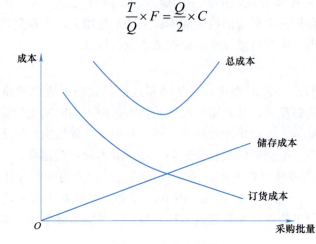

图 2-2　存货成本图

即 $\dfrac{TF}{Q} = \dfrac{QC}{2}$

由上式可得 $Q^2 C = 2TF$

则 $Q^2 = \dfrac{2TF}{C}$

$Q = \sqrt{\dfrac{2TF}{C}}$

例 2-1　某企业某种材料年生产需要量为 100t,每次订货成本为 800 元,每吨材料年储存成本为 400 元。

经济批量 $= \sqrt{\dfrac{2 \times 100 \times 800}{400}}$ t = 20t

年订货、储存总成本 $= \dfrac{100}{20} \times 800$ 元 $+ \dfrac{20}{2} \times 400$ 元

$= (4\,000 + 4\,000)$ 元 $= 8\,000$ 元(最小)

最佳订货次数 $= \dfrac{100\text{t}}{20\text{t}/\text{次}} = 5$ 次

订货间隔时间 $= \dfrac{360\text{天}}{5\text{次}} = 72$ 天/次

采购批量与订货、储存成本的变化可用表 2-1 说明。

表 2-1　采购批量与订货、储存成本的变化表

采购批量 /t	10	20	30
平均储存量 /t	5	10	15
年订货次数 / 次	10	5	3.3
年储存成本 / 元	2 000	4 000	6 000
年订货成本 / 元	8 000	4 000	2 640
年总成本 / 元	10 000	8 000	8 640

（三）有商业折扣条件下的经济批量决策

在供货方有商业折扣时，经济批量的确定就必须考虑采购成本，这时订货成本、储存成本、采购成本三者总成本最小的采购批量才是经济批量。

当折扣要求的采购批量小于按订货、储存成本两项成本确定的经济批量时，则原经济批量仍为经济批量，不需要重新确定；当折扣要求的采购批量大于按订货、储存两项成本确定的经济批量时，则经济批量就要重新确定。确定的方法是分别计算不享受商业折扣和享受商业折扣条件下的总成本，总成本较小的采购批量即为经济批量。

设：折扣要求的批量为 Q'，采购单价为 P，商业折扣率为 L。

不享受商业折扣的总成本 $=(T/Q) \times F+(Q/2) \times C+T \times P$

享受商业折扣的总成本 $=(T/Q') \times F+(Q'/2) \times C+T \times P(1-L)$

例 2-2　承例 2-1，如供货方规定采购批量为 30t 以上价格可优惠 10%，材料正常价格为每吨 1 000 元。

若不享受商业折扣，即按 20t 的批量采购时：

总成本 $=[(100/20) \times 800+(20/2) \times 400+100 \times 1\ 000]$ 元

$=(4\ 000+4\ 000+100\ 000)$ 元

$=108\ 000$ 元

若享受商业折扣，即按 30t 的批量采购时：

总成本 $=[(100/30) \times 800+(30/2) \times 400+100 \times 1\ 000(1-10\%)]$ 元

$=(2\ 640+6\ 000+90\ 000)$ 元

$=98\ 640$ 元

所以，经济批量为 30t，应享受商业折扣，此时三项成本总和最小。

二、物资采购的再订货点

为了防止缺货，避免缺货成本的发生，就要确定再订货点。再订货点确定得当，就可以杜绝或减少缺货成本。

由于从开始订货至到货需要一段时间，所以在库存物资尚未用完时就要进行下次订货，才能保证不缺货。当进行下次订货时库存物资应有的存货量就是再订货点。

再订货点的确定，要根据订货至到货的在途日数和正常每日耗用量来计算，还要考虑到货误期和日耗用量增大的情况，应留有一定的保险储备。因此，再订货点的确定方法如下：

$$再订货点 = 订货在途日数 \times 正常每日耗用量 + 保险储备量$$

其中：　　　　订货在途日数 = 正常在途日数 + 保险日数

保险储备量 =（最大每日耗用量 − 正常每日耗用量）× 订货在途日数

例2-3 某企业某材料正常每日耗用500kg，最大每日耗用600kg。正常订货在途需要5天，为防止到货误期，增加保险日数2天。

订货在途日数 =（5+2）天 = 7天
保险储备量 =（600−500）kg×7 = 700kg
再订货点 =（7×500+700）kg = 4 200kg

即当库存材料还剩4 200kg时就要进行下次订货。

三、物资储存定额的核定

（一）核定物资储存定额的意义

物资储存定额是指在一定条件下，为保证生产顺利进行所必需的、最经济合理的物资储备数量的标准。

工业企业的物资储存定额通常有最高储存定额和最低储存定额两种。最高储存定额是指企业前后两批物资进厂的供应间隔期内，保证生产正常进行所必需的、最经济合理的储备数量。最低储存定额是指在物资供应工作中发生到货误期等不正常的情况下，保证生产正常进行所必需的物资储存数量。

在某些企业里，由于某种物资的供应受到季节性影响，还需要有季节储备定额。例如，某些农产品受生产季节性影响，或某些物资的运输受河道冬季冰冻的影响等。

核定物资储存定额的意义，具体说来，主要有以下几个方面：

（1）物资储存定额是编制物资供应计划和组织采购订货的主要依据。物资供应计划中规定的储存量，是根据储存定额计算的，只有当物资的需要量和储存量确定之后，才能依据计划正确合理地组织采购订货。

（2）物资储存定额是掌握和监督库存动态，使企业库存物资经常保持在合理水平的重要工具。这样，既能保证生产的正常需要，又能防止物资的积压和浪费。

（3）物资储存定额也是企业减少流动资金占用的重要措施。物资储备一般在企业流动资金中占有很大的比重，科学合理的物资储存定额，对于节约资金占用，加快资金周转速度，具有极其重要的意义。

（4）物资储存定额是确定企业物资仓库建筑面积和仓库所需设备数量，以及仓库定员的依据。有了科学合理的物资储备定额，有利于减少仓库的基本建设投资，提高仓库及其设备利用率。

（二）核定物资储存定额的方法

1. 最低储存定额的核定

最低储存定额就是为了保证在到货误期和日耗用量异常增大的情况下也不致缺货的储备量，即上述的保险储备量。也就是在正常情况下，当下次订货到货时仓库仍保持的储存量。有了最低储存定额，就可以保证生产供应的连续性，不致造成停工待料。

2. 最高储存定额的核定

由于经济采购批量为最佳采购批量，而采购批量就是最高储存量，因而最高储存量就是经济采购批量，经济采购批量确定了，物资最高储存定额也就确定了。由于需要留有保险储备，因此，最高储存量定额还需加上最低储存量（如图2-3所示），即

$$最高储存定额 = 经济采购批量 + 最低储存量$$

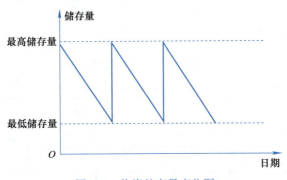

图 2-3　物资储存量变化图

3. 平均储存定额

由于物资尤其是原材料的消耗比较均匀，所以物资平均储存定额就是最低储存定额与最高储存定额的平均值，即

$$平均储存定额 =（最低储存量 + 最高储存量）\div 2$$

第三节　物资仓库管理

一、物资收、发、存管理

工业企业的仓库是物资管理的重要阵地。做好仓库管理工作，对于保证物资质量、及时供应生产需要的物资、节约使用物资、合理储备、加速资金周转、降低产品成本等，都具有十分重要的意义。仓库管理人员一定要树立为生产服务的思想，认真研究业务技术。同时，必须建立一套科学的管理方法和严格的责任制度。

仓库管理工作的主要环节是：物资的验收、保管、发出、清仓盘点等工作。

1. 物资的验收

物资的验收是指对进厂入库前的物资，按照规定的程序和手段，严格地进行检查和入

库的工作。物资的验收主要包括两个方面的内容：

（1）数量、品种、规格的验收。即查明运到的物资在数量、品种、规格上是否与运单、发票及合同的规定相符，要严格过秤点数。

（2）质量的验收。查明运到的物资在质量方面是否符合合同规定的标准。

在验收过程中，凡是仓库能检验的，由仓库负责；凡是需要由检验部门或专门单位检验的，应由检验部门或专门单位负责，并有相应的检验合格证明，才能点收入库，或送到现场使用。

物资的验收工作，是做好仓库管理工作的基础，也是管好物资的先决条件。因此，一定要把好物资入库前的数量关、质量关和单据关，做到四个不收：凭证不全不收、手续不齐不收、数量不符不收、质量不合格不收。只有当单据、数量和质量验收无误后，才能办理入库登账立卡等手续，并填开入库单，连同发票、运单等一起送交财务部门。如果在验收中发现数量、质量或单据不符等情况，应立即向供应部门汇报，以便及时同对方交涉，办理补送、退货或调换等手续。

实物入库凭证和收料单见表 2-2、表 2-3。

表 2-2　实物入库凭证

交物单位：（供货企业名称）　　×年×月×日　　　　　　　　字第　号

品名	数量	单位	单价	金额									备考
				百	十	万	千	百	十	元	角	分	
圆钢	10	吨	4 000			4	0	0	0	0	0	0	φ20mm
合计	肆万元整												结存

负责人：　　　会计：　　　保管：王亮　　　交物人：李强

说明：第一联交物人收执；第二联仓库留存；第三联送会计记账。

表 2-3　收料单

供应单位：　　　　　　　　发票号数：
提单号数：　　　　　　　　×年×月×日　　　　　　编号

材料项目				单位	数量	发票金额								运杂费
编号	分类	名称	规格			单价	总价							
							十	万	千	百	十	元	角	分	
05	钢材	钢板	3mm	吨	50	3 800		1	9	0	0	0	0	0	1 500
合计				吨	50			1	9	0	0	0	0	0	1 500

会计主管：　　材料主管：　　购料员：李强　　记账：　　收料：王亮　　制单：张明

说明：第一联存根；第二联仓库留存；第三联交财务部门。

为了提高物资验收的工作效率，在验收前，先要掌握到货情况，做好各项准备工作，如组织人力、安排搬运工具、准备检验工具和铺垫材料等准备，以及了解物资的存放地点等。检验人员一定要熟悉和掌握物资性能、点验方法和有关业务知识。只有这样，才能迅速、及时、保质、保量地做好物资验收入库工作。

2．物资的保管

物资验收入库以后，要根据各类物资的物理性能、化学成分、体积大小、包装情况等不同要求，分别加以妥善保管，做到物资不短缺、不损坏、不变质，不同物资品种规格不混淆，特别对有毒易爆等危险物资，要按国家保管条例的规定妥善保管。同时，物资的存放要便于发放、检验和盘点。保管人员一定要以认真严肃的态度，做好防锈、防尘、防潮、防震、防腐、防磨、防水、防火、防爆、防变质、防漏电等工作。

为了达到上述要求，我国企业的仓库管理人员在实践中创造了"分区分类、四号定位、立牌立卡、五五摆放"等一整套科学管理方法。

分区分类是根据物资的类别，合理规划物资摆放的固定区域。分类划区的粗细程度，应根据企业的具体情况和条件来决定。

四号定位是指统一按库号、架号、层号、位号四者来编号，并和账页上的编号对口。也就是把物资进一步按种类、性质、体积、重量等不同情况，分别合理地堆放在固定的仓位上，然后用四位编号标出来。这样，只要知道物资的名称、规格，翻开账本核实，就可迅速、正确地发料。

立牌立卡是对定位、编号的各类物资建立料牌和卡片。料牌上写明物资的名称、编号、到货日期和涂色标志等。卡片上填写记录物资的进出数量和结存数量等。

五五摆放就是根据各种物资的性质和形状，以"五"为计量基数，做到"五五成行、五五成方、五五成串、五五成层"等。这样，既能使物资整齐美观，又便于清点，便于发放。

物资在保管过程中必须建立和健全账卡档案，及时掌握和反映产、需、供、耗、存的情况，财会部门和供应部门应经常与仓库建立定期的对账制度，以保证账卡物相符。

3．物资的发出

物资的发出是物资工作服务生产的直接环节，也是加强物资管理的重要环节。

物资的发出的基本要求是：按质、按量、齐备、准时、有计划地发出物资，确保生产一线的需要；严格物资出库手续，防止不合理的领用；对多余材料及时办理退库或假退料手续，促进物资的节约使用。

物资发放出库，必须严格填写和核查有关单据，严格审批手续，经审核无误后才能发货。物资发出后，应及时登记账卡。

物资的发出的有关凭证或单据有如下几种形式：

（1）领料单。领料单是一种一次性使用的材料发出凭证。领料单一般采用一单一料或一单多料的形式，由领料部门填写，一式三联。领用时，领料人须持经所在车间或部门负责人签字的领料单到仓库办理领料手续，领用部门须填写除实发数量、单价、金额等以外的具体项目；发料后，仓库管理人员应填写实发数量、单价和金额栏次，并由领、发料人签字。领料单使用后，一联留在领料单位备查，一联留仓库据以登记库管账，另外一联送交财务部门，以供会计核算使用。实物出库凭证和领料单分别见表2-4、表2-5。

表 2-4　实物出库凭证

领物单位：　　　　　　　　　×年×月×日　　　　　　　　　编号：8号

品名	数量	单位	单价	金额									备考
				百	十	万	千	百	十	元	角	分	
生铁	2	吨	3 000				6	0	0	0	0	0	
圆钢	1	吨	4 000				4	0	0	0	0	0	
合（大写）计		壹万元整											结存

领料人：赵平　　　　领料部门负责人：吴含　　　　发料人：王亮

表 2-5　领料单

领用部门：　　　　　　　　　×年×月×日　　　　　　　　　编号

材料项目				单位	数量		单价	金额 / 总价						
编号	分类	名称	规格		请领数	实发数		十万	千	百	十	元	角	分
05	钢材	钢板	3mm	吨	2	2	3 800		7	6	0	0	0	0
08	钢材	碳钢	φ6	吨	1	1	4 000		4	0	0	0	0	0
合　计						3		1	1	6	0	0	0	0

车间或部门主管：吴含　　会计主管：　　材料主管：　　领料人：赵平　　发料人：王亮

（2）限额领料单。限额领料单是为配合限额领料制度、控制材料消耗而使用的领料凭证。限额领料单是一种事先规定限额、可多次使用的累计发料凭证。该凭证一般由生产计划或供应部门根据生产计划和材料消耗定额等有关资料，于月初按产品、材料及用途分别填制，填制时应分别注明材料名称、规格、用途、领用单位及限额等内容，经负责人签字后送交车间部门使用。限额领料单一般是一单一料，也有适用于一单多料的。编制时一般是一式三联，一联送交领用单位据以领料，另两联交仓库据以发料。月终，仓库汇总实际发料数和余额后，一联交财务部门记账，一联留仓库登记账簿归档备案。

使用限额领料单领料时，领料部门应事先填写领料数量，并由该部门负责人签字；仓库发料后应由库管员填写实发数量和限额结余，并由领、发料人签字，以后继续有效。对已领未用月末退回的材料，仓库管理员应检验后填写退料单，或在领用栏用红字冲回。对于超过限额或变更规定用途材料的领料，应区别情况处理，月内增加产量或其他原因需追加限额时，须经核批部门修改原限额数量或办理追加限额领料手续；对于变更规定用途的材料、领用代用材料时，还要经技术部门审核批准后，重新审定限额才能向仓库领料。其格式见表2-6。

表 2-6　限额领料单

领料单位：二车间　　　　　　　凭证编号：5
用　途：B产品　　　　　　　　　×年×月　　　　　　　　发料仓库：1号库

材料编号	材料名称规格	计量单位	全月领用限额	全月实发总数	单价/（元/kg）	金额/元	备注
112227	塑料	kg	1 000	980	0.56	548.80	

领用日期	请领		实发			扣除代用数量	限额结余	退废
	数量	负责人签章	数量	发料人签章	收料人签章			
1	200	×××	200	×××	×××		800	
5	500	×××	500	×××	×××		300	
⋮	⋮	⋮	⋮	⋮	⋮		⋮	
合计	980		980				20	

（3）领料登记表。领料登记表是一种可多次使用的累计领发料凭证。每一领料部门每月对于同种材料的多次领取，只需填制一张领料登记表。该表一般也是一式三联，但平时留存材料仓库。领料时，领料人须填写领料数量和用途，仓库管理员据以发料后双方共同签字确认。月末由仓库管理员汇总后一联留存据以登记材料保管账，另两联分别送交领料部门和财务部门核算。其格式见表2-7。

表 2-7　领料登记表

材料类别　钢材　　　　　　　　领料单位　机加车间
材料编号　02　　　　　　　　　发料仓库　1号库
材料名称规格　碳钢 φ20　　　　×年×月　　　　　　　　计量单位　kg

日期	领料数量		发料人	领料人	备注
	当日	累计			
1	100	100	王亮	赵平	
2	150	250	王亮	赵平	
⋮	⋮	⋮	⋮	⋮	
30	150	3 000	王亮	赵平	

材料单价：3.8　　　　　　　　　　　　合计金额：11 400 元

（4）退料单。企业生产部门当月领用的材料，如果月末有剩余，应办理退料手续，填制"退料单"，将材料退回仓库。对于下月要继续耗用的材料，可办理"假退料"，即材料并不退回仓库，只填制一份本月的退料单，表示该项余料已退回仓库，同时填制一份下月份的领料单，表示该项余料又作为下月份的领料出库。退料单的格式见表2-8。

表2-8 退料单

退料单位：　　　　　　　　　×年×月×日　　　　　　　　　编号：2

品名	数量	单位	单价	金　额									备考
				百	十	万	千	百	十	元	角	分	
碳钢	20	kg	4.00						8	0	0	0	
合计	捌拾元整												

负责人：　　　　　会计：　　　　　保管：王亮　　　　　交物人：赵平

4. 物资的清仓盘点

企业仓库的物资流动性很大，为了及时掌握物资的变动情况，避免物资的短缺丢失和超储积压，保持账、卡、物相符，企业必须进行经常的和定期的清仓盘点工作。

经常的清仓盘点，主要由仓库管理人员每日通过收发料单及时检查库存物资的账、卡、物是否相符，每月对有变动的物资进行一至两次的复查或轮番抽查，年中或年末进行逐项逐件全面的清点。定期的清仓盘点，是由物资供应部门、财务部门和仓库，按制度规定的时间对仓库物资进行全面的清点。在清点工作中，如果发现盘盈盘亏，必须分析原因，说明情况；如果发现严重短缺或损坏的情况，应在查明原因的基础上，追究责任；对于清查出来的超储、呆滞物资，必须及时处理解决。做好清仓盘点工作，是充分挖掘物资潜力的重要措施，必须重视，并把它制度化。

清仓盘点后，要填写盘点表，反映物资的盘盈盘亏情况，作为会计人员进行财务处理和处理积压物资的依据。盘点表的格式见表2-9。

表2-9 盘点表

品　名	单　位	账　存	实　存	盘　盈	盘　亏
钢板	kg	5 000	4 980		20
圆钢	kg	8 000	8 000		
碳钢	kg	9 000	10 010	1010	
生铁	kg	4 000	3 950		50
……					
……					
……					

二、库存物资明细账的登记

为了随时掌握物资库存情况和为会计提供物资发出和结存的数据，需要每日根据物资入库、出库凭证登记库存物资明细账，并随时结出结存数。库存物资明细账一般按物资品种设立专页，分品种进行登记。其格式和登记方法见表 2-10。

表 2-10 原材料明细分类账

部类 钢材　　产地 ____　　单位 kg　　规格 ____　　品名 圆钢　　第 10 页

2017年		凭证		摘要	借方（收入）									贷方（发出）									余额								
月	日	字	号		数量	单价	千	百	十	元	角	分		数量	单价	千	百	十	元	角	分		数量	均价	千	百	十	元	角	分
5	1			期初余额																			1200	1.10	1	3	2	0	0	0
	3	收	1	购入	1200	1.15	1	3	8	0	0	0											2400							
	8	发	1	发出										2200										200							
	15	收	2	购入	2000	1.23	2	4	6	0	0	0											2200							
	20	发	2	发出										1800										400							
	28	收	3	购入	1200	1.20	1	4	4	0	0	0											1600							
				合计	4400		5	2	8	0	0	0		4000	1.18	4	7	2	0	0	0		1600	1.18	1	8	8	0	0	0

三、库存物资 ABC 分类管理法

ABC 分类管理法是由意大利经济学家巴雷特所创，因此又称巴雷特法。这个方法经过不断改进，现已广泛应用于存货管理。其基本思路是：对于一个大型企业来讲，物资的品种可能成千上万，如果缺乏管理重点，不但会大大增加工作量，而且也难以取得良好的效果。ABC 分类管理法体现了重要性原则的管理思路，其关键就是要对物资按其价值的大小分为 A、B、C 三类，再根据各类物资资金的占用程度，分别进行有针对性的管理。

1. 物资 ABC 分类的标准

分类的标准主要有两个：①金额标准，②品种数量标准。其中，金额标准是基本标准，品种数量标准仅作为参考标准。

A 类物资的特点是金额巨大，但品种数量较少；B 类物资金额一般，品种数量相对较多；C 类物资品种数量繁多，但价值金额却很小。一般而言，这三类物资的金额比重大致为 A：B：C=0.7：0.2：0.1，而品种数量比重大致为 0.1：0.2：0.7。可以看出，A 类物资占用着企业绝大多数的存货资金，且其品种数量较少，企业可以按照每个品种进行严格管理；B 类物资金额相对较小，品种数量也多于 A 类物资，可以通过划分类别的方式进行大类管理；C 类物资尽管品种数量繁多，但其在企业物资资金中所占金额的比重却很小，企业可以对其进行总额控制。这样，既能抓住物资管理的重点，又能兼顾全面，不仅可以提高库存管理的效率，而且可以降低库存管理的费用。

2．A、B、C 三类物资的具体划分

具体过程可以分为三个步骤（有条件的可以通过计算机进行）：

（1）列示企业全部存货的明细表，并计算出每种物资的价值总额及占全部存货金额的百分比。

（2）按照金额多少由大到小进行排序并累加金额百分比。

（3）当金额百分比累加到 70% 左右时，以上物资视为 A 类物资；累计百分比介于 70%～90% 之间的物资作为 B 类物资，其余则为 C 类物资。

例 2-4 某公司共有 20 种材料，总金额为 200 000 元，按金额多少的顺序排列并按上述原则将其划分成 A、B、C 三类，见表 2-11。

表 2-11 A、B、C 分类表

材料编号	金额/元	金额比重	累计金额比重	品种数量	品种数比重	类别
1	80 000	40%	40%	2	10%	A
2	60 000	30%	70%			
3	15 000	7.5%	77.5%	4	20%	B
4	12 000	6%	83.5%			
5	8 000	4%	87.5%			
6	5 000	2.5%	90%			
7	3 000	1.5%	91.5%	14	70%	C
8	2 500	1.25%	92.75%			
9	2 200	1.1%	93.85%			
10	2 100	1.05%	94.9%			
11	2 000	1%	95.9%			
12	1 800	0.9%	96.8%			
13	1 350	0.675%	97.475%			
14	1 300	0.65%	98.125%			
15	1 050	0.525%	98.65%			
16	700	0.35%	99%			
17	600	0.3%	99.3%			
18	550	0.275%	99.575%			
19	450	0.225%	99.8%			
20	400	0.2%	100%			
合计	200 000	100%	—	20	100%	—

四、仓库管理软件的应用

仓库管理软件是企业管理数字化的组成部分。仓库管理软件可以帮助企业解决库存管理、出入库管理、物流管理、批次管理等方面的问题，提高企业运营效率，降低管理成本。以下是仓库管理软件的基本操作流程：

1．安装软件、创建数据库及用户

仓库管理软件是基于数据库应用开发的，市面上的此类软件一般是以微软的 SQL Server 数据库为主流数据库，因此软件安装后，会提示创建数据库。

根据软件提供的说明文档设置数据库名称及密码，然后创建用户账号并分配权限。

仓库管理员的操作权限就是增删改查的权限，这些权限是管理仓库货品的基本功能。

2．仓库管理软件的基本功能

（1）物料管理，可以处理物料的信息，如条形码、物料编号、物料名称、规格等。

（2）出入库管理，可以处理出入库单的信息。

（3）盘点管理，可以进行盘点业务的处理。

（4）库存查询，可以查看库存量、单位成本、批次等信息。

以上是仓库管理软件的一些基本操作模式，在实际中，软件的功能更加丰富。通过合理利用仓库管理软件的各种功能，企业可以更好地进行物料管理、出入库管理、盘点管理等工作，实现仓库管理的自动化、规范化，从而提高企业的管理效率和生产效益。

本章小结

　　工业企业采购的物资包括原材料、辅助材料、外购半成品、燃料、包装物、修理用备件和工具用具等。

　　物资采购要合理确定每次的采购批量，与采购批量相关的成本包括采购成本、订货成本、储存成本和缺货成本，经济批量就是能够使各项成本总和最低的采购批量。经济批量的确定，在无商业折扣的条件下，可采用数学推导的公式直接计算；在有商业折扣的条件下，还要考虑采购成本，进行总成本对比后才能确定。正确确定再订货点，可防止缺货，杜绝或减少缺货成本的发生。根据经济采购批量和再订货点，就可以核定物资最低和最高储存定额，以控制物资储存量。

　　仓库管理要按照物资入库、出库、库存管理的要求和程序进行，并要健全相关的凭证和账簿。采用 ABC 分类管理法，区分主次，可提高库存管理的效率并降低费用。

　　应用仓库管理软件可以提高仓库管理效率和管理成本，促进仓库管理现代化。

课后习题

一、选择题

1. 工业企业的物资包括（　　）。
   A．原材料　　　　　　　　　　B．外购配件
   C．修理用备件、工具　　　　　D．设备
2. 确定物资采购经济批量应考虑的成本因素有（　　）。
   A．购买成本　　B．订购费用　　C．储存成本　　D．生产成本
3. 确定再订货点的依据有（　　）。
   A．订货在途日数　　　　　　　B．正常每日消耗用量
   C．最大每日消耗用量　　　　　D．总需要量
4. 材料发出的有关凭证有（　　）。
   A．领料单　　B．领料登记表　　C．退料单　　D．入库单
5. 库存物资盘点确定盘盈或盘亏的依据为（　　）。
   A．实存数　　　　　　　　　　B．存货物资明细账结存数
   C．采购量　　　　　　　　　　D．领料量

二、简答题

1. 原材料和辅助材料有什么区别？
2. 物资 ABC 分类是根据什么划分的？
3. 物资收、发凭证和登记物资明细账需要填写什么内容。
4. 仓库管理软件具有哪些功能？

三、计算题

某厂全年生产需要 A 材料 2 000t，每次订货成本为 250 元，每吨材料年储存成本为 40 元，A 材料价格为每吨 1 000 元。A 材料正常情况下每日耗用 5.5t，最高每日耗用 7t，从订货至到货需要 5 天。

要求：

（1）确定经济订货批量、最佳订货次数、订货间隔日数和年最低订货与储存总成本。

（2）确定再订货点。

（3）确定最低储存定额、最高储存定额和平均储存定额。

（4）若采购批量在 300t 以上时供货方价格可以优惠 5%，那么是否可以采用 300t 的订货批量？

四、案例分析题

天和公司 14 种原材料的有关资料见表 2-12。为了进一步加强采购和库存管理，实施 ABC 分类管理法。

要求：请对原材料进行 ABC 分类。

表 2-12 天和公司 14 种原材料的有关资料

原材料名称	单价/元	年需求量/kg	总金额/元	金额比重(%)	累计金额比重(%)	品种数累计比重(%)
φ35 铝管体	2.38	2 100 000	4 998 000			
气压表	3.00	1 650 000	4 950 000			
底座	2.32	2 100 000	4 872 000			
表座	2.80	1 700 000	4 760 000			
φ18 推杆	2.07	2 100 500	4 348 035			
长气带	1.96	2 100 000	4 116 000			
活塞	1.76	2 200 000	3 872 000			
管塞	1.52	2 200 000	3 344 000			
手柄	1.41	2 150 000	3 031 500			
T 型弯头	1.13	2 300 000	2 599 000			
上盖	0.921	2 225 000	2 049 225			
7 字弯头	0.58	3 400 000	1 972 000			
短气带	0.78	2 500 000	1 950 000			
表盖	1.059	1 700 000	1 800 300			
合计	—	—	48 662 060			

第三章

生产管理

> **学习目标**
> - 了解工业生产的类型、组成和过程。
> - 了解工业生产过程的组织形式。
> - 掌握各种生产问题最优化决策的原则和方法。
> - 掌握材料消耗控制的方法和措施,明确节约材料消耗的途径。
> - 懂得产品质量检验的方法和考核指标的计算;明确产品质量控制的原则和方法。
> - 了解生产现场管理的内容。

生产管理是工业企业管理的中心环节。生产管理的任务,就是充分利用生产要素资源,生产出符合社会主义市场需要的优质产品,保证生产过程的高效、低耗运转,实行绿色生产、节能减排,实现最大的社会效益。

第一节 工业生产的类型、组成和过程

一、工业生产的类型

工业生产的类型是指按工作地专业化程度所划分的生产类别,它是影响生产过程的主要因素。按工作地生产产品的固定性程度不同,工业生产类型可以分为大量生产、成批生产和单件生产三种类型。

1. 大量生产

大量生产是经常不断地重复生产同样的产品。它的特点是产品固定、品种少、产量大、生产条件稳定、生产重复性高;在通常情况下,每个工作地都固定加工一道或少数几道工序,工作地专业化水平高;工人的操作熟练程度高;生产过程采用高效率的专用设备、自动化与半自动化设备以及专用工艺装备。

2. 成批生产

成批生产是经常成批地、轮换地生产几种产品。它的特点是产品品种少、产品相对稳定、每种产品都有一定产量；同一工作地成批、轮番地进行不同产品的生产，一批相同产品加工完了，要进行设备和工装调整，然后加工另一批其他产品。因此，成批生产工作地专业化程度和连续性都比大量生产低。成批生产又可按照生产规模和生产的重复性分为大批、中批和小批生产。

3. 单件生产

单件生产是指每种产品只做一件或少数几件，做完以后很少再重复地生产。它的特点是产品品种多、产品生产数量少、生产重复性低、每种产品不重复或不定期重复，因此，工作地专业化程度低；在单件生产条件下，所用设备和工艺装备具有通用性，对工人技术和操作水平要求高，生产过程的平行性和连续性差。

以上三种生产类型的划分也不是绝对的。企业、车间、工段都各有自己的生产类型，但企业的生产类型主要决定于主要车间的生产类型，车间的生产类型取决于担负着产品最主要的工艺工序。在生产类型中，大量与大批生产之间，单件与小批生产之间，在经济效果和对生产组织工作的影响方面都是相接近的。所以，一般又称为大量大批、成批和单件小批生产三种类型。

二、工业生产的组成

工业生产主要由基本生产和辅助生产两部分组成。基本生产是指产品的生产过程，由基本生产车间来完成；辅助生产是为基本生产服务的生产活动，由辅助生产车间来完成。

基本生产过程是指直接对劳动对象进行加工，把劳动对象变成产品的过程，如钢铁工业企业的炼铁、炼钢、轧钢，机械工业企业的铸造、锻造、机械加工和装配等。

辅助生产过程是指为了保证基本生产的正常进行所必需的各种辅助生产活动，如动力生产、工具制造、设备维修等。

三、工业生产的过程

工业生产的过程主要是指基本生产过程，它按照工艺加工的性质可划分为若干相互联系的生产阶段，如机械制造企业的基本生产过程一般划分为毛坯生产、机械加工和装配三个生产阶段。

每个生产阶段又可进一步划分为许多相互联系的工序。工序是组成生产过程的基本环节。工序是指一个或几个工人，在一个工作地对同一个（或几个）劳动对象连续进行的生产活动。工作地是工人使用劳动工具对劳动对象进行生产活动的地点，是一定的工作面积、机器设备和相应的辅助设备的总称。在生产阶段中，一件或一批相同的劳动对象，顺序地经过许多工作地，这时，在每一个工作地内连续进行的生产活动就是一道工序。如果劳动对象不移动，固定在工作地上，而由不同的工人顺序地对它进行加工，这时，每个或一组工人在这个工作地上连续进行的生产活动，就是一道工序。

工序按作用的不同，通常分为下列几类：

（1）工艺工序。这是指劳动对象发生物理的或化学的变化的工序。

（2）检验工序。这是指对原材料、半成品和成品的质量进行检验的工序。

（3）运输工序。这是指在工艺工序之间、工艺工序同检验工序之间运送劳动对象的工序。

工艺工序的划分取决于一定的工艺方法和所使用的机器设备。在工艺方法相同的情况下，工序的划分主要取决于劳动分工，这种分工应有利于保持工序之间在时间上的比例关系，有利于充分利用劳动时间。为此，可以将由一个工作地上完成的较大的工序，分为几个较小的工序，交由几个工作地去完成；也可将由几个工作地完成的较小的工序，合并为一个较大的工序由一个工作地来完成。前者叫工序的分散，后者叫工序的集中。工序的分散和集中是改进生产过程的一项重要措施。

第二节　生产过程的组织

一、生产过程的空间组织

工业产品的生产过程，是在一定的空间、一定的时间，按一定的组织形式进行的。工业产品的生产，要有一定的厂房和机械设备等，有了这些物质的东西，就应该按照生产的需要，开辟一定的场地，组成一定的生产单位（车间、班组）来进行生产活动，这就是空间的组织问题。

工业企业内部该设置哪些生产单位（车间、班组），要根据企业生产的规模、生产的类型、生产流程的特点来考虑。而生产单位的机器设备按哪些组织形式设置，通常是采用下面两种专业化形式来组织的。

1．工艺专业化形式

工艺专业化也叫工艺原则，就是按照生产工艺性质的不同来划分车间（或工段、小组）。在工艺专业化的生产单位里，集中各种类型的工艺设备，对企业各种产品（零件），进行相同的工艺加工。例如，把所有的钻床放在一起，所有的车床、铣床、磨床等放在一起。图3-1是一个按工艺专业化划分生产单位的例子。

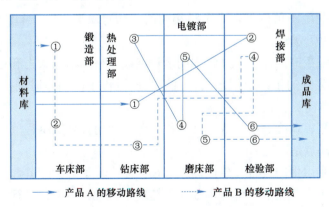

图 3-1　工艺专业化示意图

按图 3-1 工艺专业化组成车间时，锻造部可成立锻造车间，车床、钻床、磨床三个部分可合成一个机加工车间。

按照工艺专业化形式组成的生产单位，由于同类的工艺设备和相同的工艺加工集中在一起，带来了下面一些优点：

（1）较易于充分利用生产设备和生产面积。
（2）便于对工艺进行专业化的管理。
（3）比较灵活，能较好地适应改变品种的要求。

另一方面，工艺专业化的生产单位，由于不能独立地完成产品（或零件）的全部加工工序，而每件产品（或零件）要逐次地通过许多生产部分，所以有下面一些缺点：

（1）产品在生产过程中，经过的路线长，消耗于运送原材料和半成品的劳动量较大。
（2）增加了产品在生产过程中的停放时间，在制品积压，生产周期长，占用流动资金多。
（3）使各生产单位的计划管理、在制品管理、质量管理等工作复杂化。

2．对象专业化形式

对象专业化形式也叫对象原则，就是按照产品（部件、零件）的不同来划分车间（或工段、小组）。在对象专业化的生产单位里，集中为制造某种产品所需要的各种设备，工艺过程是封闭的，不用跨其他生产单位就能独立地出产产品，如发动机车间、底盘车间、齿轮车间、标准件车间等。图 3-2 就是一个按对象专业化划分生产单位的例子。

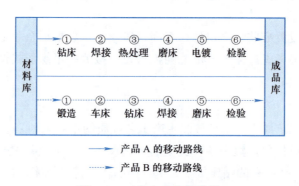

图 3-2　对象专业化示意图

在对象专业化的生产单位里，由于将相同的劳动对象集中在一起，连续进行许多工序的加工，所以具有以下优点：

（1）可以大大缩短产品在生产过程中的运输路线，节约运输人力和运输设备。
（2）便于采用先进的生产组织形式，减少生产过程中的中断时间，缩短生产周期，减少在制品和占用的流动资金。
（3）可简化计划、调度、核算等管理工作，还可使用技术熟练程度较低的工人。

对象专业化的缺点是：

（1）难于充分利用生产设备和生产面积（在产品产量不够大时）。
（2）由于在对象专业化生产单位内部，工艺复杂，难以对工艺进行专业化的管理。
（3）一旦生产情况改变，很难做出相应的调整。

由上可见，工艺专业化和对象专业化各有其优缺点，在实际工作中，往往结合起来应用。对需要隔离起来的设备，如热处理、电镀、锻压等设备就采用工艺专业化形式。对大量生产的零件，如汽车、拖拉机的零件，就采用对象专业化形式。也可根据情况组织不完全封闭的车间，即某些工序不包括在内。如某些设备负荷较低可由几个车间共用，而不必每个车间都得配备一台。

车间内部的工段、小组的划分，和划分车间的原则相同。小组的划分除考虑工作地和设备的特点、工序的衔接以外，还要便于管理。

二、生产过程的时间组织

生产一种工业产品，必须经历一定的时间。生产过程所花的时间越短，完成生产任务就越快，占用的资金就越少，产品成本就越低。

缩短产品生产过程所需要的时间，是个复杂的问题，它涉及技术、工艺、生产计划、物资供应、设备维修和日常的生产调度等一系列的工作。这里着重讨论产品在时间上的运动形式，也就是研究产品在各生产环节的移动方式，从而找出各工序在时间上结合的最好方式，来缩短产品的生产周期。

在不同的工业企业里，由于生产过程的特点不同，产品在时间上的运动形式也不相同。

加工装配性生产的工业企业，特别是机械制造企业产品（或零件，下同）在时间上的运动形式，表现为加工对象在各个生产环节上的移动。产品的移动方式，因生产类型的不同而不同。在单件生产中，如果产品只生产一件，这个产品只能按工艺顺序，从一个工作地顺次转到下一个工作地。如果同时制造一批相同的产品，那么，产品在各道工序间的加工运送，就有下面三种移动方式：

1．顺序移动方式

顺序移动方式是指整批零件在上一道工序全部加工完了以后，才开始整批集中运送到下一道工序去加工。

采用这种移动方式，组织工作比较简便，但因零件是整批在各道工序加工和运送的，造成了等待运输和等待加工的停顿时间，因而工艺周期长，流动资金周转缓慢。

顺序移动方式整批零件的工艺周期，可按下列公式计算：

$$T = N\sum t$$

式中　T——整批零件的工艺周期；

　　　N——整批零件的数量；

　　　t——每一道工序单件加工时间。

😊 例 3-1　某种零件的批量为 4 件，依次经过工序间的加工，单件工序时间分别为 $t_1=10\text{min}$、$t_2=5\text{min}$、$t_3=12\text{min}$、$t_4=7\text{min}$。若把工序间的运输、检验等时间略去不计，则该批零件顺序移动方式的加工周期如图 3-3 所示。从图中可以看出，一批零件顺序移动方式的加工周期，等于该批零件在全部工序上顺序加工时间之和。

把数据代入公式，则

$$T = 4 \times (10+5+12+7)\text{min} = 136\text{min}$$

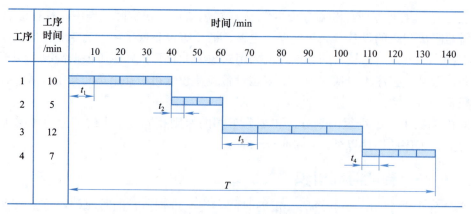

图 3-3　顺序移动方式示意图

2．平行移动方式

平行移动方式是指每一个零件在某一道工序加工后，立即转移到下一道工序加工。零件在工作地之间的运送是逐渐进行的，各个生产环节对整批零件的加工，在时间上是平行交叉进行的。由于每一个零件没有等待运输的时间，因而产品的工艺周期最短，如图 3-4 所示。

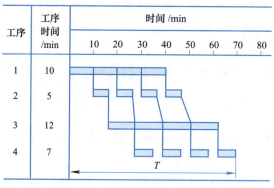

图 3-4　平行移动方式示意图

在平行移动方式下，整批零件的加工周期计算公式为

$$T=\sum t+t_L(N-1)$$

式中　t_L——一个零件的最长工序时间。

将例 3-1 的数据代入公式，则

$$T=(10+5+12+7)\text{min}+(4-1)\times 12\text{min}=70\text{min}$$

3．平行顺序移动方式

平行顺序移动方式是上述两种方式的结合。它的特点是：零件在各个生产环节完成各道工序的加工是连续地进行的；零件的移动，一部分是单件运送，另一部分是成批运送；各个生产环节对该批零件的各道工序的加工，在时间上又是平行地进行。这种移动方式吸取了上述两种移动方式的优点，使劳动过程中断时间比较少，并可使工人和设备的空闲时间集中起来加以利用，如图 3-5 所示。

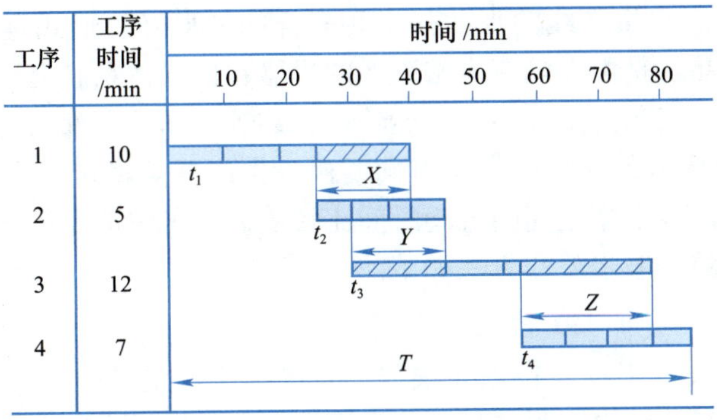

工序	工序时间/min	时间/min
1	10	
2	5	
3	12	
4	7	

图 3-5　平行顺序移动方式示意图

在平行顺序移动方式下，整批零件的工艺周期计算公式为

$$T = N\sum t - (N-1)\sum t_s$$

式中　$\sum t_s$——上下工序之间的较短时间之和。

将例 3-1 的数据代入公式，则

$$T = 4 \times (10+5+12+7) \text{min} - (4-1) \times (5+5+7)\text{min} = 85\text{min}$$

从三种移动方式的工艺周期计算可以看出，采用恰当的移动方式，就能缩短产品的生产周期。企业究竟选择哪一种移动方式，必须考虑到的因素是：企业内部各生产单位（车间、小组）是按哪种专业化原则组织的；加工对象劳动量的大小、面积、重量等因素，以及改变加工对象时调整设备所花时间的长短等。

此外，在采掘、建筑、造船等企业里，它们的生产过程，有许多环节的劳动对象是固定不动的，因此，工序在时间上的移动与衔接，往往表现为工人的顺序移动。例如，矿山巷道掘进工作中，打眼、装药和放炮工序是顺序进行的，在进行这些工序的时候，并不是劳动对象顺序地移动，而是工人顺序地到一定的地点去进行操作。

对于化工和冶金一类企业，产品在生产过程中的移动方式，主要是由工艺和设备的特点决定的。这类企业的生产，通常是原材料或半成品整批投入，整批生产，一批劳动对象在一个工作地点加工时，不能在另一个工作地同时进行另一道工序加工。或者，原材料在联动机的一端连续送入，不间断地从设备的一个部分流向另一部分，连续从另一端出产成品。还有的是原材料经过一台联动机连续加工后，再输入另一台设备中去继续加工，产品连续或成批地生产出来。不论哪一种情况，生产过程的各道工序，在时间上只能顺次地进行。

三、流水生产线的组织

流水生产是对象专业化生产组织形式的进一步发展，是一种高效的生产组织形式。在流水生产线这种生产组织形式加工的产品，劳动对象的工艺过程，都按照规定的路线、速度、间隔时间，从一个工作地到另一个工作地流动，完成工序作业的生产过程。

流水生产的主要特征是：①流水线的各个工作地都固定地做一道或少数几道工序，工作地的专业化程度很高；②各个工作地按照劳动对象加工的工艺顺序排列；③流水线上各道工序（工作地）的加工时间，相互成相等或简单的倍数关系；④按照预先规定的节拍出产品，使加工各道工序的工作地数量，同各道工序时间的比例同步化。

在工业企业里，流水生产线的形式是多种多样的。最好的形式是自动流水生产线。在这种流水线上加工产品，是由许多有紧密联系的机器和机器体系联合进行的。它采用自动装置，自动地完成投料、工艺加工、检验、运输、包装等工作的全部内容。

实行流水生产的基本条件是：产品方向明确，生产任务稳定，产品数量较大，产品结构和工艺要求较稳定，各工序之间的劳动时间比较协调，工作地专业化程度比较高等。

组织流水生产线的一般步骤和方法如下：

1. 审查产品的结构和加工工艺

要搞好流水线的设计工作，首先要根据产量的大小、生产时间的长短，确定流水线的形式。此外还要做好产品结构的改进和工艺规程的审查工作。改进产品结构是为了使产品的结构适应于组织流水生产的要求。例如，提高产品零件的互换性以消除装配过程的修配工作，简化产品的结构和零件的形状，去除不必要的精度和公差要求，使产品便于制造等。审查工艺规程，是对零件进行工艺分析，考虑使用先进工艺和专用设备的可能性，尽可能提高生产机械化水平，减少手工操作，修订工时定额，调整加工顺序和改变加工种类，使同组零件基本上具有相同的工艺过程等，保证生产流水线具有技术上和经济上的合理性。

2. 计算和确定流水生产线的节拍

节拍，就是流水线上前后出产两种同样产品之间的间隔时间。它是设计流水线的基础，同时也是表明流水线出产量大小的一个指标。其计算公式为

$$节拍 = \frac{计划期有效工作时间}{计划期产量}$$

3. 组织工序的同期化

在流水线上，各道工序的加工时间应当同流水线的节拍相同或者成倍数关系。要实现这一点，必须通过工序的同期化工作。

实现工序的同期化主要是通过工艺的设计和改进，用工序的集中和工序的分散来调整工序时间的长短。工序的集中是把几道比较小的工序合并为一道工序。工序的分散是从一道比较长的工序中，分出部分作业，合并到较小的工序中去。通过工序的集中和分散，把各道工序时间与节拍调整成比例关系。此外，还可以通过采用先进工艺，合理设置工作地和配备工人，改善设置状况等方法，来调整工序时间的长短，实现工序的同期化。

4. 确定各工序的工作地数量（或机器设备数量）

各道工序的加工时间长短是不尽相同的，为了适应流水线的节拍，就要正确计算和确定各道工序所需要的工作地数量（或机器设备数量）。其计算公式为

$$某工序需要的工作地数（或机器设备数）= \frac{某工序单件时间定额}{节拍}$$

5. 选择流水线上工作地的排列方式及传送装置

在排列工作地（或机器设备）的时候，应该使产品从一个工作地到另一个工作地的运输距离最短，消耗时间最少，生产面积利用最充分。还应当注意，既要保证生产工人操作的方便，又要考虑到辅助部门工作的方便。为满足以上要求，流水生产线的工作地，通常按直线或单向运输路线来排列。

工作地之间的运输，如果流水生产线的批量很大，一般可采用机械化的传送带式的运输设备，工人就在传送带旁进行加工。但是并不是任何流水生产中都需要传送带，在有的流水线上，是采用专门吊车、各种牵引装置、手推车等运输工具，以解决产品从一个工作地到另一个工作地的运送问题。

流水线生产是先进的生产过程组织形式，在不具备流水线生产的条件下，企业可以通过一定的努力，采用生产线的组织形式。

生产线是按对象专业化组织起来的多品种的生产组织形式。它是根据流水线的原理进行组织的，但低于流水线的水平。生产线具有的特点是：①生产线是以零件组（结构上、工艺上相似的多种零件）为加工对象。②它拥有完成该零件的加工顺序排列。③它不能像流水线那样严格按节拍出产产品。因为零件组中各零件的工序时间很难做到相等或成整倍数。

由上可知，生产线的经济效果低于流水线的经济效果，但它具有较大的灵活性，能适应较多产品的需要。在产品品种规格较为复杂，零部件种类多、数量大，设备不足的企业里，采用生产线的组织形式是比较适宜的。

* 第三节　生产最优化决策

生产最优化就是选择效益最大或者成本最小的生产技术方案。生产最优化决策，是实行科学化管理的要求，是提高企业经济效益的重要措施，也是生产管理的重要内容。

一、有关基本概念

在进行生产最优化决策时，会涉及一些管理会计的知识。为了能够理解决策的原理，先介绍几个基本概念。

1. 变动成本

变动成本是指在生产成本中，随生产量变动而成正比例变动的那部分成本，包括生产产品的直接材料成本、直接人工成本、直接燃料动力成本、外部加工费等。直接材料成本就是直接用于产品生产的材料成本，直接人工成本就是生产产品的基本生产工人的工资成本，直接燃料动力成本就是直接用于产品生产的燃料消耗和电费成本。变动成本总额随产量变动，即产量越大，变动成本总额越大；而单位产品的变动成本基本上是不变的，在既定的生产条件下可视作一个常数。

$$单位产品变动成本 = 单位产品直接材料成本 + 单位产品直接人工成本 + 单位产品直接燃料动力成本 + 单位产品外部加工费$$

其中

$$单位产品直接材料成本 = \sum 单位产品直接材料消耗定额 \times 材料单价$$

$$单位产品直接人工成本 = 单位产品工时定额 \times 工时工资标准$$

$$单位产品直接燃料动力成本 = 单位产品燃料动力消耗定额 \times 燃料动力单价$$

$$变动成本总额 = 单位产品变动成本 \times 产量$$

😊 **例3-2** 某产品每件材料消耗定额为 10kg，材料单价为 5 元 /kg；每件工时定额为 0.5 工时，工时工资标准为 5 元；每件耗电定额为 2 度，电价为每度 0.5 元。则

单位产品变动成本 =（10×5+0.5×5+2×0.5）元 =53.5 元

产量为 1 000 件时的变动成本总额 =（53.5×1 000）元 =53 500 元

产量为 10 000 件时的变动成本总额 =（53.3×10 000）元 =535 000 元

2. 固定成本

固定成本是指在生产成本中，总额固定不变的那部分成本，即不随生产量变动，总额保持固定的生产成本。它包括：设备、车间房屋折旧费或租金，车间管理人员、技术人员及服务人员工资，车间照明、取暖费等。这部分成本不论当期产量多少，其数额总是不变的一个常数。

😊 **例3-3** 某工厂每月的设备折旧费为 50 000 元，车间房屋是租入的，每月租金 10 000 元，每月车间管理人员、技术人员和服务人员工资为 3 000 元，每月车间照明电费为 1 000 元。则

每月固定成本 =（50 000+10 000+3 000+1 000）元 =64 000 元

综上所述，生产总成本等于变动成本加固定成本，即

$$总成本 = 固定成本 + 单位变动成本 \times 产量$$

总成本曲线如图 3-6 所示。

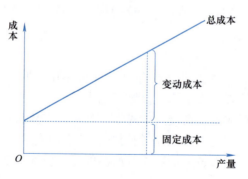

图 3-6 总成本曲线图

3. 贡献毛益

贡献毛益是产品销售收入与变动成本的差额，即产品销售可实现的毛利，贡献毛益是取得利润的基础。贡献毛益的计算公式为

贡献毛益总额 = 销售收入总额 − 变动成本总额

= 销售量 × 单位售价 − 销售量 × 单位变动成本

=（单位售价 − 单位变动成本）× 销售量

= 单位产品贡献毛益 × 销售量

4. 产品销售利润

产品销售利润就是贡献毛益总额减去固定成本后的差额。这就是说产品销售利润就是产品销售实现的贡献毛益抵消固定成本后剩余的部分。

例 3-4 某工业企业产品单价为 100 元,单位变动成本为 70 元,每月固定成本为 50 000 元。本月产品销售量为 3 000 件。则

$$单位产品贡献毛益 = (100-70)元 = 30 元$$
$$贡献毛益总额 = (3\,000 \times 100 - 3\,000 \times 70)元$$
$$= (30 \times 3\,000)元$$
$$= 90\,000 元$$
$$产品销售利润 = (90\,000 - 50\,000)元 = 40\,000 元$$

5. 机会成本

机会成本是由于选择了某种方案而放弃的潜在利益,或者说是一种潜在损失。机会成本是决策时必须考虑的成本,但它并未发生任何支出,所以不能入账。如果忽视了机会成本,就可能导致决策失误。例如,某企业有一座房屋,若出租,每年可收租金 50 000 元;如果利用此房屋从事一种生产,每年可获利 60 000 元。如果考虑机会成本,则企业每年放弃了 50 000 元的收益,实际上每年获利只有 10 000 元,而非 60 000 元。

二、生产问题最优化决策的方法

(一)产品选择最优化决策

1. 利用剩余生产能力生产何种新产品的决策

利用剩余生产能力生产新产品时,原有固定成本是不变的,所以选择提供贡献毛益较大的产品生产就可以了。如果生产某种产品需增加专属固定成本,则应选择提供剩余贡献毛益较大的产品。这就是应用贡献毛益分析法。

例 3-5 某工业企业现有剩余年生产能力 30 000 台时,现拟利用剩余生产能力生产甲产品或乙产品。甲产品需 60 台时/件,销售单价为 60 元/件,单位变动成本需 50 元/件;乙产品需 40 台时/件,销售单价为 50 元/件,单位变动成本需 40 元/件。原年固定成本为 20 000 元。要求做出应生产哪种产品的决策。

计算分析见表 3-1。

表 3-1　计算分析表

项目	甲产品	乙产品
产量/件	500	750
单价/(元/件)	60	50
单位变动成本/(元/件)	50	40
单位贡献毛益/(元/件)	10	10
贡献毛益总额/元	5 000	7 500

由于是利用剩余生产能力,不管剩余生产能力是否利用,原年固定成本 20 000 元仍然存在,所以原固定成本为无关成本,不需考虑。从分析结果可知,生产乙产品的贡献毛益较大,所以应选择乙产品生产。

此种问题的分析,也可计算每种产品的每台时贡献毛益,每台时贡献毛益较大的产品为优。

本例： 甲产品每台时贡献毛益＝10元/件÷60台时/件＝0.17元/台时

乙产品每台时贡献毛益＝10元/件÷40台时/件＝0.25元/台时

乙产品每台时创造的贡献毛益较大,应选择乙产品,与前决策结论相同。

若生产乙产品需增加新设备,需增加专属固定成本每年3 000元,则乙产品的年剩余贡献毛益为(7 500－3 000)元＝4 500元,这时,就应选择甲产品生产。

> **小贴士**
> 1．专属固定成本：就是专为某个备选产(商)品所特有的固定成本。
> 2．剩余贡献毛益：就是贡献毛益减去专属固定成本后的剩余部分。

> **补充资料**
> 1．生产能力：就是企业生产设备每年可完成的最大工作量。
> 2．台时：表示机器设备工作量的单位,1台设备工作1小时的工作量为1台时。设备数量与工作小时数的乘积就是设备的总工作量台时数。

2．新增生产能力生产何种新产品的决策

若企业准备投资新生产设备开发新产品,就属于此种问题。由于新产品的市场销售状况不确定,这种决策就属于不确定型决策,宜用概率分析法,即分别计算各种备选产品的期望贡献毛益额,以期望贡献毛益较大的产品为优。由于不论生产何种新产品,使用的设备是相同的,所以其固定成本是相同的。因此,决策分析时,固定成本为无关成本,不需考虑。

例3-6 某公司准备投资开发新产品,现有两种产品可供选择：甲产品,预计售价40元/件,单位变动成本15元/件；乙产品,预计售价60元/件,单位变动成本30元/件。甲、乙产品预计可能的销售量和相应的概率见表3-2。

表3-2　甲、乙产品预计可能的销售量和相应的概率

甲 产 品		乙 产 品	
可能销售量/件	概　率	可能销售量/件	概　率
900	0.1	700	0.1
1 000	0.1	900	0.2
1 100	0.3	1 000	0.2
1 300	0.3	1 100	0.4
1 500	0.2	1 300	0.1

计算分析如下：

甲产品销售量期望值＝(900×0.1＋1 000×0.1＋1 100×0.3＋1 300×0.3＋1 500×0.2)件
　　　　　　　　　＝1 210件

乙产品销售量期望值＝(700×0.1＋900×0.2＋1 000×0.2＋1 100×0.4＋1 300×0.1)件
　　　　　　　　　＝1 020件

甲产品期望贡献毛益＝1 210件×(40－15)元/件＝30 250元

乙产品期望贡献毛益＝1 020件×(60－30)元/件＝30 600元

分析可知,乙产品的期望贡献毛益较大,故应生产乙产品。

3. 利用剩余生产力增产何种产品的决策

如果企业生产能力有剩余，在市场可以销售的条件下，就可以考虑增产原有的产品。对于应增产哪种产品的决策，可以应用贡献毛益分析法，应增产贡献毛益较大的产品。由于是利用剩余生产能力，原固定成本不会因增产哪种产品而改变，所以原固定成本为无关成本，不需考虑。

例 3-7 某工厂现有剩余年生产能力 20 000 台时，现生产甲、乙两种产品。甲产品台时定额为 4 台时/件，售价 100 元/件，单位变动成本 60 元/件；乙产品台时定额为 8 台时/件，售价 150 元/件，单位变动成本 80 元/件。请问在市场可以实现销售的条件下，应增产哪种产品较为有利？

计算分析如下：

甲产品每台时可创造贡献毛益 =（100-60）元/件÷4 台时/件 = 10 元/台时
乙产品每台时可创造贡献毛益 =（150-80）元/件÷8 台时/件 = 8.75 元/台时
　　增产甲产品可获贡献毛益 = 20 000 台时×10 元/台时 = 200 000 元
　　增产乙产品可获贡献毛益 = 20 000 台时×8.75 元/台时 = 175 000 元

可见，增产甲产品较为有利。

（二）接受追加订货问题决策

当企业的生产能力有剩余时，如果有追加订货，应考虑是否接受。如果追加订货的出价大于或等于原订货价格，则应该接受；如果追加订货的出价低于原价格，但高于单位变动成本时，可以提供贡献毛益，就可以接受；若需要增加专属固定成本，只要可提供剩余贡献毛益即可接受。决策方法为贡献毛益分析法。

例 3-8 某企业生产某种产品，年生产能力为 10 000 件，当年已接受生产任务 6 500 件，剩余生产能力 3 500 件。产品售价 68 元/件。企业生产该产品的成本资料如下：

直接材料	20 元/件
直接人工	16 元/件
制造费用	20 元/件
其中：变动费用	8 元/件
固定费用	12 元/件
单位产品全部成本	56 元/件
单位产品变动成本	44 元/件

现有一客户又订货 3 000 件，出价每件 46 元，并且产品有特殊要求，需租入一台专用设备，年租金 4 000 元。请问是否应接受这批订货？

按传统观念，这批订货的出价 46 元/件，低于单位成本 56 元/件，每件要亏损 10 元，而且还要增加租金成本，显然是不可接受的。但按变动成本理论来看，这批订货是用剩余生产能力生产的，生产这批订货不会增加原有固定成本，即原有固定成本与追加订货无关，追加订货只与变动成本和专属固定成本有关，该批订货的出价高于单位变动成本，可以提供贡献毛益，只要扣除专属固定成本后有剩余贡献毛益，就可以接受这批订货。

计算分析如下:

追加订货的单位贡献毛益=(46-44)元/件=2元/件

追加订货的贡献毛益总额=2元/件×3 000件=6 000元

专属固定成本=4 000元

剩余贡献毛益=6 000-4 000=2 000元

由于这批订货可提供剩余贡献毛益2 000元,故应接受这批订货。

(三) 生产任务分配的最优化决策

一个总厂或公司常常有几个分厂生产同一种产品,由于各分厂条件的差异,各分厂的成本水平往往不相同,有高有低。若总厂或公司接受了一批订货,而各分厂均有剩余生产能力可以承担生产任务,那么应该将生产任务交给哪个分厂呢?这就需要总厂或公司做出生产任务分配的决策。决策的标准自然是选择实现利润最多的分厂去生产,由于同一产品售价是一样的,所以只要选择成本最低的分厂即可。按传统观念,选择单位成本最低的分厂,似乎是理所当然的。但是按变动成本理论,则应选择单位变动成本最低的分厂。这是因为各分厂都是利用剩余生产能力生产,承担订货任务并不会增加固定成本,只会增加变动成本,所以只要选择单位变动成本最低的分厂去生产,就是成本最小的方案。由于产品售价是一定的,单位变动成本最低的分厂就是创造利润最大的分厂。这类问题的决策实际上就是选择贡献毛益最大的方案,所以决策的方法属于贡献毛益分析法。

例3-9 某公司有甲、乙两个分厂同时生产A产品,两分厂的最大生产能力均为年产A产品10 000件。本年两分厂的生产任务均为8 000件。两分厂上年的成本资料见表3-3,A产品每件售价20元。公司现额外接受了一批订货1 500件,试问,公司应将这批生产任务交给哪个分厂去完成?

表3-3 甲、乙分厂成本表

项 目	甲 分 厂	乙 分 厂
产量/件	8 000	10 000
固定成本总额/元	24 000	10 000
单位变动成本/(元/件)	14	15
单位固定成本/(元/件)	3	1
单位产品成本/(元/件)	17	16

从上年两分厂成本资料看,乙分厂的单位成本较低,但单位变动成本却比甲分厂高,原因是乙分厂的固定成本总额少、产量大,单位产品固定成本额小。由于甲分厂的单位变动成本较小,故应将这1 500件的生产任务分配给甲分厂生产。

计算分析如下:

由甲分厂生产的贡献毛益额=1 500件×(20-14)元/件=9 000元

由乙分厂生产的贡献毛益额=1 500件×(20-15)元/件=7 500元

由于固定成本不变,甲分厂可比乙分厂多创造贡献毛益1 500元,也就是多创造利润1 500元。此结论可用表3-4加以证明。

表 3-4　结论表

项 目	甲 分 厂		乙 分 厂	
	增产前	增产后	增产前	增产后
产量/件	8 000	9 500	8 000	9 500
单位贡献毛益/(元/件)	6	6	5	5
贡献毛益总额/元	48 000	57 000	40 000	47 500
固定成本总额/元	24 000	24 000	10 000	10 000
利润/元	24 000	33 000	30 000	37 500

由表 3-4 可以看出，将增加的生产任务分配给两个分厂的结果是：

甲分厂可增加利润 =（33 000 - 24 000）元 = 9 000 元

乙分厂可增加利润 =（37 500 - 30 000）元 = 7 500 元

甲分厂可比乙分厂多增加利润 =（9 000 - 7 500）元 = 1 500 元

（四）零部件自制与外购的决策

在生产整机产品的工业企业，需要很多种零部件，有些零部件既可以自制，也可以外购。那么怎样才合算呢？这就要进行决策。由于不论零部件是自制还是外购，质量要求是一样的，对产品的售价没有影响，也就是不影响企业的收入。这时，只需比较两者的成本，以成本低者为优，这就是应用成本分析法进行决策。

在这种决策分析中，外购方案没有固定成本，只有变动成本。自制时，如果利用剩余生产能力，则不需要增加固定成本；如果没有剩余生产能力，这就需要增添生产设备，从而增加专属固定成本；如果利用剩余生产能力，若剩余生产能力还可以出租，则还要计算机会成本。

例 3-10　某机床厂每年需要 A 零件 5 000 件，若外购，采购成本为 30 元/件。本厂现有剩余生产能力可以自制，若自制，预算需直接材料 14 元/件、直接人工 6 元/件、变动制造费用 5 元/件。剩余生产能力若不用于自制 A 零件，别无他用。要求做出 A 零件是自制还是外购的决策。

计算分析如下：

由于是利用剩余生产能力自制，不需增加固定成本，因而自制只有变动成本。

自制年总成本 = 5 000 件 ×（14 + 6 + 5）元/件 = 125 000 元

外购年总成本 = 5 000 件 × 30 元/件 = 150 000 元

因为自制年总成本较小，故应该自制。

例 3-11　承例 3-10，若剩余生产能力不用于自制 A 零件，可以出租，每年可收租金 40 000 元，则又该如何决策？

计算分析如下：

在这种情况下，每年租金 40 000 元即为自制方案的机会成本，必须考虑。

自制年总成本 = 5 000 件 ×（14 + 6 + 5）元/件 + 40 000 元 = 165 000 元

外购年总成本 = 5 000 件 × 30 元/件 = 150 000 元

此时，外购年总成本较小，故应该外购。

例 3-12 承例 3-10，若本厂没有剩余生产能力可以利用，自制则需增添生产设备，每年需增加专属固定成本 20 000 元，又应如何决策？

计算分析如下：

自制年总成本 = 5 000 件 ×（14+6+5）元/件 + 20 000 元 = 145 000 元

外购年总成本 = 5 000 件 × 30 元/件 = 150 000 元

由于自制方案的年总成本较小，故应该自制。

在自制零部件需增加专属固定成本的情况下，决策的一般规律是：当零部件需要量较大时，自制成本较低，应选择自制方案；当零部件需要量较小时，外购成本较低，应选择外购方案。此规律如图 3-7 所示。

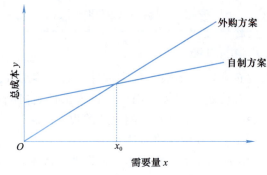

图 3-7　方案成本比较图

当需要量小于 x_0 时，外购方案成本小，应选择外购方案；当需要量大于 x_0 时，自制方案成本小，应选择自制方案；当需要量等于 x_0 时，自制和外购成本相同，两种方案均可。

例 3-13 承例 3-12，求 x_0。

自制总成本 $y_1 = 20\,000 + 25x$

外购总成本 $y_2 = 30x$

已知 $y_1 = y_2$ 时的 x 值即为临界值 x_0，解方程：

$$20\,000 + 25x = 30x$$

得 $x = 4\,000$

4 000 件即为临界需求量。本年需求量为 5 000 件，大于 4 000 件，所以自制成本小，应选择自制方案。如果年需求量小于 4 000 件，则应选择外购方案。

（五）生产设备选择决策

企业生产使用的设备，有较先进的，也有较落后的。较落后的设备，购置成本小，年使用固定成本较小，但落后的设备生产效率低，生产产品的单位变动成本较高；先进的设备，购置成本大，年使用固定成本较大，但其生产效率高，生产产品的单位变动成本较低。

不论采用先进的设备还是落后的设备，生产产品的质量和产量任务是相同的，所以不影响企业的收入，只要选择生产总成本较小的设备生产就可以了。因此，决策应用成本分析法，成本最小的方案为最优方案。

这种决策的原则是：生产量较小时，落后的设备总成本较小，应选择相对落后的设备；生产量较大时，先进的设备总成本较小，应选择先进的设备。此类决策的原理可用图3-8加以说明。

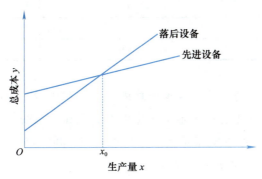

图 3-8　设备生产成本图

x_0 为产量临界点。当生产量小于 x_0 时，采用相对落后的设备生产总成本小，应选择落后的设备；当生产量大于 x_0 时，采用先进的设备生产总成本小，应选择先进的设备；当生产量等于 x_0 时，采用两种设备的生产总成本相同，选择两种设备均可。

例3-14　某工业企业生产某种产品，有两种设备可供选择。一种是传统设备，使用该设备的年固定成本为200 000元，生产产品的单位变动成本为60元/件；另一种是新式设备，使用该设备的年固定成本为400 000元，生产产品的单位变动成本为20元/件。如果企业的年生产量为4 000件，应选择何种设备来生产？

分析计算如下：

传统设备年生产总成本 $y_1 = 200\,000 + 60x$

新式设备年生产总成本 $y_2 = 400\,000 + 20x$

当 $y_1 = y_2$ 时的 x 值即为产量临界值 x_0，解方程：

$$200\,000 + 60x = 400\,000 + 20x$$

得 $x = (400\,000 - 200\,000)/(60 - 20) = 5\,000$

即产量临界值为5 000件，当年产量小于5 000件时，应选择传统设备；当年产量大于5 000件时，应选择新式设备。

本例年产量为4 000件，小于5 000件，所以应选择传统设备来生产，此时生产总成本较小。证明如下：

传统设备年总成本 = (200 000 + 60 × 4 000)元 = 440 000元

新式设备年总成本 = (400 000 + 20 × 4 000)元 = 480 000元

可见，采用传统设备比新式设备总成本少40 000元。

有时，可供选择的设备有两种以上，那么产量临界点就不止一个，而有两个以上，这时就得求出多个临界点。

例3-15　某工业企业生产一种产品，市场上有三种设备可供选择，三种设备的年使用固定成本和生产产品的单位变动成本资料见表3-5。如果企业的年产量为1 200件，应选择何种设备？

表 3-5 三种设备资料表

设 备 种 类	固定成本/元	单位变动成本/（元/件）
普通机床	3 000	20
万能机床	5 000	18
数控机床	11 000	15

计算分析如下：

$$普通机床年生产总成本\ y_1 = 3\,000 + 20x$$

$$万能机床年生产总成本\ y_2 = 5\,000 + 18x$$

$$数控机床年生产总成本\ y_3 = 11\,000 + 15x$$

三种设备的总成本曲线如图 3-9 所示。

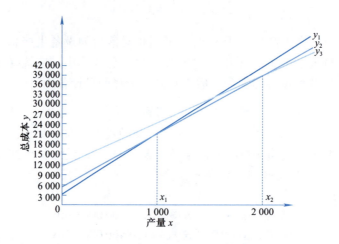

图 3-9 三种设备的总成本曲线图

由图 3-9 可知，当产量小于 x_1 时，普通机床的成本最小，应选择普通机床；当产量在 x_1 至 x_2 之间时，万能机床的成本最小，应选择万能机床；当产量大于 x_2 时，数控机床的成本最小，应选择数控机床。

当 $y_1 = y_2$ 时的 x 值即为第一个产量临界点 x_1，解方程：

$$3\,000 + 20x = 5\,000 + 18x$$

得 $x = 1\,000$

即 $x_1 = 1\,000$ 件

当 $y_2 = y_3$ 时的 x 值即为第二个产量临界点 x_2，解方程：

$$5\,000 + 18x = 11\,000 + 15x$$

得 $x = 2\,000$

即 $x_2 = 2\,000$ 件

即当年产量在 1 000 件以下时，应选择普通机床；当年产量在 1 000 件至 2 000 件之间时，应选择万能机床；当年产量在 2 000 件以上时，应选择数控机床。

> **小贴士**
> 从经济效益角度讲，并不一定是越先进的设备越好。

本例年产量为 1 200 件，故应选择万能机床，此时生产总成本最小。证明如下：

普通机床年总成本 =（3 000 + 20 × 1 200）元 = 27 000 元
万能机床年总成本 =（5 000 + 18 × 1 200）元 = 26 600 元
数控机床年总成本 =（11 000 + 15 × 1 200）元 = 29 000 元

（六）生产批量最优化决策

在工业生产中，有一些零部件不是连续生产的，而是分批间断生产的。那么每批生产批量多大好呢？这要受调整准备成本和储存成本决定。

1．调整准备成本

调整准备成本就是每批开始生产前调整设备、清理现场、准备工具和模具、预热、生产安排等准备工作的成本。调整准备成本为固定成本，不论每次生产批量多大，调整准备成本总是一样的。在满足全年生产需要的条件下，每批生产批量越大，全年生产批数就越少，因而年调整准备成本总额就越小；每批生产批量越小，全年生产批数就越多，年调整准备成本总额就越大。

2．储存成本

储存成本就是零部件在储存过程中发生的成本，包括库管人员工资、仓库折旧费或租金、保险费、库存损耗、存货占用资金利息等。储存成本与储存量直接相关，每批生产批量越大，储存量就越大，储存成本就越大；每批生产批量越小，储存量就越小，储存成本就越小。

由两项成本的特性可以看出，每批生产批量越大，调整准备成本越小，但储存成本越大；每批生产批量越小，调整准备成本越大，而储存成本越小。因此，要使两项成本同时达到最小是不可能的，只有谋求两项成本之和最小。能使两项成本之和最小的生产批量，就是最优生产批量。

最优生产批量的决策，采用数学模型法，即用数学求极小值的方法建立一个数学公式，就可以计算出最优生产批量。

设：全年生产需要零部件的数量为 T，每次调整准备成本为 F，零部件每件年储存成本为 C，每批生产批量为 Q，零部件每日生产量为 p，每日耗用量为 d，则

零部件最高储存量 = 每批生产天数 × 每日库存增加量

$$= \frac{Q}{p}(p-d) \quad \text{（储存量变化如图 3-10 所示）}$$

$$= Q - Q \times \frac{d}{p}$$

$$= Q\left(1 - \frac{d}{p}\right)$$

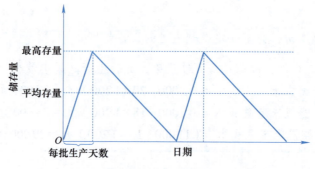

图 3-10 零部件储存量变化曲线图

$$平均储存量 = \frac{Q}{2}\left(1-\frac{d}{p}\right)$$

$$年储存成本 = \frac{Q}{2}\left(1-\frac{d}{p}\right)C$$

$$年调整准备成本 = \frac{T}{Q} \times F$$

$$年总成本\ Z = \frac{Q}{2}\left(1-\frac{d}{p}\right)C + \frac{T}{Q} \times F$$

求 Z 对 Q 的一阶导数,得

$$Z' = \frac{C}{2}\left(1-\frac{d}{p}\right) - \frac{TF}{Q^2}$$

令 $Z' = 0$

则

$$\frac{C}{2}\left(1-\frac{d}{p}\right) - \frac{TF}{Q^2} = 0$$

$$\frac{C}{2}\left(1-\frac{d}{p}\right) = \frac{TF}{Q^2}$$

$$Q^2 = \frac{2TF}{C} \bigg/ \left(1-\frac{d}{p}\right)$$

$$Q = \sqrt{\frac{2TF}{C} \bigg/ \left(1-\frac{d}{p}\right)}$$

上式计算的生产批量即为最优生产批量,此时的两项成本之和最小。

例 3-16 某企业生产需要 A 零件,由于需要量较少,采用分批间断生产的方法。全年需要 A 零件 3 600 件,分批生产时,每日可生产 30 件,每日耗用 10 件。每批生产前调整准备成本为 700 元,A 零件每件年储存成本需要 6 元。请做出最优生产批量的决策。

计算如下:

$$最优批量\ Q = \left[\sqrt{\frac{2 \times 3\,600 \times 700}{6} \bigg/ \left(1-\frac{10}{30}\right)}\right]\text{件} = 1\,123\ \text{件}$$

最佳生产批数 = $\dfrac{T}{Q}$ = 3 600 件 /1 123 件 = 3.2 批

最低成本 = $\dfrac{Q}{2}\left(1-\dfrac{d}{p}\right)C+\dfrac{T}{Q}\times F$

$= \left[\dfrac{1123}{2}\times\left(1-\dfrac{10}{30}\right)\times 6+3.2\times 700\right]$元

= 4 486 元

（七）产品组合最优化决策

企业在生产几种产品的情况下，怎样安排各种产品的生产量，才能使利润最大，这就是产品最优组合的决策问题。产品的最优组合，就是在企业生产能力、材料供应、市场销售等条件允许的情况下，合理确定各产品的产量，使收益最大。

这类决策问题，宜用线性规划法。线性规划法就是在各种约束条件下，使目标函数达到最佳值的一种数学方法。求解最优解时，若只有两个变量，可以用图解法；若有三个及以上变量，就要用单纯形法。单纯形法用手工计算十分复杂，可以在计算机上利用专门程序求解。本书只介绍图解法。

例 3-17 某企业生产甲、乙两种产品，有关资料见表 3-6。

表 3-6 甲、乙产品资料表

项　　目	甲 产 品	乙 产 品
单位产品台时定额/（台时/件）	6	9
单位产品原材料消耗/（kg/件）	6	3
单位产品贡献毛益/（元/件）	90	80
每月市场销售量/件	无限制	≤30

该企业月生产能力为 360 台时，每月原材料供应量最多为 240kg。试问两种产品每月分别生产多少件，才能获得最多的贡献毛益？

设：每月生产甲产品 x 件、乙产品 y 件。

则有目标函数：$S=90x+80y$（最大）

约束条件：$6x+9y\leqslant 360$（生产能力约束）

$6x+3y\leqslant 240$（原材料供应约束）

$y\leqslant 30$（销售量约束）

$x\geqslant 0, y\geqslant 0$

在直角坐标图上绘出可行解域（阴影部分），如图 3-11 所示。

按照约束条件，在坐标中绘出各不等式的边界直线，由两条坐标轴和几条直线围成一个多边形，这个多边形内为所有约束条件的公共可行区，即为可行解域，如图 3-11 所示。在可行解域内任一点的坐标值均为可行解。

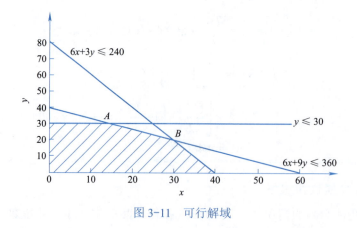

图 3-11 可行解域

求最优解：

在线性规划中，最大值问题的最优解在距原点最远的多边形顶点上，但不会在两条轴上。

本例的最优解可能在 A 点或 B 点上。先求 A、B 两点的坐标，然后分别代入目标函数进行计算，使目标函数值最大的点，就是最优解。

求 A 点坐标：

将方程 $6x+9y=360$ 和 $y=30$ 联立求解，得

$$x=15, y=30$$

即为 A 点的坐标。

求 B 点的坐标：

将方程 $6x+3y=240$ 和 $6x+9y=360$ 联立求解，得

$$x=30, y=20$$

即为 B 点的坐标。

试算：

A 点的目标函数值 $S=(90\times15+80\times30)$ 元 $=3750$ 元

B 点的目标函数值 $S=(90\times30+80\times20)$ 元 $=4300$ 元

所以，$x=30$，$y=20$ 为最优解。

即每月生产甲产品 30 件，生产乙产品 20 件，可获得最多的贡献毛益，贡献毛益额为 4 300 元。

（八）原材料利用最优化决策

1. 原材料配比最优化决策

在生产中，有些产品质量要求含各种成分，并且各种成分含量必须达到一定的要求。而生产产品的材料含各种有效成分的量各不相同，各种材料的价格也有高有低。人们总是希望在满足产品质量要求的前提下，使用料的成本最低，这就是材料最优配比的决策问题。这类决策问题也应用线性规划法。

例 3-18 某企业生产某产品，质量要求每包产品含丙成分不低于 9g，含丁成分不低于 15g。生产该产品使用甲、乙两种材料，两种材料的有效成分含量及价格资料见表 3-7。

表 3-7　材料成分含量及价格资料表

材　料	丙成分含量/(g/kg)	丁成分含量/(g/kg)	单价/(元/kg)
甲	4	1	38
乙	1	4	32

试问每包产品使用两种材料各多少千克，才能在满足产品质量要求的前提下，使材料成本最低。

设每包产品使用甲材料 x kg，乙材料 y kg，则

目标函数：$z=38x+32y$（最小）

约束条件：$4x+y \geqslant 9$（产品 A 成分含量约束）

$\qquad\qquad x+4y \geqslant 15$（产品 B 成分含量约束）

$\qquad\qquad x \geqslant 0, y \geqslant 0$

绘出可行解域（阴影部分），如图 3-12 所示。

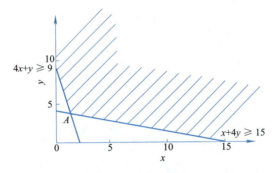

图 3-12　可行解域

在线性规划中，最小值问题的最优解在距原点最近的顶点上，但不会在两条轴上。

本例可能的最优解只有一个，即 A 点。

将方程 $4x+y=9$ 和 $x+4y=15$ 联立求解，得

$$x=1.4, \quad y=3.4$$

即为 A 点的坐标，为最优解。

此时，材料成本最低，即

$$z=(38 \times 1.4 + 32 \times 3.4)\text{元}=162\text{元}$$

所以，每包产品使用甲材料 1.4kg，乙材料 3.4kg，可在满足产品质量要求的前提下，使材料成本最低。

2．下料问题最优化决策

在工业生产中，使用的原材料往往有大小不同的规格，利用这些不同规格的原材料又生产不同的产品，这就有一个合理用料的问题。怎样下料，才能在保证各种产品产量的前提下，用料最省，料头损失最小，也就是材料成本最低。这是求最小值的问题，适用线性规划法决策。

例 3-19　某工厂生产甲、乙两种产品，使用的材料有两种规格，两种规格材料的尺寸和可生产产品的数量见表 3-8。两种产品的生产任务为：甲产品不少于 45 件，乙产品不少于 55 件。试问两种规格的材料各用多少块，可以使用料最省。

表 3-8 资料表

材 料 种 类	规格 /m²	每块可裁甲产品 / 件	每块可裁乙产品 / 件
丙	2	3	5
丁	3	6	6

设应使用丙材料 x 块，丁材料 y 块，则

目标函数：$z = 2x + 3y$（最小）

约束条件：$3x + 6y \geq 45$（甲产品产量约束）

$5x + 6y \geq 55$（乙产品产量约束）

$x \geq 0, y \geq 0$

绘出可行解域（阴影部分），如图 3-13 所示。

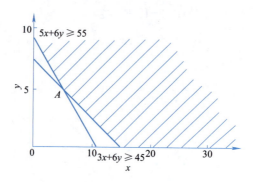

图 3-13 可行解域

本例的 A 点为最优解，求 A 点的坐标：

将方程 $3y + 6y = 45$ 和 $5x + 6y = 55$ 联立求解，得最优解为

$$x = 5, y = 5$$

此时

$$z = (2 \times 5 + 3 \times 5) \text{m}^2 = 25 \text{m}^2$$

即：在完成甲、乙产品生产任务的条件下，丙种规格的材料用 5 块，丁种规格的材料用 5 块，可以使用料最少，为 25m²。

（九）设备加工任务分配的最优化决策

在生产中，生产一种产品可能有几种设备，不同类设备的生产效率和加工费用不同，它们的加工能力也有一定的限度。在生产总任务一定的条件下，怎样分配各种设备的加工任务，才能使加工费用最省，这就是设备加工任务分配的决策。这种决策属于最小化问题，适用线性规划法。

例 3-20 某企业生产某产品，有两种生产设备，其生产效率、加工费用及加工能力见表 3-9。若本月生产任务为 200 件以上，如何安排甲、乙两种设备的生产任务，可以使加工费用最省？

表 3-9　设备生产效率、加工费用及加工能力表

设 备 类 别	单位产品加工效率/(台时/件)	单位产品加工费用/(元/件)	月加工能力/台时
甲	2.0	20	≤400
乙	1.5	25	≥150

设甲种设备应生产 x 件，乙种设备应生产 y 件，则

目标函数：$z=20x+25y$（最小）

约束条件：$2x\leqslant 400$

$1.5y\geqslant 150$

$x+y\geqslant 200$

$x\geqslant 0,\ y\geqslant 0$

绘出可行解域（阴影部分），如图 3-14 所示。

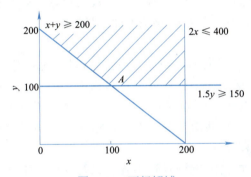

图 3-14　可行解域

本例为最小值问题，距原点最近的顶点为最优解，显然最优解为 A 点。
将方程 $1.5y=150$ 和 $x+y=200$ 联立求解，得 A 点的坐标为

$$x=100,\ y=100$$

所以，应安排甲、乙两种设备各生产 100 件，可使加工费用最省，即

$$z=(20\times 100+25\times 100)\text{元}=4\,500\text{元}$$

第四节　材料消耗控制

在生产成本中，材料成本占产品成本的绝大比重，要降低产品成本，增加盈利，控制材料消耗是最主要的途径。控制材料消耗也是生产管理的重要内容。材料消耗控制的手段主要是制订消耗定额，按定额发料，然后对消耗定额执行情况进行分析，查找原因，不断降低消耗水平。

一、材料消耗定额的制订

（一）制订材料消耗定额的作用

（1）材料消耗定额是编制材料供应计划的重要依据。企业有了先进合理的材料消耗定额，才能够正确计算物资需用量、储备量、采购量，编制出准确、科学的物资供应计划。

（2）材料消耗定额是制订产品成本标准的依据。为了进行成本控制，就需要制订产品标准成本，作为目标成本。而制订标准成本，要以消耗定额为依据，其中产品材料成本部分，就要用材料消耗定额与材料价格相乘来计算确定。

（3）材料消耗定额是促进企业合理使用和节约材料的有力工具。先进合理的材料消耗定额，能有效地促进生产部门加强经济核算，合理使用材料，改进操作方法，千方百计地节约材料，杜绝一切浪费现象。

（4）材料消耗定额是促进企业提高技术水平、管理水平和工人操作水平的重要手段。先进合理的材料消耗定额，是建立在先进技术和先进经验基础上的。随着定额的贯彻和不断修订，可以促使企业改进设计和工艺，改善生产组织和劳动组织，提高工人的操作技术水平。

（二）材料消耗定额的构成

正确制订材料消耗定额，首先要分析材料消耗的构成，就是指从材料加工开始，一直到制成成品的整个过程中，材料消耗在哪些方面。机械制造企业，主要材料的消耗一般包括下面三个部分：

（1）构成产品或零件净重所消耗的材料，这是材料有效的消耗部分。

（2）工艺性损耗，是指在加工过程或准备过程中，由于工艺技术上的要求必然会产生的材料损耗。例如，下料的料头和边角余料，机械加工中产生的切屑，铸造过程中的烧损，锻造过程中产生的氧化皮、废品消耗等。但是，这部分损耗应随着技术的进步和工艺的改善，尽可能降低到最少的程度。

（3）非工艺性损耗，是指因运输保管不善，以及其他非工艺技术上的原因所产生的损耗。这部分损耗一般是由于管理不善造成的，并非产品制造中所必需的，应当千方百计地避免或减少。

工业企业的材料消耗定额，只应包括产品净重和工艺性损耗两部分，通常称为工艺消耗定额。为了确保供应，有必要在工艺消耗定额的基础上，按一定的比例加上非工艺损耗，一般是以材料供应系数来表示，这样计算出来的定额，通常称为材料供应定额。在实际工作中，这两种定额起着不同的作用，工艺消耗定额是向车间、班组发料和考核的依据，材料供应定额是核算材料采购量的依据。

综上所述，材料消耗定额可用下列公式表示：

$$单位产品材料工艺消耗定额 = 单位产品的净重 + 各种工艺性消耗的重量$$

$$材料供应定额 = 工艺消耗定额 \times (1 + 材料供应系数)$$

（三）制订材料消耗定额的基本方法

工业企业的材料消耗定额，通常是按主要原材料、辅助材料、燃料、动力和工具等分类制订的。制订材料消耗定额，一般有以下三种基本方法：

（1）技术计算法。这是在工艺计算的基础上，吸取工人的先进经验，确定最经济合理的材料消耗定额的办法。例如机械加工企业，首先根据产品零件图纸和工艺文件，对产品零件的形状、尺寸、材料进行分析计算，确定其净重；然后对各道工序进行技术分析，确定其工艺消耗部分；最后，将这两部分相加，得出产品零件材料消耗定额。这种方法比较准确、科学，但工作量较大。制订材料消耗定额应以技术计算法为主。

（2）统计分析法。这是根据以往生产中的材料消耗统计资料，经过分析研究，并考虑到计划期内生产技术、组织条件的变化等因素制订材料消耗定额的方法。这种方法比较简单，但必须有充分的统计资料。

（3）经验估计法。这是根据生产工人和技术人员亲身的生产技术经验，并参考有关的技术文件和产品实物，以及企业生产技术条件变化等因素制订消耗定额的方法。采用这种方法最简单易行，但科学性较差。一般来说，凡是缺乏必要的技术资料或耗用量不大的辅助材料，可采用统计分析法或经验估计法。

上述三种基本方法，在实际工作中，往往结合起来运用。由于企业的生产性质和工艺方法不同，制订定额的具体方法也有所不同。

（四）制订材料消耗定额的具体方法

1. 原材料消耗定额的制订

原材料消耗定额，是制造单位产品材料消耗的数量标准。由于产品的工艺性质不同，生产类型不同，具体的计算方法也不同。一般有以下几种方法：

（1）选料法。这种方法亦称定尺排列法。它根据材料产品目录中规定的尺寸范围以及历年实际进料尺寸的规律，选定一种经济合理的材料尺寸，然后根据零件毛坯和切割口尺寸，在选定的材料上排列，最后剩余的残料，分摊在零件材料工艺消耗定额内。其公式计算如下：

$$零件材料消耗定额 = 零件毛坯重量 + \frac{下料中的各种损耗}{材料切成零件数}$$

式中，下料中的各种损耗即工艺性损耗，如切口的铁屑、料头、残料。

例 3-21 一根棒材，可切成四个零件，每个零件毛重 2kg，五个切口，每个切口的铁屑重 0.2kg，残料头重 0.4kg。剩下的料头（夹头）重 1.4kg，则可算出零件材料消耗定额如下：

$$零件材料消耗定额 = 2\text{kg} + \left(\frac{0.2 \times 5 + 0.4 + 1.4}{4}\right)\text{kg} = 2\text{kg} + 0.7\text{kg} = 2.7\text{kg}$$

在实际工作中，若材料长短不一，切料时，可以同时切若干根，在计算时，可以合并计算，最后确定零件材料消耗定额。

这种方法适用于产品稳定的大量大批生产类型的企业。

（2）材料综合利用率法。这种方法适用于一次加工成型的零件和品种规格简单、通用性强的材料。材料综合利用率是指某种材料在一个企业中的平均利用率。其计算公式为

$$材料综合利用率（\%） = \frac{一批零件净重之和}{一批零件消耗材料重量} \times 100\%$$

采用材料综合利用率计算材料消耗定额的公式为

$$零件材料消耗定额 = \frac{零件净重}{材料综合利用率（\%）}$$

例 3-22 一批零件 90 个，每个零件净重 15kg，该批零件的材料消耗重量为 2 250kg。则

$$材料综合利用率 = \left(\frac{90 \times 15}{2\,250}\right) \text{kg} \times 100\% = 60\%$$

$$零件材料消耗定额 = \left(\frac{15}{60\%}\right) \text{kg} = 25 \text{kg}$$

(3) 配料比法。这种方法是利用产品预定的配料比例和有关技术经济指标（如成品率、损耗率等）来计算材料消耗定额的方法。它适用于冶金、化工、铸造等企业。其计算公式为

$$每吨铸件所需的某种炉料的消耗定额 = \frac{1}{合格铸件成品率（\%）} \times 配料比$$

式中，$\frac{1}{合格铸件成品率（\%）}$是制造一吨铸件所需要炉料的总吨量。配料比是投入熔化炉中的各种金属材料的比例，如铸造生铁 50%，旧生铁 25.3%，废钢 20%，锰铁 1.88%，矽铁 2.82%。

2. 辅助材料消耗定额的制订

辅助材料消耗定额的制订，一般可根据其用途不同，采用以下几种方法：

（1）与主要原材料消耗成正比例的辅助材料，其消耗定额可按主要原材料单位消耗量的比例计算，如炼一吨生铁需用多少熔剂等。

（2）与产品产量成正比例的辅助材料，如包装用材料和保护用涂料等，消耗定额可按单位产品来计算，用统计分析法核定。

（3）与设备开动时间或工作日有关的辅助材料，消耗定额可根据设备开动时间或工作日来制订，如润滑油等。

（4）与使用期限有关的辅助材料，其消耗定额可按规定的使用期限来制订，如清扫工具和劳保用品等。

此外，有些难以换算的辅助材料，则可以根据统计资料或实际耗用情况加以确定。

3. 燃料消耗定额

燃料消耗定额包括煤、焦炭、石油等的消耗定额。由于其使用面广，需要量多，因此，燃料消耗定额应根据不同用途及不同的消耗标准分别制订。

（1）工艺用燃料消耗定额，以加工一吨产品或生产一吨合格铸件所需燃料为标准来制订，以技术计算法测定。

（2）取暖用燃料消耗定额，一般应按每个火炉或按单位受热面积来制订。

4. 动力消耗定额

动力消耗定额通常也是按不同用途分别制订的。例如用于电动机的电力，一般是先按实际开动马力计算电力消耗量，再按每种产品所消耗的设备小时数，分摊到单位产品。

5. 工具消耗定额

工具消耗定额一般是根据工具的耐用期限和使用时间来制订的。

上面所说的是制订材料消耗定额的一般原理和方法。在实际工作中，不同企业应根据不同的情况和条件，加以具体运用。

二、限额领料制度

要切实有效地执行材料消耗定额,就必须严格实行限额领料制度。限额领料制度的要点是:

(1) 按月正确编制限额领料单,作为控制材料消耗量的凭证。限额领料单是在每月开始前,由供应部门根据生产作业计划和材料消耗定额编制的。供应部门在编制限额领料单时,应注意审核计划产量与车间在制品占用情况,防止发生盲目投料和虚报冒领现象。当月领料限额的计算方法为

$$领料限额 = 当月计划产量 \times 材料消耗定额$$

(2) 建立补领材料与退料制度。凡是因生产任务变动或工艺调整等原因需要超限额领料时,必须经过一定的审批手续,由供应部门和财务部门签证后,方可领用。如果因产品报废或其他工作过失超过限额领料时,更要经过严格的审批之后才能补领。剩余材料,应按规定及时办理退料手续。对于因工作过失造成超限额领料的,要对车间进行经济处罚。

三、原材料消耗定额执行情况分析

工业企业应每月对材料消耗定额的执行情况进行一次分析,以检查材料消耗是否超过定额,发现超定额现象时,还要分析其原因,以便加以纠正。

1. 原材料消耗定额执行情况检查

月末,首先计算本月实际单位产品原材料消耗量(简称单耗),然后与消耗定额进行对比,计算消耗定额完成程度及节约或超耗的百分比和原材料数量。

$$实际单耗 = \frac{原材料总消耗量}{产品产量}$$

$$原材料消耗定额完成程度 = \frac{实际单耗}{消耗定额} \times 100\%$$

$$实际比定额节(-)超(+)率 = 定额完成程度 - 100\%$$

$$节约(-)或超耗(+)的原材料数量 = (实际单耗 - 消耗定额) \times 产量$$

例3-23 某自行车厂某月生产某种型号自行车100 000辆,钢材消耗定额为每辆25kg,实际耗用钢材总量2 450 000kg,则

$$实际单耗 = \frac{2\,450\,000 \text{kg}}{100\,000 \text{辆}} = 24.5 \text{kg/辆}$$

$$钢材消耗定额完成程度 = \frac{24.5 \text{kg/辆}}{25 \text{kg/辆}} = 98\%$$

$$实际比定额节超率 = 98\% - 100\% = -2\%$$

$$\begin{aligned}节约或超耗钢材数量 &= (24.5 - 25) \text{kg/辆} \times 100\,000 \text{辆} \\ &= (-0.5) \text{kg/辆} \times 100\,000 \text{辆} \\ &= -50\,000 \text{kg}\end{aligned}$$

计算结果表明,该厂报告期自行车钢材实际单耗为定额的98%,比定额节约2%,由于实际单耗低于定额而节约了50 000kg钢材。

2. 原材料单耗变动的原因分析

通过对原材料消耗定额执行情况的检查，可以了解实际单耗相对于消耗定额的节超情况，但还不能说明节超的原因。如果实际比定额超耗了，就需要查找原因加以解决，才能使消耗降下来，达到用定额控制材料消耗的目的。

影响原材料消耗水平变动的原因是多方面的，只有找出影响原材料消耗变动的各方面原因，才能抓住主要矛盾，找到解决的办法。下面介绍从原材料消耗的各个组成部分分析影响原材料消耗变动原因的方法。

机械制造工业产品所消耗的金属材料，按去向一般可分为三个部分：产品净重、加工损耗及废品造成的损失。把这三部分的实际数与定额（或上期数）进行比较，就可以了解单耗升高或降低是由哪部分引起的。

例3-24 某厂生产904整机，钢材单耗构成分析见表3-10。

表3-10　904整机钢材单耗构成分析

项　目	定　额	实　际	差额（实际－定额）
产量/部	50	50	
平均每部消耗钢材/kg	48	50	+2
其中：			
产品净重中包含的钢材量/kg	30	29	-1
加工损耗/kg	18	19	+1
废品消耗/kg	—	2	+2

从表3-10中可以计算出，平均每部904整机多消耗钢材2kg，报告期生产50部整机，共多消耗钢材100kg。

（1）由于产品净重中包含的钢材量降低，使单耗下降：

$$30kg - 29kg = 1kg$$

共节约钢材：

$$1 \times 50kg = 50kg$$

（2）由于加工损耗增加，使单耗上升：

$$19kg - 18kg = 1kg$$

共多消耗钢材：

$$1 \times 50kg = 50kg$$

（3）由于废品造成的损失，使单耗上升2kg，共多消耗钢材：

$$2 \times 50kg = 100kg$$

由上述分析可以看出，904整机钢材实际单耗比定额多消耗2kg，是由产品净重中的钢材量的降低、加工损耗的增加和废品造成的损失三个因素共同作用的结果，主要矛盾是废品的损失，其次是加工损耗的增加。在此基础上应进一步查明生产废品的原因和加工损耗增加的原因，以便采取相应的措施。

四、节约材料消耗的途径

节约材料消耗的途径很多，归纳起来，主要有以下几个方面：

（1）改进产品设计，制造重量轻、体积小、成本低、效率高的产品。工业企业要节约材料消耗，首先要在产品设计中认真贯彻节约原则，产品的结构、式样、大小、长短、粗糙度、精密度、所用材料的规格、质量以及对各种材料的技术要求，都是由产品设计决定的。产品设计上的浪费，会造成生产过程中长期的浪费。因此，在保证和提高产品质量的前提下，改进产品设计，减少单位产品的材料消耗，是节约材料消耗的重要措施。

（2）采用先进工艺，减少工艺性损耗。工艺性损耗是材料消耗的一个重要构成部分，采用先进工艺，尽量减少工艺性损耗，就可以更好地降低材料消耗。例如：在机械制造厂中，采用模锻代替自由锻造；采用粉末冶金、精密铸造、精密锻造等新工艺代替费料、费工的旧工艺，不仅能大量节约金属材料，节约加工工具和机床设备，而且还能提高产品质量和劳动生产率。

（3）采用新材料和代用料。在保证产品质量的条件下，研究采用新材料和代用料，是减少材料消耗，降低产品成本的重要措施。因此企业要千方百计地研究和采用新材料，尽量用资源丰富的材料代替资源稀缺的材料，用一般金属材料代替贵重金属材料，用国产原材料代替进口原材料，用工业原材料代替农产品原材料，用边角余料代替整料等。广泛采用新材料和代用料，对企业来说，还是一项节约生产成本，提高经济效益的重要措施。

（4）实行集中下料，推广套料下料方法，提高材料利用率。如果采取分散下料，由于各产品生产的局限性，往往只从本产品需要出发，用什么下什么料，很少考虑材料利用率。实行集中下料，能从全厂需要着眼，开展"巧裁缝"活动，先下大，再下小，直至无法利用为止。这样，就可以最大限度地减少边角余料，提高材料利用率，节约材料消耗。

第五节　质　量　管　理

一、工业产品质量的含义

工业产品质量指的是工业产品适合一定的用途、满足国民经济一定需要所具有的某些自然特性。工业产品都具备一定的质量方面的特性，正是这些特性区别了各种产品的不同用途，以满足人们的不同需要。而这些特性能够满足人们需要的程度，就反映了工业产品质量的高低。

工业产品质量特性的含义是很广泛的。一般地说，凡是反映产品使用目的的各种技术经济参数都可以叫作质量特性。也就是说，质量特性不仅包括强度、硬度、性能、寿命、成分等内容，还包括形状、外观、手感，以至色泽、音响、气味等方面的内容。

不同的工业产品，根据各自适用的要求，具有不同的质量特性，但概括起来，主要有以下五个方面：

（1）性能，是指产品为满足使用目的所具备的技术特性，即产品在不同目的、不同条件下使用时，其技术特征的适合程度。

（2）寿命，是指产品能够使用的期限。

（3）可靠性，是指产品在规定的时间内、规定的使用条件下，完成规定工作任务而不发生故障的概率。

（4）安全性，是指产品在操作或使用过程中保证安全（包括人身安全、环境安全）的程度。

（5）经济性，是指产品设计、制造、使用寿命周期总成本的大小。

产品的质量特性，有一些是可以直接定量的，如钢材的强度、化学成分、硬度、零部件的耐久性等。但在大多数情况下，质量特性是难以定量的，如外观、操作方便程度、灵敏度、舒适性等。这就要对产品进行综合的和个别的试验研究，确定某些技术参数来间接反映产品质量特性，称之为代用质量特性。

不论是直接定量的还是间接定量的质量特性都应准确地反映社会和用户对产品质量特性的客观要求，以及考虑生产技术可能性和经济合理性。把反映工业产品质量主要特性的技术经济参数明确规定下来，形成技术文件，这就是工业产品的质量标准（或称技术标准）。

产品质量标准是产品生产和质量检验的技术依据，一般规定在有关设计图纸、技术文件中。没有规定质量标准的产品，应由承制单位协议技术条件，明确质量要求。产品质量标准制定以后，不能长期不变，而应随着科学技术和社会生产力的发展，以及人们需要的不断提高，不断地修订和提高原有的质量标准。

二、工业产品质量标准

我国现行的产品质量标准，从标准的适用范围和领域来看，主要包括国际标准、国家标准、行业标准（或部颁标准）和企业标准等。

1．国际标准

国际标准是指国际标准化组织（ISO）、国际电工委员会（IEC），以及其他国际组织所制定的标准。

其中 ISO 是目前世界上最大的国际标准化组织，它成立于 1947 年，主要涉及各个行业各种产品的技术规范。IEC 也是比较大的国际标准化组织，它主要负责电工、电子领域的标准化活动。

2．国家标准

国家标准是对需要在全国范围内统一的技术要求，由国务院标准化行政主管部门制定的标准。1988 年，我国将国际标准化组织（ISO）在 1987 年发布的《质量管理和质量保证标准》等国际标准仿效采用为我国国家标准，编号为 GB/T 10300 系列。它在编写格式、技术内容上与国际标准有较大的差别。

从 1993 年 1 月 1 日起，我国实施等同采用 ISO 9000 系列标准，编号为：GB/T 19000—ISO 9000 系列，其技术内容和编写方法与 ISO 9000 系列相同，使产品质量标准与国际同轨，以利于适应"复关"形势。目前，我国的国家标准是采用等同于现行的 ISO 9001：2000 标准，编号为 GB/T 19000—2000 系列。

3．行业标准

行业标准又称为部颁标准，由国务院有关行政主管部门制定并报国务院标准行政主管部门备案，在公布国家标准之后，该项行业标准即行废止。当某些产品没有国家标准而又需要在全国某个行业范围内统一的技术要求，则可以制定行业标准。

4．企业标准

企业标准主要是针对企业生产的产品没有国家标准和行业标准的，制定企业标准作为组织生产的依据而产生的。企业的产品标准须报当地政府标准化行政主管部门和有关行政主管部门备案。已有国家标准或者行业标准的,国家鼓励企业制定严于国家标准或者行业标准的企业标准。企业标准只能在企业内部适用。

三、产品质量检验

（一）产品质量检验的作用

质量检验是运用一定的方法,对产品的一个或多个质量特性进行的诸如测量、检查、实验或度量,并将结果与规定的质量要求进行比较,以确定每项质量特性符合规定质量标准要求程度所进行的活动。

将产品质量特性符合规定要求的称为"合格",不符合规定要求的称为"不合格"。通过质量检验,能识别不合格的半成品、成品,不合格的外协件不投入生产,不合格的半成品不转入下一道工序,不合格的产品不能入库,从而在产品生产中实现全过程层层把关。这是质量检验最基本的职能和作用。

（二）产品质量检验的手段

产品质量检验的手段可分为：

（1）感官检验,指依靠人的感觉器官进行质量特性的评价活动。其适用于质量特性判断基准不易量化的情况,如对颜色、气味、口感、表面缺陷等的检验。

（2）理化检验,指可依靠检测的仪器设备等手段,应用物理或化学方法进行检验,以评价其几何尺寸、物理强度、化学成分含量等内在质量特性的活动。这些质量特性都是可量化的。

（三）产品质量检验的方式

1. 全数检验

全数检验就是对产品逐一进行检验,以确定其质量合格与否和质量等级。这种检验方式适合于数量较少、价值较大的产品质量检验。

2. 抽样检验

抽样检验是根据数理统计的原理,从产品中抽出部分样品进行检验,以这部分样品的检验结果,按照抽样方案的判断规则做出该批待检品质量水平和合格与否的结论。抽样检验适合于破坏性的检验,待检批次和批量大、价值较小的产品的检验,能提高检验效率和降低检验成本,是最常用、最实用的检验方式。

在这里,需要检验的全部产品称为总体,抽出检验的这部分产品称为样本。

工业产品质量检验中,之所以要采用抽样检验的方法,首先是由于某些工业产品质量的检验是属于破坏性检验。例如：检验灯泡的寿命,当测得寿命的数据之后,灯泡也就报废了；检验棉纱纤维的拉力,一经检查,棉纱纤维本身也已断裂。对于这种属于破坏性的质量检验,不能采用全数检验。其次,即使不是破坏性的检验,也不是都适合全数检验。例如：自动机床、冲床所生产的零件日产量很大,如果百分之百地检验,一台设备要配备许多检验员,所需检验费用甚至可能超过零件本身的价格,是很不经济的；检查电子管内有无杂质,人工检查比较费力,检验员持续较长时间的检验,难免出现错检、漏检的现象,如果采用机器自动检验,一般也以采用抽样检验为宜。第三,用统计方法控制产品质量时,需要在整个生产过程中随时掌握产品质量的变动情况,如果全数检验,就不能及时反映质量的波动,从而不能达到"事先控制"的要求。

当然,对于机械行业大多数成品、关键性的零部件,以及稍有缺陷将会带来巨大损失的产品,仍应进行全数检验,才能把住关口,不使废次品流到下道工序和出厂。

(四)抽样检验的方法

抽样检验可分为平均值检验和成数检验两种,下面分别介绍这两种抽样检验的方法。

1. 平均值检验

平均值检验适用于产品平均技术指标值的检验,如平均寿命、平均含量、平均强度等的检验。其做法如下:

(1)从待检产品总体中随机抽出一部分产品作为样本。

(2)对样本产品的质量进行检验,检测出需要检验的质量指标的数据。

(3)计算样本质量数据的平均值,方法为

$$\bar{x} = \frac{\sum x_i}{n}$$

式中,x_i 为样本产品质量数据,n 为样本产品件数,$\bar{x}$ 为平均质量数据值。

(4)计算样本数据的均方差,方法为

$$\sigma = \sqrt{\frac{\sum(x_i - \bar{x})^2}{n}}$$

(5)计算估计误差,方法为

$$\Delta = t \frac{\sigma}{\sqrt{n}}$$

式中,t 为概率度,其值根据对产品质量估计要求的可靠程度(概率)来确定。一般情况下,当要求的可靠程度为95%以上时,t 取 2;当要求的可靠程度为99%以上时,t 取 3。

(6)估计总体产品质量数据平均值的范围:

$$估计下限 = \bar{x} - \Delta$$

$$估计上限 = \bar{x} + \Delta$$

例 3-25 某车间从当日生产的 10 000 件产品中抽取 100 件进行质量检验,测得其质量值(g)见表 3-11。要求以 95% 以上的可靠程度估计全部产品的平均重量范围。

表 3-11 100 件产品的质量值 (单位:g)

38	30	18	25	23	30	20	29	22	25
30	25	13	25	27	20	25	28	18	38
38	30	25	25	27	24	30	30	22	22
14	30	26	25	27	25	26	35	25	15
29	18	24	20	22	22	20	38	20	27
28	20	22	22	23	25	29	25	27	35
20	18	23	27	29	30	30	24	22	31
18	28	15	23	31	26	25	30	30	19
23	28	19	25	22	18	22	35	30	22
24	25	28	27	23	29	23	30	25	18

样本平均重量：

$$\bar{x} = \frac{\sum x_i}{n} = \frac{2\,521}{100} = 25.21\text{g}$$

样本产品重量的均方差：

$$\sigma = \sqrt{\frac{\sum(x_i - \bar{x})^2}{n}}$$

$$= \sqrt{\frac{(38-25.21)^2 + (30-25.21)^2 + \cdots + (18-25.21)^2}{100}}\text{g}$$

$$= 5.23\text{g}$$

估计误差 $\Delta = 2 \times 5.23 \div \sqrt{100}\,\text{g} = 1.046\text{g}$

全部产品平均重量范围：25.21−1.046 ～ 25.21+1.046

即：24.164 ～ 26.256g

2. 成数检验

成数检验就是对产品合格率、废品率、等级品率等百分率的检验和估计。其做法为：

（1）从待检产品总体中抽出一部分产品作为样本。

（2）对样本中每件产品进行质量检验，确定出合格品或废品、等级品的件数。

（3）计算样本的合格率或废品率、等级率（p）。

（4）计算估计误差，方法为

$$\Delta = t\sqrt{\frac{p(1-p)}{n}} \qquad (n,\ t \text{ 的含义同上})$$

（5）估计总体产品的合格率或废品率、等级率：

估计下限 $= p - \Delta$

估计上限 $= p + \Delta$

例3-26 承例3-25，若质量标准要求产品重量不得低于20g，即20g以上为合格品。则该样本中13件不合格，87件合格。要求以95%以上的可靠程度估计全部产品的合格率范围。

$$\text{样本产品合格率 } p = \frac{87}{100} \times 100\% = 87\%$$

$$\text{估计误差 } \Delta = t\sqrt{\frac{p(1-p)}{n}} = 2 \times \sqrt{\frac{0.87 \times (1-0.87)}{100}}$$

$$= 6.73\%$$

全部产品合格率的范围为：87%−6.73% ～ 87%+6.73%

即：80.27% ～ 93.73%

四、产品质量考核指标

产品质量考核是质量管理的重要内容。通过产品质量考核，一方面可以说明质量管理的效果；另一方面可以明确车间责任，进行相应的奖罚。工业企业产品质量考核的指标主要有合格率、等级指标、废品率、返修率等。

> **小贴士**
>
> 质量检验只是在生产过程结束后把不合格的产品挑选出来，是"马后炮"，而不能预防废品的产生。因而只有在生产过程中进行预防，才是质量控制最根本、最有效的办法。

（一）合格率

合格率是在全部送检产品中，经过检验确定的合格产品数量占检验制品（经过检验后，已区分为合格品、次品、废品）数量的比率，基本的计算公式为

$$产品合格率 = \frac{合格品数量}{合格品数量 + 次品数量 + 废品数量} \times 100\%$$

由于产品性质、加工工艺及检验方法不同，各工业部门的产品合格率又有不同的计算公式。举例如下：

1. 成品抽查合格率

机械工业为了确保产品的质量，除了按一般的方法对产品、零部件进行质量检查外，还定期从已经检验合格入库的产品和主要零部件中，抽查一定数量的产品进行严格检查。对整机检查的项目，包括整机的精度、性能、寿命、主要零部件的互换性、配合公差、光洁度、硬度、材质和影响整机装配精度、性能的主要部位，以及技术文件中规定的各项主要质量特性，根据抽查结果计算成品抽查合格率。一般一年计算一次。其计算公式为

$$成品（或主要零件）抽查合格率 = \frac{各次抽查累计合格数量}{总抽查数量} \times 100\%$$

抽查可以由企业自行组织，也可以由国家质量主管部门组织进行检查。

2. 成品装配一次合格率

为了提高产品质量，在机械工业中，还计算成品装配一次合格率来考查产品的质量。其计算公式为

$$成品装配一次合格率 = \frac{第一次送检合格品数量}{第一次送检总数量} \times 100\%$$

如果检验中发现问题，退回返修后再次送检，不论分子分母都不应当包括这些产品。

成品装配一次合格，很大程度上与装配工作的质量有关，但是零部件本身的质量好坏，也影响装配试验一次合格。零部件精度越高，互换性越大，则成品一次装配合格的可能性也就越大。所以，成品装配一次合格率不仅是反映装配工作的质量，也是反映整个产品质量的综合性指标。

3. 加工件合格率

产品合格率一般是根据实物量来计算的。有时为了要反映某一工序的工作质量，而该

工序加工的产品种类繁多，用实物量计算有困难，这时只能根据加工件的劳动量来综合计算，如机械工业中反映金属切削工作的质量就是如此。用劳动量来计算的合格率，称为加工件合格率。其计算公式为

$$加工件合格率 = \frac{加工件合格品的工时}{加工件合格品的工时 + 废品工时}$$

上式中的废品工时，是指机械加工车间本身责任的废品工时，应从该机械加工件的第一道工序算起，至发生报废工序为止的全部机械加工工时，包括装配车间发现属于加工车间责任的废品工时。

4. 轧钢材合格率

冶金工业中轧钢材合格率，属于另一种性质的质量指标，它是反映在加热、轧制及热处理过程中的生产工作质量的。其计算公式为

$$轧钢材合格率 = \frac{合格钢材数量}{钢材检验总量 + 中间废品量} \times 100\%$$

中间废品量包括加热、轧制、热处理过程中烧坏、轧废的废品总量。

5. 成品率

成品率是另一种形式的合格率。其计算公式为

$$成品率 = \frac{入库成品数}{投料数} \times 100\%$$

投料数是指从产品结构基本装配成型的那道工序进入下道工序的数量。例如，在电子工业中，对元件、器件类产品结构基本装配成型以后，其后的工序基本不再增加零部件，只是对产品进行密封、防潮、筛选、测量和包装。投料数与送检的产品数的差额，就是这些工序中产生的废品数。

在轻工业、冶金工业和机器制造业中均有产品成品率指标，但也有个别成品率指标的性质接近于材料利用率，不能都理解为产品质量的统计指标。

产品合格率指标计算简便，实际工作中应用比较广泛，但是指标比较粗略，仅把产品区分为合格与不合格，往往不能确切地反映产品质量水平。在合格产品中，其各种质量特性指标还会有高有低，参差不齐。有可能出现合格产品的各种质量特性指标有所提高，但产品合格率却下降的情况。因此，在运用合格率评价产品质量时，还必须结合产品的平均质量特性指标进行分析。

（二）等级指标

在机械、纺织、轻工等工业部门中，往往将合格品再根据其性能、外观等质量特性划分为几个等级。例如：机电工业的产品分为优等品、一等品、二等品；纺织工业对棉纱既分等又分级，以品等反映棉纱的内在质量，以品级反映棉纱的外观质量，如上等一级、上等二级、一等一级、一等二级等。每一等级所必须达到的质量标准，均由主管部门做统一规定，以便于企业进行计算、汇总和比较。通常计算下列指标：

1. 产品等级率

产品等级率又称品级率，是各等级产品的数量占全部合格品的数量比率。假定某种产品分为两个等级，则：

$$一级（等）品率 = \frac{一级（等）品数量}{合格品数量} \times 100\%$$

$$二级（等）品率 = \frac{二级（等）品数量}{合格品数量} \times 100\%$$

有的工业部门，习惯上分母中还包括次品。

2. 平均等级

产品等级率是一种结构相对数，在合格品只分两个等级的情况下，一级品比重提高，二级品比重一定下降。分三个以上的等级时，分析就比较复杂，需要计算产品平均等级指标。

例 3-27 某工厂第一、第二季度生产产品的质量情况见表 3-12。

表 3-12 产品质量统计表

产品等级	产量/万件		等级率（%）	
	一季度	二季度	一季度	二季度
一等品	20.0	25.5	50	51
二等品	10.0	10.0	25	20
三等品	10.0	14.5	25	29
合计	40.0	50.0	100	100

表 3-12 说明二季度一等品率由 50% 提高到 51%，二等品从 25% 下降为 20%，三等品由 25% 上升为 29%。仅从这三个等级率指标看，不易对该厂生产的产品的质量变化做出评价。如果计算平均等级指标，概念就比较明确。

$$一季度平均等级 = \frac{1 \times 20.0 + 2 \times 10.0 + 3 \times 10.0}{40.0} 级 = 1.75 级$$

$$二季度平均等级 = \frac{1 \times 25.5 + 2 \times 10.0 + 3 \times 14.5}{50.0} 级 = 1.78 级$$

由于一等品比二等品为好，二等品比三等品好，平均等级指标也应该是小比大好。根据计算结果，说明二季度产品质量有所下降。平均等级从 1.75 级下降到 1.78 级。

（三）废品率

废品是在产品质量检查中发现的不符合质量标准的制品。它反映企业生产工作的质量并用来分析产生废品的原因和责任。

废品率是废品数量占合格品和废次品数量之和的比率。其计算公式为

$$废品率 = \frac{废品数量}{合格品数量 + 废次品数量} \times 100\%$$

产生废品的原因是多种多样的，不同原因产生的废品，应由企业中不同部门来承担责任。因此，不仅要统计废品数量，更要追查产生废品的原因和责任，以便引起有关部门的重视，积极采取措施减少和消灭废品。

机械工业企业产品一般经过铸造、锻压、机械加工、装配等阶段，为了综合反映各个阶段产生废品的数量，计算废品率，弄清造成废品的原因，可根据不同标志对废品进行分类统计。机械加工中形成废品的原因，一般包括工废、料废和其他废。工废是指因加工过错

而造成的废品；料废是指由于原材料质量差而产生的废品；其他废是由于检验、设计错误、运输不慎、保管不善等原因而造成的废品。工废按产生废品的责任又可分为内废和外废。内废属于车间加工责任造成的废品；外废是外车间发现属于本车间加工责任造成的废品。内废和外废统称为车间责任废品，都是工废。工废、料废和其他废构成企业综合废品。

产品质量检验结果的构成如图 3-15 所示。

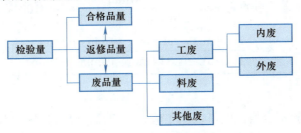

图 3-15　产品质量检验结果构成图

在计算废品率时，由于不同部门承担的责任不同，应有不同的计算方法。如果考核全厂范围的工作质量，应该计算综合废品率。因为不管哪一种原因或者哪一个部门产生的废品，都与企业的整个工作有关。

如果目的在于考核车间的工作质量，则应该计算车间责任废品率，不包括非本车间责任而产生的废品。

$$车间责任废品率 = \frac{车间责任废品数量}{合格品数量 + 废次品数量} \times 100\%$$

计算一种产品的废品率时，可以采用实物量单位，计算多种产品、一个车间或整个企业的废品率时，只能用重量、价值或工时等综合计算单位来计算。

机械行业一般按工时来计算。机械加工车间的废品工时，应该从机械加工件第一道工序起，至发生报废工序为止的全部工序工时。这里所指的工时，原则上均按产品定额工时计算，如果发现该道工序尚未做完而报废，则该道工序可按实做工时计算。

$$车间责任废品率 = \frac{内废工时 + 外废工时}{合格品工时 + 内废工时 + 料废工时 + 其他废工时} \times 100\%$$

例 3-28　某机械厂某月有关废品的统计资料见表 3-13。

表 3-13　废品统计表

车间		工时定额 /min	累计工时定额 /min	废品产生的原因 / 件				废品工时 / min				本车间检验合格品工时
				工废		料废	其他	工废		料废	其他	
				内废	外废			内废	外废			
落料车间		4		3	6			12	24			2 988
机械加工车间	第一道工序	6	6	2		4		12		24		
	第二道工序	10	16					16				
	第三道工序	3	19				2				38	
	第四道工序	8	27	4		1*		108		25		
	第五道工序	5	32	5	8			160	256			
	小计	32		12	8	5	2	296	256	49	38	14 580
装配车间		6		1			4	6			24	278
合计		42		16	14	5	6	314	280	49	62	17 846

注：* 表示该工序未做完。

$$落料车间责任废品率 = \frac{12\min + 24\min}{2\,988\min + 12\min} \times 100\% = 1.2\%$$

$$机械加工车间责任废品率 = \frac{296\min + 256\min}{14\,580\min + 296\min + 49\min + 38\min} \times 100\% = 3.69\%$$

$$装配车间责任废品率 = \frac{6\min}{278\min + 6\min + 24\min} \times 100\% = 1.95\%$$

$$全厂综合废品率 = \frac{314\min + 280\min + 49\min + 62\min}{17\,846\min + 314\min + 49\min + 62\min} \times 100\% = 3.86\%$$

（四）返修率

返修品是经过检验不合格，但可以返工修整的产品，经过返修使其达到合格品的标准，以减少企业经济上的损失。返修率的计算公式为

$$返修率 = \frac{返修品数量}{全部送检品数量} \times 100\%$$

重复返修的产品，在统计返修品数量时有两种不同的方法。一种是重复返修一次，在返修率的分子分母中都要计算一次；另一种方法，是以产品为计算单位，不论返修次数的多少只作为一次。

返修率一般采用实物量计算，也有采用工时计算的，其公式为

$$返修率 = \frac{返修工时}{\sum 某种产品产量 \times 定额工时} \times 100\%$$

有些产品合格率虽然比较高，但返修率波动也很大，这说明产品质量不够稳定，必须分析原因，采取措施，使质量恢复稳定，逐步降低返修次数。

五、产品质量管理的技术经济分析

从经济角度讲，产品质量并不是越高越好。质量过高，可能对用户来讲并不需要，而且会增大生产成本，使利润减少，因而是不经济的。因此，保持适度的质量水平才是适宜的，这个适度的质量水平就是最佳质量水平，即能使利润最大的质量水平。确定最佳质量水平的基本原则是：提高质量增加的成本必须小于因质量提高而增加的收入。

提高产品质量，有时需要使用较精密的设备，改用较新的工艺，加强检验方法，这些都会引起相应费用的增长；另一方面，产品质量提高后，会减少废次品及返工费用，又能节约原材料以及其他的成本。在实行优质优价的条件下，产品质量的提高也会相应地提高产品的出厂价格，使企业获得更多的收益。因此，产品的质量与成本或价格之间存在着密切的联系，这种联系可用图3-16中的曲线表示。

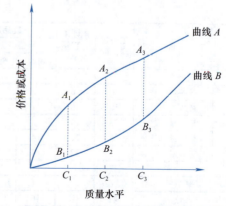

图 3-16　质量与成本或价格的关系

图 3-16 中，曲线 A 表示不同质量水平产品的销售价格，曲线 B 表示不同质量水平产品的平均单位成本，A_1 与 B_1、A_2 与 B_2、A_3 与 B_3 的距离分别表示生产不同质量产品时所获得的收益。因此，从曲线 A 与曲线 B 相隔的距离，可以分析产品质量提高后带来的经济效果，并据以确定产品质量的"最佳点"，就是价格线与成本线距离最大的质量水平点，即利润最大的质量水平点。图中的 C_2 即为质量水平的最佳点。如果质量提高后，成本增加很大，对于用户来讲又并不迫切需要，从经济效果出发，这种质量水平的提高是不适宜的。当然，也要反对不顾质量，只求利润的片面作法。

六、产品质量控制

产品质量控制是质量管理的关键内容。质量管理的目标，就是保证和提高产品质量，而要实现这一目标，就需要通过质量控制措施来保证。所以质量控制是质量管理的中心工作。质量控制的措施和方法主要有以下几种：

（一）因果分析图法

产品的质量是生产过程中许多因素共同作用的结果。这些因素不外乎人、机器、材料、方法和环境五个方面，每一方面又有许多具体的因素，这些因素又是其他因素作用的效果。在分析影响产品质量的原因时，要把对产品质量发生作用的各种因素条理化，把原因和结果的关系搞清楚，才能采取相应的措施。

因果分析图法是分析影响产品质量各种原因的有效方法，它由许多大小不同的箭头组成，如图 3-17 所示。

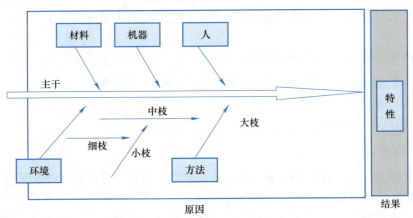

图 3-17 因果分析图

图的中间是一条粗箭头，为主干，表示结果，也就是需要分析原因的某一质量特性。粗箭头两侧有若干大枝，表示人、机器、材料、方法等几方面的因素，每一大枝两旁又有若干中枝，中枝旁又有小枝，小枝旁还有细枝，分别表示影响它所指的那个箭头的原因。由于图的形状像鱼刺、树枝，因此，因果分析图又称为鱼刺图或树枝图。

因果分析图的特点在于能够全面地反映影响产品质量的因果关系，不仅把质量中存在的问题与产生的原因表现出来，而且层次分明，可以从中反映各种原因之间的关系，反映某一种原因是通过什么途径影响结果的。借助这种图可以追根究底，找出真正的原因，便于对症下药，采取措施。图 3-18 为某厂焊接质量问题因果分析图。

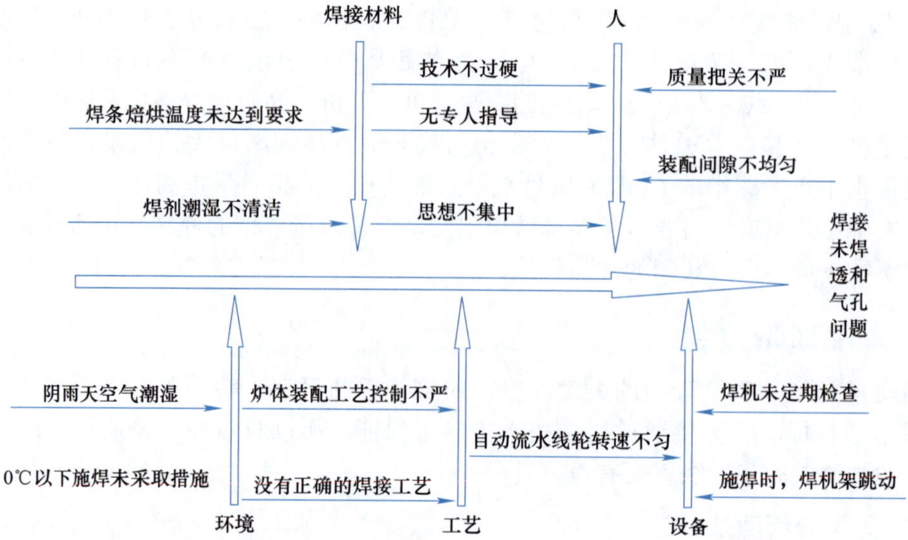

图 3-18 焊接质量问题因果分析图

因果分析图的图形虽然比较简单，如果没有一定的技术水平和生产经验，没有对整个生产过程比较全面、深入的了解，是难以针对存在问题找出其根源的。因此，这种图以集体讨论绘制为宜。由于各人工作岗位不同，对于影响质量的原因也会有不同的认识，因而发动有关人员充分讨论，才能集思广益，把影响产品质量的各种主次因素都统一到因果分析图上来。开展全面质量管理的工厂，都成立了群众性的质量管理小组，如质量管理小组（称 QC 小组）、全面质量管理小组（称 TQC 小组）等，这是绘制因果分析图的一种比较好的组织形式。

因果分析图能够把影响产品质量的各种因素集中在一张图上，便于全面掌握影响质量的因果关系，但却不能确切地反映各种因素对质量的影响程度。大的原因不一定是主要原因，小的原因倒可能是关键问题。要进一步测定各种因素对产品质量的影响程度，还需要用排列图和相关分析法来补充。

（二）排列图法

排列图又称主次因素图、帕累托（Pareto）图，它的特点是将影响产品质量的各种因素分清主次，依次排列，以便针对主要因素重点解决。

排列图由两个纵坐标、一个横坐标、几个矩形和一条曲线组成。左边的纵坐标为频数，用废品的件数、废品损失金额等绝对数表示；右边的纵坐标为频率，用百分数表示；横坐标表示影响产品质量的各种因素；矩形的长短表示各个因素的大小；曲线表示各种因素的累计百分比，称为帕累托曲线。

作图时，首先要整理出按影响质量原因分类的统计资料，包括各种因素对质量的影响，以及各种因素占总数的百分比，然后以数据的大小为顺序从左到右画出各个矩形，并将累计百分数用曲线连接起来。

例 3-29 某工具车间生产五种钻头，某季度各种钻头生产的废品金额及其占总金额的百分比的资料见表 3-14。

表 3-14　钻头废品金额及其占总金额的百分比的资料

产品名称	废品金额/元	占总金额的百分比（%）	累计百分比（%）
甲	17 501.8	65.5	65.5
乙	5 472.5	20.5	86.0
丙	2 539.6	9.5	95.5
丁	789.5	3.0	98.5
戊	407.5	1.5	100.0
合计	26 710.9	100.0	—

根据资料做出排列图，如图 3-19 所示。

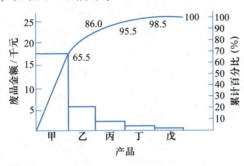

图 3-19　排列图

通常把累计百分数分为三类，在 80% 以下的那几个因素称为 A 类因素，显然它们是主要因素；在 80%～90% 的那些因素称为 B 类因素，是次主要因素；在 90%～100% 的因素称为 C 类因素，是次要因素。在一般情况下，占累计百分数 80% 的因素只有两三个，甚至一两个，首先集中力量解决这些因素，就可以大大提高产品质量。

从图 3-19 中可以明显看出，甲钻头的废品最多，废品损失金额占全车间废品损失金额的 65.5%，其次是乙钻头，废品损失金额占全车间的 20.5%，这两个是主要因素；其中尤以甲钻头的质量问题对车间影响大，应集中力量予以解决。

排列图可以不止画一张，根据第一张排列图找出的主要因素，再进一步分析原因，找出影响这个因素的各种原因及其影响程度，再画第二张排列图。依次类推，还可以画第三张、第四张排列图。原因分析得越具体，越能针对原因采取有效措施。例 3-29 中可以把甲钻头的废品，按生产废品的工序分类，并画出排列图，找出甲钻头质量不好的原因。甲钻头质量问题原因资料见表 3-15（排列图略）。

表 3-15　甲钻头质量问题原因资料

工序	废品数/件	占总数的百分比（%）	累计百分比（%）
接柄	26 056	63.4	63.4
扭槽	10 263	25.0	88.4
热处理	3 355	8.2	96.6
车加工	594	1.4	98.0
外加工	277	0.7	98.7
料废	271	0.7	99.4
冲料	254	0.6	100.0
合计	41 070	100	—

（三）相关分析法

产品的质量与影响质量的因素之间常常有一定的依存关系，但它们之间又不是一种严格的函数关系，即不能由一个变量的数值精确地求出另一个变量的数值。这种依存关系称为相关关系，如钢的淬火温度与硬度之间的关系，橡胶加硫时间与伸展率之间的关系等。分析因素和结果之间的相关关系，并自觉运用这种关系，控制或增加影响因素的量，对提高产品质量有很大的作用。

使用相关分析法时，常会用到相关系数，相关系数是测定影响因素与产品质量之间相关程度的指标，它能确切地表明影响因素对产品质量影响的程度。相关系数的计算公式为

$$r = \frac{n\sum xy - \sum x \sum y}{\sqrt{n\sum x^2 - (\sum x)^2}\sqrt{n\sum y^2 - (\sum y)^2}}$$

式中，x 表示影响因素的自变量，y 表示产品质量的因变量。相关系数 r 的数值究竟是正还是负，要根据影响因素和产品质量的一般趋向来决定。相关系数 r 的绝对值越大，表示相关程度越高。一般认为，$|r|$ 为 0.7 以上则说明相关程度显著。

例 3-30 某胶带厂生产一种运输带，在硫黄用量不同的情况下，运输带的抗拉强度也不同。现将每次硫黄不同用量测得的三次抗拉强度的数据列举见表 3-16。

表 3-16 硫黄用量与抗拉强度数据

硫黄用量 x/kg		0.3	0.4	0.5	0.6	0.7	0.8	0.9
抗拉强度 y/(kg/cm^2)	第一次	182	190	202	221	220	218	230
	第二次	180	195	219	228	228	230	224
	第三次	185	186	212	218	215	226	228

根据表 3-16 的数据，计算硫黄用量与运输带抗拉强度的相关系数见表 3-17。

表 3-17 相关系数计算表

编号	x	y	xy	x^2	y^2
1	0.3	182	54.6	0.09	33 124
2	0.3	180	54.0	0.09	32 400
3	0.3	185	55.5	0.09	34 225
4	0.4	190	76.0	0.16	36 100
5	0.4	195	78.0	0.16	38 025
6	0.4	186	74.4	0.16	34 596
7	0.5	202	101.0	0.25	40 804
8	0.5	219	109.5	0.25	47 961
9	0.5	212	106.0	0.25	44 944
10	0.6	221	132.6	0.36	48 841
11	0.6	228	136.8	0.36	51 984
12	0.6	218	130.8	0.36	47 524
13	0.7	220	154.0	0.49	48 400
14	0.7	228	159.6	0.49	51 984
15	0.7	215	150.5	0.49	46 225
16	0.8	218	174.4	0.64	47 524
17	0.8	230	184.0	0.64	52 900
18	0.8	226	180.8	0.64	51 076
19	0.9	230	207.0	0.81	52 900
20	0.9	224	201.6	0.81	50 176
21	0.9	228	205.2	0.81	51 984
合计	12.6	4 437	2 726.3	8.40	943 697

本例中,硫黄用量为影响因素自变量,抗拉强度为产品质量因变量,相关系数的计算结果为

$$r = \frac{21 \times 2\,726.3 - 12.6 \times 4\,437}{\sqrt{(21 \times 8.4 - 12.6^2) \times (21 \times 943\,697 - 4\,437^2)}} = 0.89$$

本例中,硫黄用量增大,抗拉强度也提高,是正相关,所以 r 是正的。本例中 $r=0.89>0.7$,表明硫黄用量与抗拉强度的关系十分密切。

(四)控制图法

控制图是用来分析和判断工序是否处于稳定状态所使用的带有控制界限的一种图。控制图法又称管理图法,是利用图形来反映生产过程中的产品质量状况并据此对生产过程进行分析、监督、控制的一种手段。

1. 控制图的主要作用和基本格式

控制图的主要作用有:
(1)进行工序控制,判别生产过程工序质量的稳定性。
(2)根据控制图的动态分布,确定对工装、设备的调整和改进措施。
(3)用于工序质量分析,为评定产品质量提供依据。
(4)根据控制图所反映的状况,改进检验方式或检验范围。
以上四个方面的作用,其中最主要的是进行工序控制。
控制图的基本格式如图 3-20 所示。

图 3-20 控制图

图 3-20 中横坐标为子样组号或取样时间,纵坐标为测得的质量特性值。图上有与横坐标平行的三条线,中间一条叫中心线,用实线表示,上面一条虚线叫控制上限,下面一条虚线叫控制下限。在生产过程中,定期地抽样,测量各样品的特性值,将测得的数据用点描在图上。如果点落在控制界限之内,排列无缺陷,表明生产过程正常,不会产生废品;如果点越出控制界限,或点虽未越出控制界限,但排列有缺陷,则表明生产条件发生了较大的变化,将要发生异常质量问题,这是一个信号,应及时采取措施,使生产过程迅速恢复正常状态。

2. 控制图的基本原理

如上所述,在生产过程中,造成产品质量波动的因素,一般有五个方面:即人的因素,如技术熟练程度、工作态度等;设备、工装因素,如机器设备精度和负荷率等;原材料因素,如物理、化学性能以及规格、重量等;加工方法因素,如工艺规程等方面的问题;环境因素,如工作地的清洁条件以及温湿度等。一般把造成质量波动的原因分为两类:偶然性原因和系统性原因。

偶然性原因是对产品质量经常起作用的因素，如原材料性能上的微小差异，机床的微小振动，刀具的正常磨损，夹具的微小松动，工人操作中的微小变化等。一般来说，经常起作用的因素很多，他们对质量波动的影响较小，但不易避免，也难以消除。

系统性原因是可以避免的因素，如原材料中混进了不同成分或规格的材料，机床或刀具的过度磨损，夹具的损坏，机床或刀具安装不当以及测量的错误等。系统性原因对质量波动的影响较大，但容易识别，也能够避免。

由系统性原因引起的质量波动，称系统性误差，其大小往往可以在造成波动的物体上测量出来，如孔加工的系统误差，如果是由刀具基本尺寸的误差造成的，就可在刀具本身上测量出来。这些差异的大小和方向，在一定时间内，会发生一定的或做周期性的变化。

偶然性原因引起的质量波动，称为偶然性误差，其特点是波动大小和方向都不一定，不能事先确定它的数值。对于偶然性误差所造成的质量波动，称为正常的波动，所以不必加以控制。因为这时的生产过程是处在被控制的状态。

对于影响质量波动的系统性误差，应严加控制。因此，控制系统性误差所造成的质量波动，就成了控制图的主要任务。

控制图一般取 $\pm 3\sigma$ 为上下控制界限的范围，因为如果只考虑偶然性原因影响生产过程时，那么按正态分布规律，在 1 000 个数据（点）中最多有 3 个数据（点）可能超出控制界限。因此，在有限次数的测量中，一旦发生某个数据（点）跳出控制界限，则可以认为此时生产过程发生了异常变化，需立即查明。这样做，出差错的可能性很小，大约仅有千分之三的错误判断。这叫控制图的"千分之三"法则。

3. 控制图的做法

控制图的种类很多，这里只介绍一种常用且最简单的单值控制图。

单值控制图是每隔一定距离只抽取一个产品作为样本，将这个样本的质量数据直接在图上画点。它是最简单的一种控制图，作图的步骤有三步：

（1）确定中心线。理论上，中心线应根据需要控制的这批产品的质量数据的算术平均数来确定，但事实上这是不可能取得的。可以在开始生产这批产品时，先抽取一定数量（15～25 个左右）的样本，用这个批样本质量的平均数来代替整批产品的平均质量。也可以根据以往正常生产条件下的质量数据计算的算术平均数来代替。

（2）确定控制上限和控制下限。控制界限根据需要控制的这批产品的 $\bar{x} \pm 3\sigma$ 来确定。

$$控制上限 = \bar{x} + 3\sigma$$

$$控制下限 = \bar{x} - 3\sigma$$

σ 为产品质量数据的均方差，可根据上述抽取的样本计算，也可以用以往正常生产条件下的均方差（均方差的计算方法见抽样检验部分）。

（3）相隔一定时间或间隔抽检一件产品，测定其质量，根据测定的数据在控制图上画点，并与上一个点连接成线。

☺ **例 3-31** 某种主轴精磨外圆的公差界限为直径 7.950～7.995cm，根据以往资料，这种主轴平均加工尺寸为 7.975cm，均方差为 0.005cm。则控制图的中心在 7.975cm 处。

控制上限：7.975cm + 3×0.005cm = 7.990cm 处

控制下限：7.975cm - 3×0.005cm = 7.960cm 处

每隔一小时抽检一个零件,某日测得数据见表3-18。

表3-18 质量检验记录

时间	尺寸	时间	尺寸	时间	尺寸	时间	尺寸
7:00	7.988	11:00	7.974	15:00	7.972	19:00	7.965
8:00	7.980	12:00	7.980	16:00	7.985	20:00	7.970
9:00	7.968	13:00	7.970	17:00	7.978	21:00	7.975
10:00	7.975	14:00	7.972	18:00	7.968	22:00	7.970

根据这些数据资料在图中描点,做出的单值控制图如图3-21所示。

图3-21 主轴质量控制图

加工时间长或测量比较麻烦的产品和零部件,适用单值控制图。单值控制图也有缺点,如果仅是由于某种偶然原因(如切削落入凸轮、毛坯内个别缺陷)使某一点越过控制界限,根据这一点发出警告,实际上生产过程的稳定性可能并未发生变化。

4. 控制图的观察和分析

控制图是生产过程发生故障的一种信号图,通过图上点的波动与分布,分析生产过程是否稳定,是否处于控制状态。最重要的信号是点越出控制界限,凡是出现这种情况,就要研究出现这种点的那段时间里所用的原材料、生产工艺、机器或其他因素有没有发生变化,从中找出点失去控制的原因。即使所有的点都在控制界限内,它们的排列形式和位置也是一个信号,如果这些点的排列形式和位置呈现某种特殊状态时,也意味着生产过程中有异常情况,需要及时采取措施。

根据经验,判断点排列是否正常有以下一些规则:

(1)出现若干点连续在中心线一侧的情况。当出现连续5个点在中心线一侧时,要注意操作方法;出现连续6个点在中心线一侧时,要开始调查原因;出现连续7个点在中心线一侧时,说明一定有某些原因,要采取措施。

(2)出现若干点连续上升后下降的情况。当出现连续5个点有不断上升或下降的趋向时,要注意操作方法;出现连续6个点有不断上升或下降的趋向时,要开始调查原因;出现连续7个点有不断上升或下降的趋向时,可能有引起事故的苗头,要采取措施。

（3）出现点接近控制界限的情况。当连续 3 个点中有 2 个点（不连续也可）接近控制界限，或者连续 7 个点中有 3 个点接近控制界限，或者连续 10 个点中有 4 个点接近控制界限，均应引起注意，调查原因，采取措施。

（4）出现点有周期性变化的情况。当点分布呈周期性变化时，说明一定是有某些系统性原因，需要采取措施。

第六节　生产现场管理

生产现场管理，企业普遍推行的是 6S 管理。6S 是一种管理方法，更是一种管理理念与方式，它由 5S 管理发展而来。5S 管理是指在生产现场对人员、设备、物料、方法等生产要素进行有效管理的一种活动。它起源于日本，来自日语的"整理、整顿、清扫、清洁、素养"，其罗马拼音的第一个字母均为 S，统称为 5S。安全是现场管理的重中之重，6S 管理是在 5S 管理基础上加上"安全"一项扩展而来。6S 管理是企业生产现场管理的基础活动，其实质是对生产现场的环境进行全局性的综合考虑，并实施可行的措施，即对生产现场实施规范化管理，以保证在生产过程中有一个干净、美观、整齐、规范的现场环境，继而保证员工在工作中拥有较好的精神面貌和保证所生产产品的质量水平。

1. 整理

整理（SEIRI）就是区分哪些是有用的、哪些是无用的东西，然后将无用的东西清除出现场，只留下有用的东西。在生产现场，除了有必要的东西留下来，其他的都清除掉。目的是腾出空间，塑造清爽的工作场所，增加现场使用空间，提高空间使用效率，避免资源浪费，防止工具误用。主要内容有：检查当前车间里有无放置不必要的材料、零部件；设备、工装、夹具是否进行了点检准备。

2. 整顿

整顿（SEITON）就是将工具、器材、物料、文件等的位置固定下来，并明确数量，进行标识，以便在需要时能立即找到，使寻找需要品的时间减少。主要内容有：检查现场必要的物品、工件工装夹具、存放柜、托盘和手推车等是否有序存放；存放的物品、工件、工装、夹具等存放地点有无标识。

3. 清扫

清扫（SEISO）就是将工作场所清扫干净，保持工作场所干净、亮丽的环境。使其保持无垃圾、无灰尘、无脏污、干净整洁的状态。清扫的目的是提高设备的性能，提高作业质量，提高产品质量，减少安全隐患，防止污染。

4. 清洁

清洁（SEIKETSU）就是将整理、整顿、清扫的实施效果保持下来，对其实施做法予以标准化、制度化。其目的是保证整理、整顿、清扫的成果能够持续。

5. 素养

素养（SHITSUKE）就是要使每个员工养成良好的习惯，遵守整理、整顿、清扫的制度和标准，爱整洁，讲卫生。其目的是培养员工爱整洁的良好习惯。

6. 安全

安全（SECURITY）是指企业在生产过程中，能够在工作状态、行为、设备等方面给员工创造安全的工作环境。重视全员安全教育，树立安全第一观念，目的是建立起安全生产的环境，保证员工在生产过程中的健康与安全，防患于未然，杜绝事故苗头，避免事故发生。

本章小结

工业生产的类型有大量生产、成批生产和单件生产。生产的组成包括基本生产、辅助生产两部分，生产过程由若干个生产阶段和工序组成。生产过程的空间组织形式有工艺专业化和对象专业化两种，时间组织形式有顺序移动方式、平行移动方式和平行顺序移动方式三种。

生产最优化决策是生产管理的主要内容，在生产最优化的决策中，要明确变动成本、固定成本、贡献毛益和利润等概念。变动成本是指随生产量变动而成正比例变动的那部分成本；固定成本是指总额不随生产量的变动而保持固定的那部分成本；产品销售收入扣除变动成本后的部分就是贡献毛益；贡献毛益再扣除固定成本后剩余的部分就是产品的销售利润。

产品选择最优化决策的标准是：应选择贡献毛益最大的产品。

接受追加订货问题决策的原则是：可提供贡献毛益即可接受。

生产任务分配决策的原则是：应优先分配给单位产品变动成本较低的分厂。

零部件自制与外购决策的标准是：应选择取得成本较低者。零部件生产需要量低于临界用量时外购成本较低，大于临界用量时自制成本较低。

生产设备选择决策的原则是：应选择生产总成本较小的设备。生产量低于临界产量时普通设备生产总成本较小；生产量高于临界产量时，先进设备生产总成本较小。

生产批量最优化决策的标准是：生产准备成本和产品储存成本之和最小，可用推导的数学公式计算出最优生产批量。

产品组合、原材料利用、设备加工任务分配的最优化决策，采用线性规划法。产品组合最优化的目标是贡献毛益最大。原材料利用最优化的目标是材料成本最小，设备加工任务分配最优化的目标是加工成本最小。

控制材料消耗是生产管理的重要内容。控制材料消耗的基本方法是制定材料消耗定额。材料消耗定额由产品净耗、工艺性损耗和非工艺性损耗三部分构成。制定材料消耗定额的方法一般有技术计算法、统计分析法和经验估计法。原材料及主要材料消耗定额的具体制定方法一般有选料法、材料综合利用率法和配料比法。辅助材料消耗定额一般可用与主料消耗比例计算确定。事前控制材料消耗的措施是实行限额领料制度，即按计划产量和材料消耗定额发料；事后控制材料消耗的措施是对材料消耗定额执行情况进行检查考核，对于超定额消耗要分析原因，采取有效措施消除超定额现象。降低材料消耗的途径主要有改进产品设计、采用先进工艺、采用新材料和代用料、实行集中下料等。

产品质量管理是生产管理的主要内容之一，管理方法主要是质量检验和质量控制。产品质量检验的手段分为感官检验和理化检验，检验的方式有全数检验和抽样检验两种，抽样检验又可以分为平均值检验和成数检验两种。通过质量检验，可计算产品质量考核指标，产品质量考核指标主要有合格率、等级率、等级指标、废品率、返修率等。产品质量的最佳点应为能使利润最大的质量水平，适度的质量水平，可在满足用户需要的条件下，使生产成本较低。产品质量控制的方法主要有因果分析图法、排列图法、相关分析法和控制图法。前两种方法用于事后分析产品质量缺陷的原因，以便于对症处理，保证质量合格；相关分析法用于分析影响产品质量的相关因素，寻求提高质量的措施；控制图法用于在生产过程中，通过观察及时发现生产中的异常现象，及时解决，防患于未然，以保证不出废品。

生产现场 6S 管理的内容包括整理、整顿、清扫、清洁、素养、安全。

课后习题

一、选择题

1. 变动生产成本包括（　　）。
   A. 直接材料成本　　　　　　　　B. 直接人工成本
   C. 直接燃料动力成本　　　　　　D. 外部加工费
2. 固定生产成本包括（　　）。
   A. 设备折旧费　　　　　　　　　B. 车间房屋租金
   C. 车间照明电费　　　　　　　　D. 车间管理人员工资
3. 贡献毛益的计算方法为（　　）。
   A. 销售收入总额－变动成本总额
   B. （单价－单位变动成本）×销售量
   C. 销售收入总额－变动成本总额－固定成本总额
   D. 销售收入总额－总成本
4. 材料消耗控制的措施有（　　）。
   A. 制定消耗定额　　　　　　　　B. 实行限额领料制度
   C. 检查消耗定额执行情况　　　　D. 分析定额节超的原因
5. 材料消耗定额的构成包括（　　）。
   A. 产品净重　　B. 工艺性损耗　　C. 非工艺性损耗　　D. 浪费
6. 制定材料消耗定额的方法有（　　）。
   A. 技术计算法　　B. 统计分析法　　C. 经验估计法　　D. 概率分析法
7. 节约材料消耗的途径有（　　）。
   A. 改进产品设计　　　　　　　　B. 采用先进工艺
   C. 采用新材料和代用料　　　　　D. 实行集中下料
8. 工业产品质量标准有（　　）。
   A. 国家标准　　　　　　　　　　B. 行业（部门）标准
   C. 企业标准　　　　　　　　　　D. 订货标准

9．检验产品质量的方式有（   ）。
   A．全数检验   B．抽样检验   C．重点检验   D．典型检验
10．考核产品质量的指标有（   ）。
   A．合格率   B．等级率   C．废品率   D．返修率
11．产品质量控制的方法有（   ）。
   A．因果分析图法   B．排列图法
   C．相关分析法   D．控制图法

二、简答题

1．工业生产有哪几种类型？由哪几部分组成？基本生产的过程是怎样进行的？
2．生产过程的空间组织有哪几种形式？各有什么优缺点？
3．生产过程的时间组织有哪几种方式？选择移动方式须考虑的因素有哪些？
4．什么是机会成本？举例说明。
5．什么是最佳质量水平？如何确定最佳质量水平？

三、计算题

1．某工业企业原材料消耗有关资料见表 3-19。

表 3-19　原材料消耗有关资料

产品名称	产量/件	钢材总消耗量/kg	钢材消耗定额/(kg/件)
汽缸盖	3 000	5 400	2.0
活塞销	5 000	4 220	0.8
气门	10 000	4 800	0.4

要求：
（1）分别计算三种产品的钢材实际单耗。
（2）分别检查分析三种产品钢材消耗定额的完成情况和使用钢材的节超量。

2．某企业从全部产品中抽取了 30 件进行质量检验，检验得每件寿命（h）如下：

```
70  78  80  80  78  68  74  74  80  81
70  72  75  73  75  63  65  65  84  92
74  75  75  77  80  75  79  83  89  92
```

产品质量标准规定寿命在 65h 以上为合格。
要求：以 95% 以上的可靠程度估计全部产品的平均寿命范围和合格率范围。

3．某厂某年两个月的产品产量和质量有关资料见表 3-20。

表 3-20　产品产量和质量有关资料

等级	产量/件	
	上月	本月
一等品	6 000	8 400
二等品	3 000	2 640
三等品	1 000	960
合计	10 000	12 000

要求：分别计算每月产品的等级率、平均等级，并说明产品质量是提高还是下降了。

4．某机械厂 2 月份生产经车间检验合格的铸铁件计 56t，在该车间由于加工不慎发生的铸铁件废品 3t，在机加工车间发现由于铸造车间责任造成的废品 0.5t，另有由于图纸错误造成的铸铁件废品 1t，由于材料质量低劣造成的废品为 0.4t。

要求：试计算铸铁件综合废品率及铸铁件加工责任废品率。

5．某机械零件的淬火温度与硬度的试验数据见表 3-21。

表 3-21　淬火温度与硬度的试验数据

淬火温度 /℃	硬度（HRC）
20	80
30	85
32	90
36	95
40	98

要求：试分析淬火温度与硬度之间的关系是否密切。

6．某车间欲绘制产品质量控制图，抽取了 15 件产品测得其直径尺寸（mm）如下：

6.70　6.78　6.80　6.80　6.78

6.68　6.74　6.74　6.80　6.81

6.70　6.72　6.75　6.73　6.75

要求：

（1）计算平均直径和均方差。

（2）确定中心线和控制上限、下限，并绘于图上。

（3）某日定时抽检了 10 件产品，其直径依次为：

6.79　6.77　6.75　6.83　6.71　6.91　6.85　6.82　6.73　6.80

将这些数据在控制图上描点，观察生产过程是否正常。

四、案例分析题

1．某厂生产设备现有生产能力 5 000 台时，目前实际利用率只有 80%，现准备利用剩余生产能力开发新产品。现有两种产品可供选择，两种产品的有关数据如下：甲产品，加工定额为 5 台时 / 件，单位变动成本为 70 元 / 件，销售单价为 82 元 / 件；乙产品，加工定额为 2 台时 / 件，单位变动成本为 38 元 / 件，销售单价为 44 元 / 件。不论生产甲产品或乙产品均不需增加固定成本。原来年固定成本总额为 14 000 元。

要求：试做出开发甲产品或乙产品的决策。

2．某厂准备生产一种新产品，现有甲、乙两种产品可供选择。甲产品的销售单价为 20 元 / 台，单位变动成本为 15 元 / 台；乙产品的销售单价为 35 元 / 台，单位变动成本为 29 元 / 台。两种产品的年固定成本均为 10 万元。预测可能的年销售量和概率见表 3-22。

表 3-22 预测可能的年销售量和概率

销售量	8 000 台	10 000 台	20 000 台	30 000 台	40 000 台	50 000 台
甲产品	0.1	0.1	0.1	0.2	0.4	0.1
乙产品	—	0.1	0.2	0.4	0.2	0.1

要求：试问应选择哪种产品？

3. 大兴工厂目前生产能力的利用程度（用机器小时反映）为 90%，共生产甲、乙、丙三种产品，其有关售价和成本资料见表 3-23。

表 3-23 三种产品有关售价和成本资料

产品名称	甲产品	乙产品	丙产品
销售单价/元	36	39.6	10.8
单位变动成本/元	14.4	28.8	3.6
单位贡献毛益/元	21.6	10.8	7.2
每件台时定额/台时	6	2	1

要求：该厂为了充分利用剩余的 10% 生产能力，增产哪一种产品经济效益较高？请用数据加以证明。

4. 晨光机床厂只生产甲机床，全年最大生产能力为 100 台，正常产销数量为 80 台。甲机床的销售单价为 1 000 元，其单位产品成本单如下：

```
直接材料            300
直接人工            200
制造费用
    变动制造费用    100
    固定制造费用    200
单位产品成本合计    800（元）
```

要求：

（1）现有外商前来订货 20 台，只愿出价每台 700 元，试问此项订货能否接受？请用数据加以证明。

（2）若外商前来订货 40 台，这时晨光机床厂如果接受订货就将减少正常的产品销售量 20 台，但对方出价仍为每台 700 元，试问此项订货能否接受？请用数据加以证明。

5. 某厂每年需甲零件 240 件，外购成本每件 14 元。该厂金工车间尚有剩余生产能力可以自制甲零件，预计材料费 5 元/件，直接人工费 3 元/件，变动制造费用 2 元/件。自制时需要增添专用设备，每年要增加专属固定成本 1 200 元，金工车间剩余生产设备如果不用于自制甲零件，别无他用。

要求：试做出甲零件应外购或自制的决策。

6. 某工厂现用普通设备生产甲产品，单位变动成本为 16 元/件，年固定成本为 20 000 元。目前市场上有一种全自动化设备，据有关数据测算，采用该种设备生产，产品单位变动成本只需 10 元/件，但年固定成本达 40 000 元。已知该厂甲产品每年销售量可达 5 000 件。

要求：试问是否应该采用全自动化设备生产？

7. 某厂生产需用甲零件，由一台设备分批生产，其有关资料见表 3-24。

表 3-24　生产甲零件有关资料

项　目	甲　零　件
年需要量 / 件	36 000
每批调整准备成本 / 元	200
每个零件年存储成本 / 元	3
每日产量 / 件	300
每日耗用量 / 件	100

要求：确定甲零件的最优生产批量、最优生产批数和年最低成本。

8. 长江机器厂现有生产能力 100 000 工时，共生产甲、乙两种产品，其有关资料见表 3-25。

表 3-25　生产甲、乙两种产品有关资料

项　目	甲　产　品	乙　产　品
每件定额工时 /（工时 / 件）	10	2
销售单价 /（元 / 件）	9	10
单位变动成本 /（元 / 件）	4	8

已知甲产品在市场上销售无限制，乙产品在市场上每年最多只能销售 40 000 件。

要求：确定如何合理安排甲、乙两种产品的生产量，才能为长江机器厂提供最多的贡献毛益。

9. 大华家具厂本月有两批订货，一批是衣柜 30 个，一批是文件柜 40 个。现有两种规格的板材：一种是 $4m^2$，每块可做衣柜 3 个和文件柜 5 个；另一种是 $6m^2$，每块可做衣柜 5 个和文件柜 5 个。

要求：试问两种规格的板材各用多少块，才能在满足订货任务的前提下，用料最省。

Chapter Four

第四章

设备管理

> **学习目标**
> - 了解工业设备的种类。
> - 掌握设备生产能力和设备需要量核定的方法。
> - 掌握设备利用状况评价的原理和方法。
> - 懂得设备维护保养、检查和修理的基本知识和要求。
> - 懂得设备更新改造的基本知识,掌握确定设备最佳更新年限和选择设备的方法。

设备是企业的生产手段,是生产力的主要构成要素。设备管理的任务,就是要合理配置各类生产设备的数量,提高设备利用率,充分发挥设备的生产能力,紧跟科技进步的步伐,不断更新设备,提高设备的自动化水平,不断提高生产力水平。

第一节 工业设备的种类

设备是指完成生产任务所使用的各种机器、容器和大型工具等。工业企业设备的种类如下:

一、按设备的用途分类

工业企业设备按设备的用途不同可分为以下几类:

1. 生产设备

生产设备是指直接改变原材料属性、形态或功能的各种工作机器和设备,如各种机床、平炉、高炉、纺织机、印染机、化工反应塔、工作炉窑等。

> **小贴士**
> 企业使用的设备的种类、技术状态(几何状态、精度、完整性)因企业的不同而不同。在一个企业内部,也因产品对象不同而使用不同的设备。

生产设备按作用于劳动对象的工艺特点不同,又可分为机械设备、热力设备和化学设备三类。

（1）机械设备是指通过设备的机械能对劳动对象进行加工的设备，如各种金属切削机床、锻压设备、纺纱机、织布机、印刷机和其他进行机械操作的设备。这类设备进行加工的结果只改变劳动对象的物理形态，不改变其化学成分。

其中金属切削机床及锻压设备又有以下分类。

1）按加工工艺性质分类。

金属切削机床根据机械加工的工艺性质不同，可分为车床、钻床、镗床、磨床、齿轮加工机床、螺纹加工机床、铣床、刨床、插床、拉床、电加工及超声波加工机床、切断机床、组合机床、其他机床。

锻压设备按加工的工艺性质分为机械压力机、液压机、自动压力机、锻锤、锻机、剪断机、整形机、其他锻压设备。

2）按精密程度分类。

按精密程度的不同，可以把金属切削机床分为一般机床、大型机床及高精度机床；可以把锻压设备分成一般锻压设备和大型锻压设备两大类。

大型及高精度设备中还包含稀有、关键设备。这些设备在工业企业全部生产设备中所占的比重，在一定程度上可以反映机械工业技术装备水平，它们不仅是本企业的关键设备，往往也是本地区以至全国范围内的工艺协作对象。这些设备结构比较复杂、精密，或者形巨、体重，在使用、维护、检修方面都有特殊要求。

（2）热力设备是指对劳动对象进行热处理的设备，创造一定的温度条件作用于劳动对象，如高炉、平炉、化铁炉、各种加热烘干炉等。

（3）化学设备是指实现化学反应作用于劳动对象的设备，如电解槽、溶解机、化学反应塔等。

2．动力设备

动力设备是指用于生产电力、热力、风力或其他动力和各种设备，如电动机、发电机、空压机等。

3．传导设备

传导设备是指用于传送电力、热力、风力、其他动力和固体、液体、气体的各种设备，如电力网，输电线路，传送带，上下水道，蒸汽、煤气、石油的传导管等。

4．运输设备

运输设备是指用于载人和运货的各种运输工具，如汽车、拖车、电瓶车等。

5．仪器、仪表及生产用具

仪器、仪表及生产用具是指具有独立用途的各种工作用具、生产用具、仪器、仪表等。

二、按自动化程度的分类

生产设备按自动化程度可分为：

1．人工操控设备

这类设备是指传统的人工操作的设备。

2．自动化设备

这类设备包括数控设备、智能设备、工业机器人等。

第二节　设备生产能力和需要量核定

一、设备生产能力的概念

工业设备生产能力是指工业企业生产某种产品的全部设备的综合平衡能力,即企业生产某种产品的全部设备(包括主要生产设备、辅助生产设备、起重运输设备、动力设备、有关厂房和生产用建筑物等),在原材料和燃料供应充分、劳动力配备合理,以及设备正常运转的情况下,可能达到的最大年生产量。工业设备生产能力,一般是用企业一年内能够生产的产品实物量来表示,如以年产汽车的辆数、机床台数、钢铁吨数,分别表示汽车制造厂、机床厂、钢铁厂的产品生产能力。有些工业设备的生产能力要求用产品的折合量来表示,如用年产标准箱数表示平板玻璃的生产能力等;也有些设备的生产能力用日处理原料数量来表示,如机制糖厂的生产能力等。

设备的生产能力取决于设备的数量、全年有效工作时间多少和单位设备生产能力大小三个基本因素。

> **补充资料**
>
> 工业企业的设备生产能力与工业企业的设备设计能力是一致的。企业的设备设计能力是指企业基建时,在产品方向与品种构成既定的情况下,设计任务书和技术设计文件中所规定的产品生产能力。因此,在原设计的各项条件没有变化的情况下,企业的设备设计能力,就是企业的设备生产能力。但工业企业由于进行设备改造,采取技术革新等措施,设备生产能力已大大超过原设计能力;或由于设备过于老旧,地质情况发生变化,基建设计或施工有缺陷,原设计能力过高,确实无法达到,这时应根据工业设备生产能力的计算原则与方法,对企业的设备生产能力进行查定。查定结果,称为查定能力。

二、设备生产能力的决定因素

1. 设备数量

设备数量的计算范围,应包括企业全部已安装的设备,不论这些设备是正在生产、正在修理或因某种原因暂时停止生产,均应计算在内。但不包括报废的设备,也不包括不需用等待处理的设备和正在进行基建或技术改造尚未验收投产的设备。

2. 设备的有效工作时间

计算设备生产能力用的设备有效工作时间,是指设备全年最大可能运转时间。其中不包括设备因维护、检修所需要的休止时间。在不同行业的工业企业里,由于生产的性质和条件不同,劳动组织和工作制度不同,设备的全年有效工作时间也不同。例如:在连续生产的企业里,设备的全年有效工作时间一般按日历天数,每天按三班制 24h 计算后,再从中扣除计划停修时间来确定;在间断生产的企业里,设备的全年有效工作时间一般按制度天数,每天按生产的班次数计算,其中也要扣除计划停修时间。各企业具体计算设备生产能力时,设备的工作班次和工作时间,应按企业主管部门的统一规定进行,以保证同一行业企业之间的可比性。

季节性生产的企业，除扣除节假日时间外，还须扣除季节性停产时间。

3. 单位设备生产能力

单位设备生产能力也称设备生产效率，即单项设备在单位时间内的最大可能产量。当设备的设计能力（铭牌能力）反映实际情况时，设计能力就是设备的生产能力；当设计能力不能反映实际情况时，设备的生产能力要按正常情况下当年的平均先进技术定额计算。某些设备超负荷运转，造成设备过早损坏的，应按正常负荷计算。

三、设备生产能力的核定

根据上述三个基本因素，设备生产能力的一般计算公式为

设备生产能力 = 生产某种产品的设备数量 × 设备的全年有效工作时间 × 单位设备生产能力

在机械加工企业，由于各类金属切削机床加工对象不固定，各类工件所要求的加工量大小、难易不等，因此每台金属切削机床单位时间的产量很难确定。在实际工作中，对于金属切削机床，通常都用设备数量与全年有效工作时间相乘，计算出某类机床的全年有效台时，来表示该类设备的加工能力。即

某类机床加工能力（台时）= 某类机床台数（台）× 每台机床全年有效工作时间（时）

用产量表现的加工能力，须按下面公式折算。即

$$某类机床加工能力 = \frac{某类机床全年有效台时}{单位产品该类机床台时定额}$$

四、设备生产能力利用评价

设备生产能力表示设备可能的最大年产量，而实际上由于开工不足、使用不当或管理不善等原因，设备有时达不到生产能力的要求，即生产能力未能充分利用。为了评价工业企业设备生产能力的利用程度，就需要计算生产能力利用率，计算方法为

$$设备生产能力利用率 = \frac{当年实际产量}{设备生产能力} \times 100\%$$

五、设备需要量的核定

确定设备需要量的计算公式为

$$设备需要量 = \frac{计划生产任务}{单位设备生产能力}$$

单位设备生产能力 = 单位设备全年有效工作时间 × 设备效率

设备多余或不足量 = 现有可使用设备数量 − 需要量

六、设备需要量的余缺平衡

设备现有量与需要量比较的余缺，也可以用生产能力的余缺来反映，即

生产能力多余或不足 = 全部设备的生产能力 − 计划生产任务

$$设备负荷系数 = \frac{计划生产任务}{全部设备的生产能力}$$

设备负荷系数大于 1，表示生产能力不足；设备负荷系数小于 1，表示生产能力有剩余。

例 4-1 某厂全年计划生产任务为生产甲产品 60 000 件。全年节假日 111 天，全年设备检修停开 14 天，估计全年不能正常工作 2 天。每天设备开两班，每台每班生产甲产品 20 件，现有可使用设备 5 台。试核定设备需要量及余缺。

单台设备全年有效工作时间 =（365–111–14–2）天 ×2 班 / 天 = 476 班

单台设备生产能力 = 476 班 ×20 件 / 班 = 9 520 件

全部设备生产能力 =（5×9 520）件 = 47 600 件

$$设备需要量 = \frac{60\,000\,件}{9\,520\,件/台} = 6.3\,台$$

设备多余或不足量 =（5–6.3）台 = –1.3 台（不足）

生产能力多余或不足 =（47 600–60 000）件 = –12 400 件（不足）

$$设备负荷系数 = \frac{60\,000\,件}{47\,600\,件} = 1.26$$

以上计算说明，现有可使用设备尚缺 1.3 台，生产能力尚缺 12 400 件，设备超负荷 26%。解决的办法：应当先尽可能减少未安装和不能正常工作设备的数量，增加可使用设备的数量；如果还不能解决，再考虑租入或购进设备。

例 4-2 某厂全年生产任务为：生产甲产品 13 200 件、乙产品 15 000 件。甲、乙两种产品在同一种设备上加工，设备每台每班加工甲产品时可加工 4 件，加工乙产品时可加工 6 件。设备全年工作 360 天，每天开三班。现有可使用设备 6 台。试核定设备的需要量及余缺。

$$生产甲产品的设备需要量 = \left(\frac{13\,200}{360\times 3\times 4}\right) 台 = 3.1\,台$$

$$生产乙产品的设备需要量 = \left(\frac{15\,000}{360\times 3\times 6}\right) 台 = 2.3\,台$$

设备总需要量 =（3.1+2.3）台 = 5.4 台

设备多余或不足量 =（6–5.4）台 = 0.6 台（多余）

设备尚余 0.6 台，可考虑短期出租或增加生产任务。

第三节　设备利用状况评价

生产设备的利用程度如何，对做好企业生产，提高资金利用效率，挖掘生产潜力，降低产品成本，都有很大影响。因此，应该从数量利用、时间利用、能力利用和综合利用等几个方面来评价生产设备的利用情况。

一、设备数量利用状况评价

(一) 设备利用状况的分级

为了反映设备数量利用情况,应将设备按接近生产过程的程度加以分级,一般可分以下四级:

1. 实有设备

实有设备是指企业实际拥有的、可供企业调配的全部生产设备。它包括企业自有的、租用的和借用的,已安装及未安装的设备。不包括已经批准报废的设备、订购未运抵本企业的设备及租出或借出的设备。

2. 已安装设备

已安装设备是指已安装完毕,经验收合格正式投入生产的设备。它包括:正常工作的设备及备用设备;由于故障不能工作而等待修理或正在修理改装中的设备;封存保管的闲置已安装设备。对于移动使用,不需要安装在一定地点的设备,如煤炭工业中的刨煤机、截煤机,森林工业中的电锯、运材汽车等,亦包括在已安装设备内。

3. 完好设备

完好设备是指已安装设备中技术性能完好,不需要大的修理,随时可以工作的设备。它包括正常工作的设备、备用设备、闲置封存设备和因故停开的设备等能使用的设备。

4. 实际使用设备

实际使用设备是指完好设备中目前正在使用的设备。它包括因日常小修理和季节性停工等临时原因而停止使用的设备在内。

(二) 设备数量利用状况的评价指标

将以上各级设备的数量进行对比,计算数量利用指标,可以说明企业设备在数量上的利用程度,揭示可用设备的潜力。

1. 设备完好率

设备完好率的计算公式为

$$设备完好率 = \frac{完好设备数}{已安装设备数} \times 100\%$$

这个指标说明完好能用的设备占已安装设备的比重,反映能使用设备占应使用设备的百分比。它受安装设备中由于技术故障等问题而不能使用的设备数多少的影响。

2. 完好设备使用率

完好设备使用率的计算公式为

$$完好设备使用率 = \frac{实际使用设备数}{完好设备数} \times 100\%$$

这个指标说明实际使用的设备占完好设备的比重,它受备用设备和因故停开设备多少的影响。如果实际使用的设备中有带病运转现象,这个指标计算的结果有可能超过百分之百。

> **小贴士**
> 设备数量利用情况指标，一般都是就报告期末设备时点数计算的，它们只能概略地反映生产设备的利用情况。因此，还需要从设备在时间方面的利用情况进行评价。

3. 实有设备使用率

实有设备使用率的计算公式为

$$实有设备使用率 = \frac{实际使用设备数}{实有设备数} \times 100\%$$

这个指标说明在企业全部实有的设备中，实际工作的设备占多大比重，它综合反映未安装设备、不能使用设备、备用设备、停开设备等方面的全部潜力。

上述反映生产设备数量利用情况的指标，可以就各种生产设备分别计算，也可以就某一大类设备总数计算。

二、设备时间利用状况评价

评价生产设备时间利用情况的目的在于，反映设备的时间利用水平，分析设备在时间上未能充分利用的原因，采取措施，挖掘设备潜力，促使企业更好地利用生产设备。

评价设备时间利用情况，应以设备可能利用时间为基础，即将报告期生产设备的实际作业时间，与可能利用时间进行对比，计算时间利用指标，来反映设备在时间上被利用的程度。

由于工业生产设备的性质不同，其可能利用的时间不同，时间利用情况的评价指标也有区别。

在设备的时间利用评价中，一般都不包括封存和备用设备。

（一）连续作业的设备时间利用评价

热力及化学工业的生产设备，一般都是连续作业的。例如，冶金工业中的高炉、平炉，化学工业中的硫酸塔、氨合成塔，石油工业中的蒸馏设备、裂化设备，建筑材料工业中的水泥回转窑等。与此有关的机械设备，如水泥包装机等也有连续作业的。这种连续作业的设备，其可能利用时间就是日历时间。某些工业部门反映时间利用情况的指标，称为日历作业率。其计算公式为

$$设备日历作业率 = \frac{实际作业时间}{日历时间} \times 100\%$$

日历时间是连续作业的生产设备在报告期最大可能利用的时间。在日历时间内，包括设备实际作业时间和设备修理时间、临时故障时间及其他停产时间等非作业时间。设备日历作业率，就是通过计算设备实际作业时间占全部日历时间的比重来直接反映设备在时间方面的利用程度的，它受各种非作业时间多少的影响。

连续作业的生产设备的时间利用指标，大都是按日历时间计算的。但也有些设备如平炉、轧钢机等，大修理时间较长，为了更确切地反映设备的时间利用程度，并便于与同类设备的时间利用指标进行对比，在计算日历作业率时，必须从日历时间内扣除大修理时间。以炼钢平炉为例：

$$平炉日历作业率 = \frac{炼钢作业时间}{日历时间 - 冷炉大修理时间} \times 100\%$$

平炉日历作业率是以"小时"为单位进行计算的。分子项炼钢作业时间包括装料、熔炼、出钢和定额补炉以及炼钢间隙时间。分母项从日历时间中扣除冷炉大修理时间，可以使各平炉之间或某平炉各个时期之间的日历作业率具有可比性。

（二）不连续作业的设备时间利用评价

大多数机械设备都是不连续作业设备。它们可能利用的时间就是制度规定应该工作的时间。例如，机械工业中的各种金属切削机床、锻压设备，纺织工业中的纺纱机、织布机等。这类设备在生产工艺上可以允许有一定时间间隙，在制度上可以规定在节假日不工作，或者在工作日内不工作。因此，对这类生产设备，通常按制度工作时间或按计划工作时间，并以台时为单位来计算设备的时间利用程度指标。一般包括以下指标：

1．制度工作台时利用率

设备的制度工作台时利用率，是按实际工作台时与制度工作台时对比计算的，计算公式为

$$制度工作台时利用率 = \frac{实际工作台时数}{制度工作台时数} \times 100\%$$

设备的制度工作台时数，是设备在报告期内可能利用的台时数。它是根据已经安装设备台数乘以报告期制度工作日数，再乘以每日按制度规定班次、工作小时数计算的。每日按制度规定班次和工作小时数，是指设备在一天里应工作的时间。一般一班制为 8 小时，两班制为 15.5 小时，三班制为 22.5 小时。即

制度工作台时 = 已安装设备台数 × 报告期制度工作日数 × 每日设备制度工作小时数

制度工作台时利用率说明生产设备的制度工作台时实际利用程度，即设备应工作台时与实际工作台时的比较。这一指标受制度工作时间内设备计划和实际停开台时多少的影响。为了研究停开台时的原因，挖掘设备利用潜力，提高设备的台时利用率，必须对计划和实际停开台时，按原因进行分类分析。

造成设备在制度时间内停开的原因，大体有以下几种：无任务、缺劳动力、待工具、待原材料、设备发生故障、设备修理、动力供应中断或功能参数降低而造成设备停开等。

2．计划工作台时利用率

设备的计划工作台时利用率，是按实际工作台时与报告期计划工作台时对比计算的，计算公式为

$$计划工作台时利用率 = \frac{实际工作台时数}{计划工作台时数} \times 100\%$$

设备计划工作台时数，是按计划工作时间和计划工作的设备数量计算的，是报告期计划利用的台时数，计算公式为

计划工作台时数 = 报告期设备计划工作台数 × 计划工作时数

计划工作台时利用率反映报告期计划工作台时的利用程度。它排除了设备因无生产任

务和检修等有意安排停开的影响，能说明因设备使用不当和生产管理不善对设备时间利用率的影响。这一指标受计划外停开台时多少的影响。因此，应对计划外停开台时，按停开原因分类统计，作为分析设备利用情况的依据。

设备台时利用率实际上反映了设备数量和时间两方面的利用状况，而不只是反映了时间利用状况。

例 4-3 某机械厂的机械加工车间已安装机床 24 台，其中有 2 台牛头刨床，因任务不足，计划在 4 月份停开。全车间除一台龙门刨床及一台立式车床实行三班制生产外，其余设备均实行两班制生产。两班制每天工作 15.5h，三班制每天工作 22.5h。4 月份制度工作日为 26 天。计划大、中修修理台时为 639 台时；大、中修实际修理台时为 700 台时。根据 4 月份该车间设备实际停开记录汇总得出：停电 387 台时，无任务 430 台时，待工具 296 台时，修机 133 台时，设备故障 444 台时，因其他原因停工 122 台时，大、中修超计划 61 台时。

根据上述资料，计算有关台时如下：

制度工作台时 =（22×26×15.5）台时 +（2×26×22.5）台时 = 10 036 台时

计划工作台时 = 制度工作台时 −（计划停开台时 + 计划修理台时）

= 10 036 台时 −（2×26×15.5+639）台时

= 10 036 台时 −（806+639）台时

= 8 591 台时

实际工作台时 = 计划工作台时 − 计划外停开台时

= 8 591 台时 −（387+430+296+133+444+122+61）台时

= 8 591 台时 −1 873 台时 = 6 718 台时

根据上述资料，可以计算下面几个设备时间利用指标：

$$制度工作台时利用率 = \frac{6\ 718}{10\ 036} \times 100\% = 66.94\%$$

$$计划工作台时利用率 = \frac{6\ 718}{8\ 591} \times 100\% = 78.20\%$$

三、设备能力利用状况评价

各种生产设备都具有一定的生产能力。在使用生产设备时，其能力是否得到充分的发挥，也会直接影响产品生产量的大小。所以还要从设备能力方面进行评价，计算生产设备能力利用程度指标，并做必要分析。

由于生产设备复杂多样，生产能力的表示方法也是多种多样的。有的用单位设备在单位时间的产量表示；热力和化学设备一般用主要设备的单位有效容积或面积的产量表示（如平炉的炉底面积）；还有些设备用其关键装置的能力表示（如电炉的变压器）。计算生产设备能力利用程度指标的一般公式为

$$生产设备能力利用程度 = \frac{生产设备的实际能力}{设计生产能力} \times 100\%$$

1. 生产设备的实际能力

生产设备的实际能力，通常用单位设备在单位时间内的实际产量来表示。其计算公式为

$$生产设备实际能力 = \frac{产品产量}{设备实际开动台时}$$

不同生产设备，其实际能力的表示方式和名称有所不同。例如，轧钢厂的实际生产能力称为轧钢厂生产效率（吨/时），其计算公式为

$$轧钢厂生产效率 = \frac{钢材（钢坯）轧制合格量（t）}{设备实际作业时间（台时）}$$

有些生产设备的能力大小，主要取决于设备的重要作业部分的有效面积或有效容积，其能力就以这类设备的单位有效面积或容积在单位时间的产量来表示（亦称生产效率）。例如，平炉的能力取决于直接处理炉料的炉底面积的大小，高炉的能力取决于炉内有效容积的大小。以平炉为例，其计算公式为

$$平炉生产效率 [t/(m^2 \cdot 昼夜)] = \frac{合格钢产量（t）}{炉底面积（m^2） \times 实际炼钢作业时间（昼夜）}$$

在昼夜连续作业的化工设备中，设备能力以每立方米（或平方米）每昼夜（或小时）产量表示，称设备利用系数。例如，制造合成氨的合成塔的实际能力，其计算公式为

$$合成塔触媒容积利用系数 [t/(m^3 \cdot 日)] = \frac{氨产量（t）}{\sum[合成塔触媒容积（m^3） \times 实际作业日数（日）]}$$

由多工具组成的机械设备中，设备能力要结合设备的工具数来表示。例如，一台纺纱机是由几百个纱锭组成的，其能力是以"每千锭小时的棉纱产量"来表示的，简称"实际单产"，其计算公式为

$$棉纱每千锭小时产量（kg/千锭时） = \frac{棉纱产量（kg）}{实际运转锭时数（千锭时）}$$

2. 生产设备的可能能力

生产设备的可能能力是指设计上规定的在一定条件下，可能发生的效能，即设计能力或铭牌能力。生产设备经过技术改造或长期使用后，其可能能力会高于或低于设计能力，这时，设备的可能能力应按查定能力计算。

不同工业部门的不同行业，设备的工艺特点不同，其可能能力有不同表现形式。例如，电解槽和纺织机都有理论能力，它反映设备在单位时间内可能达到的最大产量，如电解槽的理论产碱量是根据电解槽的平均电流（安培）、运行时间和安培时产量计算的，棉布织机理论每台时生产棉布米数，是以棉布织机在一小时内打纬总数除以每米纬密计算出来的。

3. 生产设备的能力利用程度指标

生产设备的能力利用程度指标的一般计算公式，如上所述。各不同工业部门应根据生产设备的情况，以实际能力分别和设计能力、查定能力或理论能力进行对比。例如，以生产碱的电解槽在一定时期内的实际产碱量与理论产碱量对比，求得电流效率，表示电解槽的能力利用程度。例如，某化工厂当日实际产烧碱 26.284t，理论产烧碱 27.905t，则

$$电流效率 = \frac{26.284t}{27.905t} \times 100\% = 94.19\%$$

电流效率越接近 100%，电解槽能力的利用程度就越高。

又例如，以纺织机的实际单产量与理论单产量对比，计算纺织机的效率，来反映纺织设备的能力利用程度。

例 4-4 某纺织厂有棉布织机 17 台，理论单产是 5.20m/台时；某月制度工作日为 26 天，每日开三班为 22.5h，公休日加了一个班 7.5h，全月停工 30h；入库产量为 40 324.5m。

$$棉布实际单产 = \frac{棉布实际产量}{实际运转台时数}$$

$$= \frac{40\ 324.5m}{[(17 \times 26 \times 22.5) + (17 \times 7.5) - (17 \times 30)]台时}$$

$$= \frac{40\ 324.5m}{9\ 562.5台时} = 4.22m/台时$$

$$布机效率 = \frac{实际单产}{理论单产} \times 100\%$$

$$= \frac{4.22m/台时}{5.20m/台时} \times 100\% = 81.15\%$$

此布机效率指标说明，某月该厂这 17 台布机能力只利用了 81.15%。

四、设备综合利用状况评价

生产设备时间利用指标和能力利用指标，分别从数量、时间方面和能力方面反映设备利用情况。生产设备在一定时期内生产的产品产量，是生产设备在数量利用、时间利用和能力利用三方面共同作用的结果。因此企业应使用综合利用指标，反映这三方面的综合利用情况。生产设备综合利用程度指标的一般计算公式为

$$生产设备综合利用程度 = \frac{设备实际产量}{设备可能产量} \times 100\%$$

设备可能产量是指设备在数量、时间和能力充分利用的状态下应达到的产量。其计算公式为

$$设备可能产量 = 设备制度工作台时数 \times 设备设计能力$$

因此，设备综合利用程度就是设备制度工作台时利用率与能力利用率的乘积。其计算公式为

$$设备综合利用程度 = \frac{实际工作台时数 \times 实际发挥的能力}{制度工作台时 \times 设计能力}$$

$$= 设备制度工作台时利用率 \times 设备能力利用率$$

第四节　设备的维护与修理

一、设备的合理使用

1. 设备合理使用的重要性

正确合理地使用设备是设备管理的一项重要内容。因为设备的功能是通过使用发挥出来的，所以正确合理地使用设备，可以减少磨损，保持设备良好的性能和精度，延长设备的使用寿命，充分发挥设备的生产效率，从而保证企业经济效益不断提高。

2. 设备合理使用的内容和要求

正确合理地使用设备，应从以下几个方面着手：

（1）合理配备各种类型的设备。工业企业拥有的各种设备，是根据企业生产的需要和技术特点配备起来的。各种主要的设备和辅助设备、动力设备、起重运输设备等，都要保持适当的比例，并按照产品的结构特性和工艺特性，结合各个车间的生产组织形式，为各车间、小组合理地进行配备，使所有的机器设备都能充分发挥作用。随着生产的发展，产品品种、数量的变化，工艺技术的改革，各种机器设备之间的比例关系也将发生相应的变化。因此，要及时对设备进行调整，使其与生产任务相适应。

（2）合理安排加工任务和设备的负荷率。机器设备的性能、精度、使用范围和生产能力等都有一定的技术规定。在使用设备时，必须按设备的技术条件和负荷限度来安排生产任务，防止超负荷运转，以避免设备的损坏，保证安全生产。

（3）配备具有一定文化技术水平和操作熟练度的生产工人。工人技术水平的高低，对能否正确地使用机器设备，至关重要。因此，企业应根据设备在生产中的重要性、技术要求和复杂程度，选择和配备相应的工人。工人必须真正做到三好（用好、管好、保养好）、四会（会使用、会保养、会检查、会排除故障）。对达不到要求的工人，应进行培训，经考试合格，证明其具有相应的操作技术水平后，发给操作证。实行定人定机，凭操作证使用设备的制度。

（4）为设备创造良好的工作环境。良好的工作环境，是保证设备正常运转，延长设备使用寿命，保证安全生产的重要条件。不同的设备，要求有不同的工作条件。一般来说，主要有：保持设备工作环境的整洁和正常的生产秩序；安装必要的防护、保安、防潮、防腐、保暖、降温等装置；配备必要的测量、控制和保险用的仪器、仪表装置；对于精密的机器设备，要设立单独的工作室，工作室的温度、湿度、防尘、防震等工作条件应有严格的要求。建立这些工作条件，其目的是保持设备的性能和精度的良好状态。

(5)建立和健全设备使用、维护、保养的规章制度,贯彻执行设备使用责任制和单机核算制。设备的使用、维护、保养的规章制度,规定着设备的使用方法、操作和维护检修的要求以及应注意的事项,它是指导工人操作、维护保养和检修设备的技术法规。正确制定和执行这些规章制度,是合理使用设备的重要保证。

认真贯彻执行设备使用责任制和单机核算制,对于促进工人严格遵守操作规程,爱护设备,经济合理地使用设备,有着重要作用。

(6)经常对工人进行正确使用和爱护设备的教育。工人是设备的直接使用者,要使用好、保养好设备,必须调动工人的积极性,提高工人的工作责任心。要把正确使用和爱护设备的宣传教育,当作一项重要的经常性的工作来抓。

二、设备的磨损与故障规律

(一)设备的磨损规律

设备的磨损可分为两种:①使用磨损,这是设备在使用过程中,由于零部件相对运动产生摩擦所造成的磨损。随着磨损的加剧,会逐步改变零部件的物理性能和几何形状。②自然磨损,这是设备在闲置过程中,由自然力作用所造成的磨损,如锈蚀、腐蚀等。这里主要研究设备在使用过程中的磨损。设备使用过程中的磨损大致可分为三个阶段,如图4-1所示。

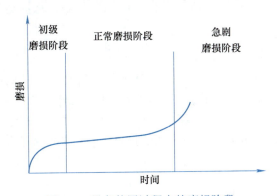

图4-1 设备使用过程中的磨损阶段

1. 初期磨损阶段

这一阶段的时间较短,磨损量较多。设备零件之间表面上的高低不平处以及氧化层、脱炭层很快地被磨平,设备逐渐适应生产环境,表现出较高的生产率。

2. 正常磨损阶段

在这一阶段中,设备零件表面还有一定的不平度,但这时磨损率已稳定下来,磨损值增加较为缓慢,在合理使用、正确维护和保养的条件下,设备有最好的耐磨能力,处于最佳的技术状态,能创造出最高的生产率和符合质量要求的制品,这是考核设备性能的正常阶段。

3. 急剧磨损阶段

当设备及其零部件经过第二阶段的长期运转后,磨损达到一定程度,磨损率迅速上升,零部件的尺寸、形状发生急剧变化,精度下降,已不能保持设备的正常性能,最后致使零部件损坏,必须加以修理,才能恢复使用性能。

根据上述设备磨损规律，要通过对设备的合理使用，精心维护保养，尽可能地延长设备的正常磨损阶段的持续时间；同时加强对设备的检查，掌握磨损情况的发展变化，在设备进入急剧磨损阶段以前，及时进行修理，防止影响生产。

从设备零件的三个磨损阶段可以看出：

（1）在设备使用过程中，零件总是有磨损的，磨损达到一定程度，就会降低生产效率和产品质量。例如：机床的某些零件磨损后，不能以较高的切削用量加工工件，产品的质量就不能保证；基础零件磨损后，会使工件几何形状改变，尺寸分布分散。要保证设备处于良好状态，就必须做好保养和修理工作。

（2）如果设备管理工作做得好，使用合理，经常维护，就会延长设备的正常磨损阶段，从而减少故障，提高生产率，延长设备的使用寿命。

（3）加强设备的日常检查和定期检查，及时掌握设备零件的磨损情况，在设备进入急剧磨损阶段前就进行修理，可以防止设备故障，减少修理工作量。

（4）机器零件在正常磨损阶段的磨损是与时间成正比的。因此，在正常生产情况下，可以通过实验和统计分析方法，计算出机器的易损件在正常情况下的磨损和使用期限，以便进行有计划的更换修理。

总之，掌握和了解各类机器设备零件的磨损规律，就可以针对磨损的不同阶段，分别采取有效的技术组织措施，保证设备处于良好的运行状态，从而达到提高企业经济效益的目的。

（二）设备的故障规律

零件磨损会使设备在使用过程中发生这样或那样的故障，从而影响设备的正常工作。掌握设备的故障规律，做好预防工作，可使设备可靠地运转。

设备的故障率是设备已经工作到某一时间，从这一时间起在连续的单位时间内发生故障的概率。设备故障理论研究表明，随时间的推移，设备的故障率呈现如图4-2所示的状态变化。

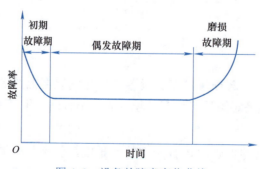

图4-2　设备故障率变化曲线

设备故障率变化曲线形态似浴盆，故称浴盆曲线。由浴盆曲线可以看出故障率有以下三个不同时期：

1．初期故障期

此时期的故障原因是设计和加工不良以及运输、安装的粗心，操作者不适应等，这种故障主要在设备运转的初期发生。因此在这一时期，对设备应严格筛选，认真检查验收、试验，找出设备可靠性低的原因,及时进行调整和改进,降低故障率。

2. 偶发故障期

此阶段设备处于正常的运转时期,故障率最低,发生故障是由于维护不好或操作者失误而引起的偶然故障,因此这一时期应重点加强操作管理,提高生产工人的操作水平和责任心。做好日常维护保养,从而延长设备的有效寿命。

3. 磨损故障期

在此时期,设备零件已严重磨损或老化,进入了急剧磨损阶段,因而故障率上升,为了避免进入高故障时期,应加强对设备的检查、监测,实行计划预修,定时更换磨损的零部件,降低这一时期的故障率。

研究设备故障的规律,针对设备在不同时期出现的问题,采取相应的对策加以解决,可以延长设备的使用寿命,提高设备的利用率。

三、设备的维护保养

设备的维护保养是保持设备正常运转,延长设备使用寿命的有效措施。

设备维护保养的内容,主要是整齐、清洁、润滑、紧固、调整、安全。根据机器设备维护保养工作的深度、广度及其工作量的大小,维护保养工作一般可分为以下几个类别:

1. 日常保养

在日常保养(或称例行保养)中,重点进行清洗、润滑,紧固易松动部位,检查零部件的状况。大部分工作在设备表面进行,这是一种由操作工人负责执行的经常性的不占设备工时的保养。

2. 一级保养

一级保养是除普通地进行紧固、清洗、润滑的保养外,还要部分地进行调整。一级保养以操作工人为主,维修工人进行辅导。

3. 二级保养

二级保养主要是进行内部清洗、润滑,局部解体检查和调整。二级保养以维修工人为主,操作工人参加。

4. 三级保养

三级保养是对设备主体进行部分解体检查和调整,同时更换一些磨损零件,并对主要零部件的磨损状况进行测量和鉴定。三级保养也以维修工人为主,操作工人参加。

四、设备的检查

设备的检查是对机器设备的运行情况、工作性能、磨损情况等进行检查和校验,通过检查可以全面掌握设备的技术状态变化和磨损情况,及时查明和清除设备隐患,针对检查发现的问题,改进设备维修工作,以提高修理质量和缩短修理时间。设备检查按划分条件的不同可分为多种类型。

1. 按时间的不同划分

设备检查从时间上可分为日常检查和定期检查。

(1)日常检查。日常检查是指由操作工人每天上班前或下班后的几分钟内对设备进行的检查,主要依靠五官直觉,不采用检查工具。其目的是保证设备的正常运转,实践证明,80%以上早期的故障都是生产工人在日常检查和设备运转中察觉的。

(2)定期检查。定期检查是指在操作工人参加下,由专职维修工人按计划对设备进行检查。定期检查要对设备进行全面检查。

2. 按技术功能的不同划分

设备检查从技术功能上可分为机能检查和精度检查。

(1)机能检查。机能检查是指对设备的各项机能进行检查和测定,如是否漏油,防尘密闭性如何,零件耐高温、高速、高压性能等。

(2)精度检查。精度检查是指对设备的实际加工精度进行检查和测定,以便确定设备精度的劣化程度。精度检查结果可以作为设备验收、修理、更新的依据。设备精度指数是反映设备精度的指标,计算公式为

$$T = \sqrt{\frac{\sum (T_p/T_s)^2}{n}}$$

式中　T——设备精度指数;
　　　T_p——设备某项精度实测值;
　　　T_s——设备某项精度允许值;
　　　n——测定精度的项目数。

当$T \leqslant 1$时,说明设备的精度良好;当$T>1$时,说明设备的精度开始劣化,数值越大说明劣化程度越是严重。针对不同情况的T值,应采取不同的措施。机床的T标准及其对策是:$T \leqslant 0.5$,为新机床的验收条件之一;$0.5<T \leqslant 1$,为大修后的验收条件;$1<T \leqslant 2$,可继续使用,但要注意调整;$2<T<3$,应对设备进行重点修理或大修理;$T \geqslant 3$,需对设备进行大修理或更新。

设备检查,可以采用现场观察、分析运转记录和仪器检测等方法来进行。运用科学的设备检测技术,可以全面准确地把握设备的磨损、老化、腐蚀的部位和程度,并在此基础上进行定期预报和追踪,以便把设备的检查和设备的计划维修有机地联系起来。

五、设备的修理

(一)设备修理的分类

根据修理工作量的大小和维修内容来划分,修理可分为小修、中修和大修三种方式。

(1)小修是指工作量较小的局部修理。它往往是在设备工作地进行的,一般只是清洗、更换、修理少量容易磨损的零件,并调整设备的局部结构,保证设备能够使用到下一次计划修理时间。例如,机床的小修,包括检修调整丝杠和丝母,轴与轴套、轴承的间隙;更换磨损或不能用的齿轮;检查润滑油系统和冷却系统等。小修由车间专职维修工人进行,小修后,由车间机械员、维修工人和操作工人共同检查验收。

(2)中修是指要修复和更换机器设备的主要零件和其他磨损零部件,并对主要部件进行局部修理,以恢复和达到规定的性能、精度和其他技术要求。例如,机床中修应更换或修理齿轮、蜗杆、蜗轮、轴、拨叉滑块、丝杠等。同时要检查整个机械系统,紧固所有机件,

消除扩大的间隙，校正设备基准。中修的大部分项目由车间专职维修工人在生产车间现场进行。个别要求高的项目可由机修车间承担。设备中修后，质量管理部门和设备管理部门要组织车间机械员、主修工和操作者根据中修技术任务书的规定和有关要求，共同检查验收。检查合格后，由中修质量检查员在检修任务书上签字，由主修人员填写设备完工通知单，并由送修与承修单位办理交接手续。

（3）大修是机器设备长期使用后，为了恢复原有的精度、性能和生产效率而进行的全面修理。大修将设备全部拆卸分解，更换或修复所有因磨损、腐蚀、老化等原因已丧失工作性能的零部件，校正和调整整台设备。一般设备大修可拆离安装基础送往机修车间修理，为避免拆卸损失，大型精密设备可不必拆离安装基础。设备大修后，质量管理部门和设备管理部门应组织使用和承修车间有关人员共同检查验收。检验合格后，由大修质量检查员在大修任务书上签字，由主修人员填写修理通知单，由承修单位进行安装、调试、移交生产，并由送修单位与承修单位办理交接手续。

（二）设备修理的方法

1. 检查后修理法

这种方法事先只规定设备的检查计划，根据检查的结果和以前的修理资料，来确定设备修理的类别、内容、日期和工作量。其优点是简便易行，缺点是修理期限、内容和工作量，只有待检查后才能确定，因而影响修理前的准备工作。这种方法通常是在设备技术资料掌握不全，不了解零部件磨损规律和使用寿命的情况下采用。

2. 定期修理法

这种方法是根据设备的检修定额资料和实际使用的情况，确定修理的类别、日期和大致的检修内容。而具体的修理日期和内容，则根据计划修理前定期检查的结果再做详细规定。这种方法比较切合实际，有利于做好修理前的准备工作，减少设备的停歇时间，提高修理质量，降低修理成本。我国维修基础较好的企业，一般都采用这种方法。

3. 标准修理法

这种方法是根据设备磨损规律和零件使用寿命，事先规定设备的检修日期、类别、内容和工作量，到了规定时间，不论设备的技术状况如何，都要按计划强制地进行修理，零件也要强制更换。标准修理法的优点是便于做好修理前的准备工作，但是要事先精确地规定零件的使用寿命，很难完全切合实际，而且修理成本较高。因此，这种修理方法的应用范围要受到一定的限制，它主要用于工作制度比较固定的动力设备、自动线上的专用设备和特别重要的关键设备等。

在企业中，可以根据设备组成的特点，针对不同的设备，采取不同的修理方法。

（三）设备修理的定额标准

1. 修理周期定额

修理周期是指相邻两次大修之间或新设备安装使用到第一次大修之间的间隔时间。
修理间隔期是指相邻两次修理（不论大修、中修、小修）之间的间隔时间。

2. 修理复杂系数

修理复杂系数是用来表示不同机器设备修理工作的复杂程度，计算不同机器设备修理工作量的假定单位。为了确定设备的修理复杂系数，一般是以 C620 车床作为标准机床，把它的修理复杂系数定为 10，然后用其他设备和它进行比较，制定相应的系数值。比它结构复杂，修理量大，则系数大于 10，反之则小于 10。常用设备的复杂系数见表 4-1，表中 JF 表示设备的机械部分，DF 表示设备的电器部分。

表 4-1 常用设备的复杂系数表

设备型号	主要规格	复杂系数 JF	复杂系数 DF	设备型号	主要规格	复杂系数 JF	复杂系数 DF
C615 车床	150mm×750mm	7	4	Z535 立钻	φ35mm	7	6
C616 车床	160mm×750mm	8	5	Z3035B 摇臂钻	φ35mm	8	7
C618 车床	180mm×650mm	8	4	B5032 插床	320mm	10	8
C620 车床	200mm×1 000mm	10	5	T68 镗床	φ85mm	28	10
C620—1 车床	200mm×10 000mm	11	5	M7135 平面磨床	350mm×1 600mm	16	17
C630 车床	300mm×1 500mm	14	7	M131W 磨床	150mm×1 000mm	11	10
C650 车床	500mm×3 000mm	26	13	JB23-60 冲床	60t	7	4
X52k 铣床	320mm×1 250mm	13	10	C41-200 气锤	200kg	9	5
X62W 铣床	320mm×1 250mm	13	11	电力变压器 180/35	180kVA		11
B2016A 龙门刨床	1 600mm×4 000mm	36	65	电力变压器 560/35	560kVA		16
B665 牛头刨床	650mm	11	4	BX-330 交流电焊机	21kVA		4

3. 修理工作劳动量定额

修理工作劳动量定额是企业在现有的生产技术条件下，为完成一定的修理工作所需要的劳动时间消耗量的标准，一般用一个修理复杂系数所需要的劳动时间来表示。例如，一个修理复杂系数的大修钳工为 40h，机加工为 20h，其他工作 4h，总计为 64h。

（四）设备修理的组织方法

为了缩短修理停歇时间，保证计划的实现，根据不同的情况，应采用先进的修理组织方法。这些方法有如下几种：

1. 部件修理法

这种修理方法的特点是事先装配好修理用的各种部件，作为备件使用。修理时，将需要修理的部件拆卸下来，换上备件，再将换下来的部件修复，作为下次用的备件。这种方法可以缩短修理时间，但由于需要一定数量的备件作周转，因而占用的资金较多，所以只适用于有大量同类型设备的企业。

2. 分部修理法

分部修理法即将设备的各个部件，作为独立的部分，按顺序分别进行修理，每次只修理其中的一部分部件。这种方法的优点是修理工作量分散，可以利用节假日或非生产时间进行修理，增加设备的生产时间，提高设备的利用率。

3. 同步修理法

这种方法是把工艺上相互紧密联系而又需要修理的若干设备，安排在同一时间内进行修理，实现修理同步化，以减少分散修理的停机时间。这种方法常用于流水生产线设备、联动设备中的主机与辅机以及配套设备等。

第五节　设备的更新与改造

一、设备的更新

设备的更新主要是指企业用新的、效率更高的设备去更换已经陈旧的、不能继续使用的，或者可继续使用，但在技术上不能保证产品质量、在经济上极不合理的设备。

第二次世界大战后，由于科学技术加速发展，设备的陈旧化越来越快。随着科学技术和生产力的发展，更新陈旧的设备已成为企业必不可少的一项重要工作，也是保证企业生产发展和扩大再生产的一个必要条件。

二、设备的寿命

设备的寿命有三种：自然寿命、技术寿命和经济寿命。

1. 自然寿命

自然寿命是指设备从投入使用到报废为止所经历的时间。企业掌握设备的磨损规律，做好设备的合理使用和维护修理工作，可以延长设备的自然寿命。设备制造质量的提高，也可使设备的自然寿命加长。

2. 技术寿命

由于科学技术发展，在技术上和经济上更先进、合理的同类设备不断出现，这使现有设备在自然寿命尚未结束前就被淘汰，即出现了"精神磨损"。

这种设备从投入使用到因"精神磨损"而最终淘汰所经历的时间，叫作设备的技术寿命（或叫有效寿命）。这个时间一般比自然寿命短。科学技术发展越快，竞争越激烈，技术寿命便越短。

3. 经济寿命

经济寿命是指在设备的后期，由于设备的老化，必须支出较多的维持费用来维持设备的寿命。花费过多的维持费用是不合算的，因而要考虑是否需要更新。这种根据维持费用决定的设备寿命，叫作经济寿命。通过对设备经济寿命的计算，以便确定某种设备的最佳更新年限。

三、设备的最佳更新年限

设备的最佳更新年限就是设备的经济寿命，即年平均使用成本最小的使用年限。设备的使用成本包括折旧费用和维持费用两部分。维持费用是指设备的维护修理费及能源消耗等费用。设备使用年限越长，则年折旧费用越小，但年维持费用越大；设备使用年限越短，则年折旧费用越大，而年维持费用越小。年折旧费用与年维持费用之间是此消彼长的关系，要使两项费用同时达到最小是不可能的。因此，确定适当的使用年限，使年平均两项费用之和最小，才是最经济的使用年限，也就是经济寿命。

确定设备经济寿命或最佳更新年限简便易行的方法有以下两种：

1. 数学模型法

数学模型法就是用数学方法确定一个能使设备年均使用成本最小的经济寿命计算式。

设：y 为设备年平均使用成本，T 为设备原始价值（即购置成本），n 为设备使用年限，a 为第一年维持费用，g 为设备维持费用逐年增长额。则

$$年折旧费用 = \frac{T}{n} \text{（残值忽略不计）}$$

$$年平均维持费用 = a + \frac{(n-1)g}{2}$$

$$年均使用成本\ y = \frac{T}{n} + a + \frac{(n-1)g}{2}$$

求 y 对 n 的一阶导数

$$\frac{dy}{dn} = \frac{g}{2} - \frac{T}{n^2}$$

令

$$\frac{dy}{dn} = 0$$

则

$$n = \sqrt{\frac{2T}{g}}$$

上式计算的 n 即为最佳更新年限。

例 4-5 某设备原始价值为 10 000 元，预计每年维持费用增加 400 元。试确定其最佳使用年限。

计算如下：

$$n = \sqrt{\frac{2 \times 10\,000}{400}}\text{年} = \sqrt{50}\text{年} \approx 7\text{年}$$

为了说明年均使用成本的变化，以下列出了设备使用成本的变化情况，见表 4-2。

表 4-2 设备使用成本变化表

使用年限	年折旧额	年维持费用	维持费用累计	年均维持费用	年均使用成本
1	10 000	400	400	400	10 400
2	5 000	800	1 200	600	5 600
3	3 333	1 200	2 400	800	4 133
4	2 500	1 600	4 000	1 000	3 500
5	2 000	2 000	6 000	1 200	3 200
6	1 667	2 400	8 400	1 400	3 067
7	1 428	2 800	11 200	1 600	3 028
8	1 250	3 200	14 400	1 800	3 050
9	1 111	3 600	18 000	2 000	3 111
10	1 000	4 000	22 000	2 200	3 200

由表 4-2 可见，使用年限为 7 年的年均使用成本最小，为 3 028 元。因此，设备的最佳更新年限为 7 年。

2. 测算法

这种方法是通过对同类型设备统计资料的分析计算，比较年均使用成本，来确定设备更新年限的一种方法。年均使用成本最低的那一年，就是该类型设备的合理经济寿命。此方法下年均使用成本计算公式如下：

$$折旧费用总额 = 设备的原始价值 - 设备当年残值$$

$$总使用成本 = 设备折旧费用总额 + 设备维持费用累计数$$

$$年均使用成本 = \frac{设备总使用成本}{使用年限}$$

例 4-6 某设备原始价值为 9 000 元，求其最佳更新年限。已收集的同类型设备统计资料见表 4-3。

表 4-3 同类型设备统计资料

使用年限 / 年	1	2	3	4	5	6	7
残值 / 元	6 000	3 999	3 000	2 250	1 500	900	900
维持费用 / 元	1 800	2 100	2 400	2 700	3 000	3 600	4 500

表 4-3 中的残值是指设备使用至该年时还具有的价值。

该设备使用成本计算见表 4-4。

表 4-4 设备使用成本计算表

更 新 年 份	1	2	3	4	5	6	7
维持费用累计	1 800	3 900	6 300	9 000	12 000	15 600	20 100
折旧费用总额	3 000	5 001	6 000	6 750	7 500	8 100	8 100
总使用成本	4 800	8 901	12 300	15 750	19 500	23 700	28 200
年均使用成本	4 800	4 451	4 100	3 937	3 900	3 950	4 028

通过表 4-4 的计算可以看出，设备年平均使用成本最低的是第 5 年。过了第 5 年，平均使用成本将逐年增高，从经济上看，继续使用，就不合算了。因此，该设备的经济寿命为 5 年。也就是说，设备投产后的第 5 年年末，是设备的最佳更新年限。

四、设备的改造

1. 设备改造的方式

设备改造包括设备的改装和设备的技术改造两种方式。

设备的改装是指企业为满足增加产量或加工要求，对设备的容量、功率、体积和形状的改变。这样做能够充分利用现有条件，减少新设备的购置，节省投资等。但是单纯改装不能提高设备的现代化水平，不能实现企业技术进步。

设备的技术改造也叫设备的现代化改装，是指运用现代的技术成就，改变现有设备的结构，或给旧设备增添新部件、新装置，以改善现有设备的技术性能和使用指标，使之局部达到甚至全部达到先进设备的技术水平。设备的技术改造应成为设备改造的主要方式。

2．设备的技术改造的优点

设备的技术改造与设备更新相比有下列优点：

（1）针对性强。由于设备的技术改造密切结合本企业生产的实际需要，因而改造后的设备往往比同类新设备具有更强的针对性和适合性。

（2）经济性好。设备的技术改造可以充分利用原有设备的基础部件，比采用设备更新的方案节省时间和费用。

（3）可行性大。设备的技术改造由于投资少、见效快，因此，比设备更新具有更大的可行性。

五、设备的选择与评价

1．设备的选择

选择设备的总原则是技术上先进，经济上合理。具体来说，应综合考虑以下一些因素：

（1）设备的生产效率与企业长远规划的生产规模相适应。凡企业产品稳定，进行大批量生产的，宜选用生产效率高、自动化程度高的专用设备；凡企业品种多变，生产规模较小的，只能选用效率一般的通用设备，否则，设备负荷率太低，反而造成浪费。

（2）设备的精度能适应产品精度的要求，能保证加工质量。但也不宜选择过高的精度要求，以免浪费设备精度，加大生产成本。

（3）设备的能源和原材料消耗少。选择设备时，应尽量选择那些能源消耗少，原材料加工利用程度高的设备。

（4）设备的可靠性高，环保性好，操作安全。选择设备时，必须选用那些安全性好，可靠性高，把噪声和有害物质排放控制在保护人类健康的卫生标准范围以内的设备。

（5）设备的适应性强，使用寿命长。所选设备应能适应不同的工作条件和环境，具有多种加工性能以及适应产品更新换代的要求等。

（6）设备的维修性好，维护费用低。设备的精密复杂程度和设备零部件标准化水平，对设备维修的难易和维护费用的高低，有一定的影响。企业在选择设备时，应尽量选用比较易于修理，维护费用较低的设备。

（7）设备的成套性好。这是指选用的设备必须配套齐全，以保证设备生产能力的充分发挥。

（8）设备的投资费用少，投资回收期短。

以上是选择设备的一些主要因素，其中能用数值表示的，可做定量分析；不能用数值表示的，可做定性分析。要全面衡量，从本企业的实际情况出发，根据企业的生产技术特点、长远规划和技术发展方向，认真地加以选择。

2．设备的评价

设备的评价分为单项评价和综合评价。单项评价是对设备的各个方面分别进行独立的评价。综合评价是在单项评价的基础上进行的全面评价。由于设备选择时应考虑的各个因素是相互联系、相互制约的，因此企业在选择设备时，要对这些因素进行统筹权衡，在综合评价的基础上选择购置设备的最优方案。

通常采用评分法进行综合评价。其主要步骤是：首先，给每一个设备购置方案的各项评价项目打出实得分数。然后，通过一定的方法，计算出各方案的总得分，选择其中总得分最高的方案。总得分的计算可采用直接相加法，也可采用加权平均法，还可采用关键项目否决法。现举例说明这三种方法。

例 4-7 某企业购置某设备时，有两个方案供选择：①甲厂生产的设备（简称甲方案）；②乙厂生产的设备（简称乙方案）。两个方案各项目的得分见表 4-5。

表 4-5 设备选择评分结果

序号	项目	权数	满分	实得分	
				甲方案	乙方案
1	生产性	0.128	10.0	9.5	9.5
2	可靠性	0.128	10.0	8.5	9.5
3	安全性	0.128	10.0	5.9	9.5
4	节能性	0.072	10.0	9.5	8.0
5	耐用性	0.072	10.0	9.5	8.5
6	维修性	0.072	10.0	9.5	8.0
7	环保性	0.128	10.0	9.5	9.0
8	成套性	0.072	10.0	10.0	8.5
9	适应性	0.072	10.0	10.0	8.5
10	经济性	0.128	10.0	8.0	9.0
	合计	1.000	100.0	89.9	88.0

（1）直接相加法。

$$某方案总得分 = \sum 某项目实得分$$

甲方案总得分 = 9.5+8.5+5.9+9.5+9.5+9.5+9.5+10.0+10.0+8.0=89.9

乙方案总得分采用同样方法计算，结果为 88.0。

比较两个方案的总得分，可知应选择甲方案。

直接相加法存在着一个缺陷，就是它把各项目同等对待，不十分合理。为此，可采用加权平均法。

（2）加权平均法。

一般令各项目权数之和等于 1，这样：

$$某方案总得分 = \sum 某项目实得分 \times 该项目权数$$

各项目的权数是根据其重要性确定的，项目越重要，其权数就越大。本例的权数见表 4-5。

甲方案总得分 = 9.5×0.128+8.5×0.128+5.9×0.128+9.5×0.072+9.5×0.072+

9.5×0.072+9.5×0.128+10.0×0.072+10.0×0.072+8.0×0.128

= 8.79

乙方案总得分采用同样方法计算，结果为 8.94。

乙方案总得分高于甲方案，所以应采用乙方案。之所以乙方案总得分高于甲方案，是因为乙方案在重要项目上的得分高于甲方案。

尽管加权平均法在一定程度上克服了直接相加法的缺点，但还是显得不尽合理。当某一方案的某一关键项目（如安全性）得分很低时，属不合格项目，但由于其他项目得分很高，这样，不管是采用直接相加法，还是采用加权平均法，计算出来的总得分都可能比较高，从而有可能成为当选方案，这是很不合理的。为此，可以采用关键项目否定法。

（3）关键项目否定法。

首先，将评价项目依据其重要性，分为关键项目和一般项目两大类。两类项目采用不同的评分法：关键项目采用 0—1 评分法，即合格得 1 分，不合格得 0 分；一般项目仍采用十分制或百分制评分法。总得分采用以下公式计算：

某方案总得分 = 关键项目实得分之积 × ∑一般项目实得分

在例 4-7 中，若规定可靠性和安全性为关键项目，其他为一般项目，关键项目得 6 分以上为合格，则

甲方案总得分 =（1×0）×（9.5+9.5+9.5+9.5+9.5+10.0+10.0+8.0）= 0

乙方案总得分 =（1×1）×（9.5+8.0+8.5+8.0+9.0+8.5+8.5+9.0）= 69

相比较，当然应选择乙方案。由于安全性这一关键项目不合格，因此否定了甲方案。

本章小结

工业企业的设备按用途可分为生产设备，动力设备，传导设备，运输设备，仪器、仪表及生产用具等。生产设备按作用于劳动对象的工艺特点不同，又可分为机械设备、热力设备、化学设备。生产设备按自动化程度可分为人工操控设备和自动化设备。

工业企业设备的生产能力是指生产某种产品的全部设备在正常条件下可达到的最大年产量。决定设备生产能力的因素有设备数量、设备全年有效工作时间和单位设备的生产能力，全部设备的生产能力就是以上三个因素的乘积。企业的实际年产量与设备生产能力的比率就是设备生产能力的利用率。计划生产任务除以单台设备生产能力即为设备需要量。

设备利用状况评价可从数量利用、时间利用、能力利用和综合利用等几个方面进行。对设备数量利用状况评价时，可将设备按利用状况分为实有设备、已安装设备、完好设备、实际使用设备，评价指标有设备完好率、完好设备使用率和实有设备使用率。设备时间利用状况评价，可将设备工作时间分为制度工作时间、计划工作时间和实际工作时间，

评价指标有制度工作台时利用率和计划工作台时利用率。设备能力利用状况评价指标为设备能力利用程度，是单位设备实际发挥的生产能力与设计生产能力的比率。设备综合利用状况，就是设备数量利用状况、时间利用状况和能力利用状况三方面的综合结果，评价指标为设备综合利用程度，是一定时期全部生产设备的实际产量与设备可能产量的比率。

设备的维护与修理是设备管理的重要内容，认识设备磨损与故障规律，对于设备的维护、修理工作很有必要。设备磨损大致可分为初级磨损阶段、正常磨损阶段和急剧磨损阶段，设备故障率的变化相应地分为初期故障期、偶发故障期和磨损故障期，各时期的维护修理工作有所不同。设备的维护保养可分为日常保养、一级保养、二级保养、三级保养。为了预防设备故障，应进行设备检查。设备检查从时间上可分为日常检查和定期检查，从技术功能上可分为机能检查和精度检查。设备修理可分为小修、中修和大修，设备修理的方法有检查后修理法、定期修理法和标准修理法，设备修理的组织方法有部件修理法、分部修理法和同步修理法。

设备的寿命有三种，分别是自然寿命、技术寿命和经济寿命。设备的最佳更新年限为经济寿命，确定最佳更新年限的方法有数学模型法和测算法。设备改造可分为设备改装和技术改造，技术改造应成为设备改造的主要方式。设备技术改造具有针对性强、投资少、见效快的优点，因此设备更新时应先考虑技术改造。在购置、更新设备时，要从各方面对设备进行选择评价，选择评价的方法有直接相加法、加权平均法和关键项目否定法。

课后习题

一、选择题
1. 设备按用途可分为（　　　）。
   A．生产设备　　　　B．动力设备　　　　C．运输设备　　　　D．仪器仪表
2. 设备按工艺特点可分为（　　　）。
   A．机械设备　　　　B．热力设备　　　　C．化学设备　　　　D．通用设备
3. 设备的寿命可分为（　　　）。
   A．自然寿命　　　　B．技术寿命　　　　C．经济寿命　　　　D．使用寿命
4. 选择设备的评价方法有（　　　）。
   A．直接相加法　　　　　　　　　　　B．加权平均法
   C．关键项目否定法　　　　　　　　　D．观察法
5. 设备改造的方式包括（　　　）。
   A．改装　　　　　　B．技术改造　　　　C．更新　　　　　　D．购置
6. 设备经济寿命的决定因素包括（　　　）。
   A．可使用年限　　　B．故障频率　　　　C．折旧费用　　　　D．维持费用

二、简答题

1. 什么是设备生产能力？由哪些因素决定？
2. 设备的磨损和故障有什么规律？
3. 设备的维护保养分为哪几级？各级保养的内容是什么？
4. 设备的检查分为哪几种？
5. 设备修理的方法有哪几种？各种修理法有何区别和特点？
6. 设备修理的组织方法有哪几种？各有何特点？
7. 选择设备应考虑的因素有哪些？

三、计算题

1. 某机械工业企业有机床 40 台，每台年计划检修时间为 100h。全年制度工作 250 天，每天设备工作 15.5h。生产某产品的每件加工台时定额为 10 台时。

要求：试确定企业设备的生产能力。

2. 某厂现有可使用车床 10 台，车床每年工作 300 天，每天工作 20 小时。车床生产效率为每台每小时加工 A 产品 10 件。本年计划生产任务为 A 产品 50 万件。

要求：

（1）计算本年度车床需要量及余缺。

（2）计算车床生产能力余缺和负荷系数。

3. 某通用机械厂某月月末生产设备的利用状况如下：

（1）车间正在使用的机床 80 台。

（2）因缺原材料停开的机床 8 台。

（3）备用机床 6 台。

（4）正在大修的机床 2 台。

（5）新购置尚未安装的机床 5 台。

（6）租出机床 7 台。

（7）报废的机床 5 台。

（8）因不需用而准备出售，正在拆卸的机床 1 台。

要求：

（1）确定月末机床实有数、已安装数、完好数、使用数。

（2）计算机床月末完好率、完好设备使用率、实有设备利用率。

4. 某针织厂有关资料如下：

该厂 4 月份已安装针织机 90 台，本月有 4 个休息日，该厂实行三班制生产，每天工作 22.5h。

本月计划大中修停机 154 台时。因原材料不足，本月计划停开 8 台。

根据设备原始记录，本月针织机实际大中修停机为 170 台时，因停电停开 704 台时，待料停开 312 台时，待任务停开 122 台时，其他原因停开 110 台时。

本月针织布产量为 931 040m。

针织机铭牌能力为 22m/台时。

要求：计算本月针织机制度工作台时利用率、计划工作台时利用率、能力利用率、综合利用率。

5．某设备原始价值为 50 000 元，维持费用每年增加 1 000 元。

要求：试确定设备的最佳更新年限。

6．某企业购置一台设备，原始价值为 3 000 元，同类设备统计资料见表 4-6。

表 4-6　同类设备统计资料

使用年限 / 年	1	2	3	4	5	6	7
维持费 / 元	600	700	800	900	1 000	1 200	1 500
实际残值 / 元	2 000	1 500	1 000	750	500	300	200

要求：采用测算法求该设备最佳更新年限。

第五章

劳动管理

学习目标

- 了解工业企业劳动力的分类，明确劳动合同的内容和订立要求，懂得劳动保险和劳动保护的内容，懂得劳动报酬的内容和计算方法。
- 掌握劳动时间利用情况评价的原理和方法。
- 掌握劳动定额制定、考核和劳动力需要量核定的原理和方法。
- 掌握劳动生产率的计算原理和方法，懂得提高劳动生产率的途径。

人力资源管理是企业管理的重要组成部分，关系到员工的权益保障、薪酬待遇等问题。人力资源是生产力的重要构成要素。党的二十大报告中指出："健全劳动法律法规，完善劳动关系协商协调机制，完善劳动者权益保障制度，加强灵活就业和新就业形态劳动者权益保障。"

第一节 人力资源管理

一、工业企业人力资源的分类

企业的人力资源，也就是企业的职工。

按工作岗位不同，工业企业的职工可分为以下类别：

1. 管理人员

管理人员是指在企业各级管理机构从事管理工作的人员，包括董事会成员、专职监事会成员、经理和副经理、总会计师、总经济师、各职能管理部门人员、厂长、车间主任、统计员等。

2. 技术人员

技术人员是指在企业从事工程技术工作的人员，包括总工程师、技术员、化验室人员、技术开发人员、产品设计人员等。

3. 销售人员

销售人员是指负责产品销售的一类人员。

4. 工人

工人是指在生产一线从事生产劳动的人员，是企业职工的主要部分。工人按在生产中的作用，又可以分为基本生产工人和辅助生产工人两种。

（1）基本生产工人。基本生产工人是直接从事产品生产的工人，如机械工业的铸锻件生产工人、机械加工工人、装配工人、在流水生产线上工作的工人等，基本生产工人是工人的主要组成部分。

（2）辅助生产工人。辅助生产工人是间接参与生产过程，为基本生产服务的工人。辅助生产工人的劳动是为整个生产过程服务或提供条件，是完成生产必不可少的辅助作业，包括基本车间的辅助工人和辅助车间的全部工人。例如，从事工具制造、厂内运输、设备维修、制风送风、制气送气（制造和输送蒸气、压缩空气）、清理生产场地以及直接在车间从事服务性工作（如车间内清扫）等项活动的工人。

5. 服务人员

服务人员是指在企业中从事生活后勤服务的人员，如炊事员、生活用锅炉工、保安人员、保洁人员（服务于生活设施、办公场所、厂区环境卫生等）、文化娱乐设施管理员及其他勤杂人员。

二、劳动合同

劳动合同是劳动者与用人单位确立劳动关系、明确双方权利和义务的书面协议，也是劳动者维护其合法权益的依据。因此，订立劳动合同和履行劳动合同，是人力资源管理的重要内容。

1. 合同的订立

根据《劳动合同法》的规定，劳动合同应当以书面形式订立。劳动合同期限分为有固定期限、无固定期限和以完成一定工作为期限三种。有固定期限劳动合同是指用人单位与劳动者以书面形式约定合同终止时间的劳动合同；无固定期限劳动合同是指用人单位与劳动者未以书面形式约定合同终止时间的劳动合同；以完成一定工作为期限的劳动合同是指用人单位与劳动者以书面形式约定以某项工作的完成为合同终止条件的劳动合同。

已存在劳动关系，但是用人单位与劳动者未以书面形式订立劳动合同的，除劳动者有其他意思表示外，视为用人单位与劳动者已订立无固定期限劳动合同，并应当及时补办订立书面劳动合同的手续。

用人单位和劳动者对是否存在劳动关系有不同理解的，除有相反证明的以外，以有利于劳动者的理解为准。

劳动合同文本由用人单位提供。劳动合同应当由用人单位与劳动者协商一致，并经双方当事人在劳动合同文本上签字或者盖章成立。劳动合同应当由用人单位和劳动者各执一份。未以书面形式订立劳动合同的，劳动关系自劳动者为用人单位提供劳动之日起成立。

用人单位与劳动者可以约定试用期。试用期包括在劳动合同期限内。劳动合同期限在三个月以上不满一年的，试用期不得超过一个月；劳动合同期限在一年以上不满三年的，试用期不得超过两个月；三年以上固定期限和无固定期限的劳动合同，试用期不得超过六个月。同一用人单位与同一劳动者只能约定一次试用期。

用人单位招用劳动者，不得要求劳动者提供担保或者以担保名义向劳动者收取财物，不得扣押劳动者的居民身份证或者其他证件。

用人单位为劳动者提供培训费用，使劳动者接受六个月以上脱产专业技术培训的，可以与劳动者约定服务期以及劳动者违反服务期约定应当向用人单位支付的违约金。该违约金不得超过服务期尚未履行部分所应分摊的培训费用。

2．劳动合同的内容

根据《劳动合同法》的规定，劳动合同文本应载明下列事项：
（1）用人单位的名称、住所和法定代表人或者主要负责人。
（2）劳动者的姓名、住址和居民身份证或者其他有效身份证件号码。
（3）劳动合同期限。
（4）工作内容和工作地点。
（5）工作时间和休息休假。
（6）劳动报酬。
（7）社会保险。
（8）劳动保护、劳动条件和职业危害防护。
（9）法律、行政法规规定应当纳入劳动合同的其他事项。

3．劳动合同的履行和变更

用人单位和劳动者应当按照劳动合同的约定，全面履行各自的义务。劳动者本人应当实际从事劳动合同约定的工作。

用人单位变更名称、法定代表人（主要负责人）或者投资人的，不影响劳动合同的履行。用人单位合并的，劳动合同应当由合并后继承其权利义务的用人单位继续履行，或者经劳动者同意，由合并前的用人单位与劳动者解除劳动合同，同时由合并后继承其权利义务的用人单位与劳动者重新订立劳动合同。用人单位分立的，劳动合同应当由分立后用人单位按照分立协议划分的权利义务继续履行，或者经劳动者同意，由分立前的用人单位与劳动者解除劳动合同，同时由分立后的用人单位与劳动者重新订立劳动合同。

用人单位与劳动者中的一方因不可抗力不能履行劳动合同的，另一方可以根据不可抗力的影响，终止或者部分终止履行劳动合同。用人单位与劳动者协商一致，可以中止或者部分中止履行劳动合同。中止履行劳动合同的情形消失，除劳动合同已经无法履行外，劳动合同应当恢复履行。

三、劳动保护

（一）劳动保护的意义

国家为了保护劳动者在生产中的安全与健康，在改善劳动条件，预防和消除工伤事故、职业毒害和职业病等方面所进行的工作和采取的措施，统称为劳动保护。

在工业企业里做好这方面的工作，有着以下重要的意义：
（1）劳动保护是实现安全生产，使生产顺利进行的重要保证。安全和生产是相互联系，不可分割的。生产必须安全，安全为了生产。安全生产是国家领导生产建设事业一贯坚持的方针。因此，安全与生产两者必须同时注意，同时抓紧，同时搞好。把生产看成企业的首要任务。实现安全生产，需要从许多方面做好工作。劳动保护就是其中一个很重要的方面。

（2）劳动保护对调动职工群众的积极性，促进生产的发展，具有重要的作用。在生产中，切实保证职工群众的安全和健康，使他们免除后顾之忧，感到企业对他们的关怀，就会激发他们的工作积极性，从而有利于促进生产的发展。在生产过程中，不安全的因素是客观存在的。除了人们对自然界发展规律的认识程度以外，少数职工违反操作规程，某些领导的失职，都是妨害安全生产的直接和间接的原因。这些不安全的因素，通过人们的主观努力，是可以控制、防止的。因此，在生产中，加强劳动保护工作，杜绝各种不安全因素，对调动职工群众的积极性，促进生产的发展，具有重要的作用。

（二）劳动保护的内容

劳动保护的具体内容一般包括安全技术、工业卫生和劳动保护制度三个方面。

1. 安全技术

安全技术是为了消除生产中引起伤亡事故的潜在因素，保证工人在生产中的安全，在技术上采取的各种措施的总和。它主要是解决如何防止和消除突然事故对于职工安全的威胁的问题。

不同行业的工业企业所要经常注意解决的安全技术问题，是不相同的。它的主要内容一般包括以下几个方面：

（1）机器设备的安全。它主要是避免在使用的过程中发生事故、伤害工人，为此，凡是暴露在机器外部的传动带、齿轮、飞轮等危险部分，要安装保护装置；锻压设备的施压部分，要有安全装置；机器的转动摩擦部分，要有自动加油装置和冷却装置等。同时，还加强机器设备的维修，以切实保证机器设备的安全。

（2）电气设备的安全。它主要是保证电气设备的安全运转，防止火灾和触电事故。为此，电气设备要有可熔保险器和自动开关；电动工具在使用前必须采取保护性接地措施，必须有良好的绝缘；高压线路经过的地方，必须有安全设施和警告标志等。

（3）动力锅炉安全。它主要是防止锅炉爆炸事故。为此，每个锅炉都要装有准确有效的压力表、水位表和安全阀；要加强锅炉的保养和检修；要采取硬水软化的措施，防止水垢的产生和加强水垢的清洁工作等。

（4）厂房建筑物的安全。从安全技术的角度来说，对厂房建筑物的一般要求，是有坚固性，特别是那些有天车、重型机械、锻锤等设备的厂房，更要特别坚固。有些厂房，还要求有较好的防火性能，如化工、冶炼企业的厂房，在这方面就有较高的要求。动力锅炉房或者其他有爆炸危险的厂房，其屋顶一般要求较轻便、易突破等。

此外，有井下作业的，还要做好井下作业安全工作，防止事故发生。为此，在顶板管理方面，要根据矿井条件，采取有效的顶板管理方法；在工作面作业时，要按规定架设支架，防止冒顶；在瓦斯的控制方面，要改善井巷通风，根据矿井条件，设置风门、风墙、风帘、风管等设备，有效地控制风流，并加强瓦斯测量工作；在升降设备使用方面，要装设安全器、过速限制器、过卷扬限制器等保险装置等。

除以上几个方面外，还有许多需要结合每个企业的特点、注意采取的安全技术措施。

2. 工业卫生

工业卫生是在生产中，为了改善劳动条件，避免有毒有害物质危害职工健康，防止发生职业毒害和职业病，而采取的技术组织措施的总和。它主要是解决对职工健康的威胁的问题。

劳动者在从事生产活动过程中，生产工艺过程、劳动过程以及生产外界环境的各种因素，对劳动者机体的机能状态和健康水平可能造成一定影响，所有这些因素，统称为职业因素。当职业因素对劳动者的健康和劳动能力产生一定毒害作用时，就称为职业毒害。由职业毒害所引起的疾病，称为职业病。

职业毒害的种类，随生产技术的发展而不断增加，也随科学技术的发展而逐渐被人们所认识，并加以控制和消灭。目前所知的主要职业毒害，按其一般特性可分为：

（1）与生产过程有关的职业毒害：

1）化学因素及物理化学因素，是目前引起职业病最为多见的生产性有害因素，是职业病的防治重点，主要有：生产性毒物，包括生产原料、中间产物、成品和"三废"等，如铅、汞、苯、砷、磷、酚、氯、有机碱、氮氧化合物以及硫的化合物等；生产性粉尘，如矽尘、煤尘、石棉尘及金属粉尘等；放射性元素，如铀、钛、锰等。

2）物理因素，主要有：不良气象条件，如高温、高湿及烈日下的劳动作业；不正常的气压；电磁辐射，如红外线、紫外线；电离辐射（X射线等）；噪声、震动等。

3）生物学因素，主要是指某些微生物或寄生虫等。

（2）与劳动过程有关的职业毒害：

1）过长的作业时间。

2）过大的作业强度。

3）不合理的劳动制度。

4）不合理的劳动组织（如工作非常混乱）等。

（3）与作业场所的一般卫生条件、卫生技术及生产工艺设备的缺陷有关的职业毒害：

1）废料、垃圾未及时清理。

2）缺少通风、采暖设备，或虽有但设备效能不好。

3）缺少防尘、防毒、防暑的各项设备，或设备不完善。

4）照明有缺陷。

5）安全防护设备上有缺陷等。

在防治职业毒害和职业病方面，必须正确认识和处理防和治的辩证关系。在防和治这对矛盾中，防是矛盾的主要方面，紧紧抓住了防，就能取得职业病防治工作的主动权。只治不防，越治越忙，治是治一点，防是防一片。预防工作是职业毒害和职业病防治工作中最关键的一环。

预防职业毒害和职业病的措施，包括组织措施、技术措施和保健措施，主要有：

（1）改组生产与改进工艺过程。这不仅可以提高劳动生产率，同时也会在卫生上带来不少好处。所以，它常常成为改善劳动条件、预防职业毒害和职业病的根本性措施。

分散经营的小工厂，适当合并，对生产有利，对卫生也有利。例如，将产生有害物质的生产集中在一起，则可缩小影响范围，也便于集中力量加以解决。改进工艺过程，就是改革生产技术和改进生产加工方法，从而消除卫生上的不利因素。例如，用无毒的硫化磷代替毒性大的黄磷制造火柴,就消灭了黄磷的危害。又如,石英粉和含矽矿石粉的生产,可采用湿磨或者实现生产设备的密闭化等。

(2) 合理设置预防毒害的设备。例如,吸尘、滤尘、排气、通风、照明、防寒、防暑等设备。

(3) 开展卫生活动,注意厂区车间的整洁卫生。这不仅能改善一般卫生条件,而且还可以减少有害物质的污染,特别是"二次尘毒源"的污染。"二次尘毒源"是指生产中产生的尘毒散落在车间内的地板、墙壁及机器表面,如果不经常清洗,当受风力和机器振动的影响时,就会再次散发而污染车间的环境。

(4) 加强个人防护。这是预防职业病的重要辅助措施,应根据需要配备个人用品,如使用防护衣、手套、鞋、口罩、帽、眼镜等,以防止有害物质进入体内;或使用皮肤防护油、膏,以防止职业性皮肤病的发生,防止毒物从皮肤侵入体内。按国家规定,为职工供给保健食品,以增加营养、增强体质。

(5) 加强医疗预防措施。它对慢性病与多发病的防治,以及职业毒害与职业病的早期发现、早期诊断、早期治疗、及时处理、及时预防上均有重要意义。这是在医疗工作中体现"预防为主"方针的有效措施。

对接触职业毒害的工人实行健康检查,是预防职业毒害和职业病、保护工人健康的重要环节。它可分为就业前健康检查与定期健康检查两种。就业前健康检查是对准备参加某种作业的人施行健康检查,其目的是防止健康状况不适于该种作业的人参加该项工作。定期健康检查是按国家规定和实际需要的时间间隔,定期对接触有害因素的工人施行健康检查,其目的是尽早发现职业毒害和职业病病人或其初期可疑症状,并根据其具体情况及时采取措施,以防止疾病的进一步发展和新病例的继续发生。

(6) 体育运动预防措施。例如,车间工间操、各种业余球类和健身活动等。

工业卫生措施同安全技术一样,随着各个行业生产特点不同而有所不同。各个企业要根据自己的特点,采取相应的措施。

3. 劳动保护制度

工人的安全和健康,不仅同安全技术和工业卫生方面的问题有关,也同劳动保护制度有关。如果劳动保护制度不健全,同样会引起工人过度疲劳,损害工人健康和导致伤亡事故。因此,建立和执行正确的劳动保护制度,是劳动保护的一个重要内容。

这方面的制度,概括地说,是由两方面的内容组成的。一方面,是属于生产行政管理的制度,如安全生产责任制度、安全教育制度、安全生产监督检查制度、工伤事故的调查分析处理制度、加班加点审批制度、卫生保健制度、劳动用品发放制度,以及特殊保护制度等;另一方面,是属于生产技术管理的制度,如设备维护检修制度和安全操作规程等。

以上三个方面的措施和制度,构成了劳动保护的基本内容。这些内容是相互联系的,如在安全技术和工业卫生方面有许多规章制度,这些制度也是劳动保护制度。因此,这些方面的工作,必须结合起来进行。

四、职工薪酬

(一) 职工薪酬的内容

职工薪酬主要包括工资、职工福利、社会保险等。

1. 工资

工资包括基本工资、津贴、奖金等。

（1）基本工资。基本工资是职工薪酬的基本部分，包括基础工资和加班工资，是按职工劳动的数量和岗位支付的。基础工资是职工在制度规定的工作时间内应得的工资；加班工资是职工在制度工作时间外劳动的报酬，加班工资应数倍于制度内相同工作时间的工资。

职工工资因职工工作岗位和技术级别的不同而不同。

（2）津贴。津贴是对特殊工作岗位和工作条件付出特殊劳动的报酬，如高温津贴、低温津贴、井下津贴、班组长津贴、有害环境保健津贴。

（3）奖金。奖金是对职工特殊贡献的奖励，是对超额劳动的报酬，是工资的补充形式，如质量奖、节约奖、业务员的推销额提成奖、技术革新奖、业绩奖等。基本工资只是正常劳动的报酬，不能体现超额劳动的报酬。有的工人生产产品的质量高，节约了原材料消耗，工作业绩高于一般人，有技术革新成果，对企业有特殊贡献，付出了超额劳动，这就需要以奖金的形式给予补偿。

2. 职工福利

职工福利包括企业给予职工的伙食补助、午餐补助、交通费补贴、通信费补贴、住房补贴、取暖费、降温费、困难补助、节日福利、生日礼品、组织集体旅游、带薪休假、探亲路费、辞退补偿等。职工福利也是职工薪酬的重要组成部分。

3. 社会保险

社会保险也是职工薪酬的重要组成部分。按《劳动法》规定，用人单位和劳动者必须依法参加社会保险，缴纳社会保险费。

目前的社会保险主要有基本养老保险、失业保险、基本医疗保险、工伤保险、生育保险以及住房公积金。

（1）基本养老保险。基本养老保险金由用人单位和职工分别按照工资额的一定比例按月缴纳，缴纳满 15 年并达到法定退休年龄后，可以按月领取基本养老金；基本养老金由基础养老金和个人账户养老金组成。缴纳不满 15 年的，退休时将个人缴纳的个人账户养老保险金一次性支付给本人，不发给基础养老金；也可选择继续缴费满 15 年后，领取养老保险金。

（2）失业保险。失业保险金由用人单位和职工个人分别按工资额的一定比例按月缴纳，在失业后可到经办机构按月领取失业保险金。经办机构根据失业人员累计缴费时间核定其领取失业保险金的期限。

（3）基本医疗保险。基本医疗保险金由用人单位和职工分别按工资额的一定比例按月缴纳，并按一定比例记入职工个人账户。起付标准以下的医疗费用，由个人账户支付或由个人支付；起付标准以上的医疗费用，由医疗保险统筹基金和个人按比例负担。

（4）工伤保险。工伤保险金由用人单位按职工工资额的一定比例按月缴纳，职工个人不缴纳。参加工伤保险后，如果劳动者在劳动过程中发生意外事故、职业病，造成致伤、致残、致死等，可享受以下工伤保险待遇：

1）工伤医疗及康复待遇，包括工伤治疗及相关补助待遇，康复性治疗待遇，辅助器具的安装、配置待遇等。

2）停工留薪期待遇，当事人因工伤需暂停工作接受治疗的，原工资福利待遇不变；生活不能自理的还可享受护理待遇。

3）伤残待遇，根据不同的伤残等级，当事人可享受一次性伤残补助金、每月伤残津贴、伤残就业补助金以及生活护理费等。

4）工亡待遇，当事人因工死亡，其直系亲属可以按规定领取丧葬补助金、供养亲属抚恤金和一次性工亡补助金。

（5）生育保险。生育保险金由用人单位按本单位工资总额的一定比例按月缴纳，职工个人不缴纳。参加生育保险后，可享受生育医疗费（包括产前检查、接生、输血、手术、住院和药品等费用）和计划生育手术补贴。

此外，在前面所述的基本养老保险之外，企业还可以为职工缴纳企业年金。企业年金是一种补充养老保险基金，是企业和职工自愿缴纳的保险基金，可以在退休后领取更多的养老金。

（二）基本工资的计算

基本工资的计算分为计时工资和计件工资两种。对于管理人员、技术人员、辅助生产工人、服务人员通常采用计时工资；对于基本生产工人，可以采用计件工资，也可以采用计时工资。凡能准确计算工作数量的岗位，采用计件工资最合理，不能准确计算工作数量的岗位则采用计时工资。

1．计时工资的计算

计时工资就是按职工的工作时间计算应得工资的方法，因为我国一般实行的是月工资制，所以计时工资的计算方法为

$$日工资 = \frac{月基础工资}{月制度工作日数}$$

$$月应得工资 = 出勤日数 \times 日工资 + 加班工资$$

$$= 月基础工资 - 缺勤日数 \times 日工资 + 加班工资$$

加班工资按企业的加班工资标准计算。

2．计件工资的计算

计件工资就是按职工完成的工作数量计算应得工资的方法，计算方法为

$$计件单价 = \frac{日工资标准}{日产量定额}$$

$$应得工资 = 工人完成合格产品数量 \times 计件单价$$

（三）工资薪金个人所得税的计算

职工工资薪金与劳务报酬、稿酬、特许权使用费合并征税，合称为综合所得。其中工资薪金按月预缴个人所得税，劳务报酬、稿酬、特许权使用费所得按次预缴个人所得税，这四项综合所得按年度合并进行汇算清缴。

综合所得个人所得税的计算方法为

年综合所得应纳税所得额＝年综合所得收入合计－年免征额－年专项扣除－
年专项附加扣除－年其他扣除

年综合所得应纳个人所得税＝年综合所得应纳税所得额×达到最高级次的税率－
本级速算扣除数

汇算清缴应补（退）个人所得税＝年应纳个人所得税－本年度已预缴所得税

工资薪金收入包括工资、津贴、奖金等。劳务报酬所得、稿酬所得、特许权使用费所得，每次收入4 000元以下的减除800元的费用、每次收入4 000元以上的减除20%的费用后的余额作为收入额，其中，稿酬所得按上述计算的收入数，再减去30%。

综合所得个人所得税免征额为每月5 000元，全年60 000元。

专项扣除，包括职工个人按照国家规定的范围和标准缴纳的基本养老保险、基本医疗保险、失业保险等社会保险费和住房公积金等。

专项附加扣除，包括子女教育、继续教育、大病医疗、住房贷款利息或者住房租金、赡养老人、婴幼儿照护费用等支出。

其他扣除，如按照国家统一规定发放的津贴、补贴，个人将其所得对教育、扶贫、济困等公益慈善事业进行的捐赠等。

个人取得工资薪金、劳务报酬、稿酬、特许权使用费综合所得，按年计算个人所得税；有扣缴义务人的，由扣缴义务人按月或者按次预扣预缴税款；需要办理汇算清缴的，应当在取得所得的次年3月1日至6月30日内办理汇算清缴。

综合所得个人所得税税率见表5-1。

表5-1　综合所得个人所得税税率表

级次	年应纳税所得额（元）	税率（%）	速算扣除数（元）
1	不超过36 000的部分	3	0
2	36 000～144 000的部分	10	2 520
3	144 000～300 000的部分	20	16 920
4	300 000～420 000的部分	25	31 920
5	420 000～660 000的部分	30	52 920
6	660 000～960 000的部分	35	85 920
7	超过960 000的部分	45	181 920

例5-1　某职工本年度工资、奖金扣除应缴基本社会保险费（五险一金）后收入总额为160 000元，按照个人所得税综合所得专项附加扣除的规定，本人房贷利息每月可扣除1 000元，赡养老人每月可扣除1 500元，子女教育每月可扣除2 000元，没有劳务报酬、稿酬、特许权使用费收入，再无其他扣除项目。计算该职工本年度应纳工资薪金个人所得税。

年综合所得应纳税所得额＝160 000元－60 000元－1 000元/月×12－1 500元/月×12－2 000元/月×12＝46 000元

年综合所得应纳个人所得税＝46 000元×10%－2 520元＝2 080元

第二节　劳动时间利用情况评价

工业企业在拥有一定数量劳动力的条件下，充分、合理地利用劳动时间，克服劳动时间上的浪费，就能大大提高劳动生产率，生产出更多的工业产品；同时，充分利用劳动时间，还可以降低产品成本。因此，必须对劳动时间利用情况进行评价，以反映劳动时间的利用水平和利用程度。

工人是工业企业进行产品生产的直接劳动者，他们的劳动时间的多少与产量有着直接的关系。因此，劳动时间利用情况评价，通常是就工人的劳动时间利用情况进行分析评价的。

一、劳动时间的构成及计算

（一）劳动时间的构成

劳动时间的构成如图 5-1 所示。

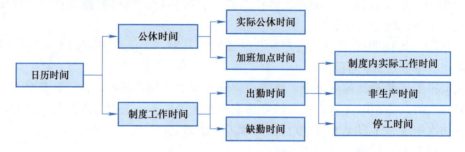

图 5-1　劳动时间的构成

（二）各种劳动时间的计算

1. 日历时间

日历时间即一定时期可供利用的劳动时间。由于劳动时间利用情况评价是按月进行的，劳动时间有工日、工时两种计量单位（一个工人工作一个工作日的劳动时间为一个工日，一个工人工作一个小时的劳动时间为一个工时），每日制度工作 8 小时，因此

$$日历工日数 = 工人人数 \times 30（或 31）$$

$$日历工时数 = 日历工日数 \times 8$$

2. 公休时间

公休时间是指报告期内国家（或企业）规定工人应当休息的节日、假日的工日总和，即法定公休日天数与工人人数的乘积，称为制度公休工日。

如果由于某种原因，工人在公休日加班满一个轮班，应作公休日加班工日计入实际工作工日。制度公休工日减去公休日加班工日即为实际公休工日。如果工人在公休日加班不满一个轮班，则属于公休日加点工时，计入实际工作工时。

3. 制度工作时间

制度工作时间是指按照国家（或企业）的规定，一定时期工人应该工作的时间总数。

它是期内按制度规定企业应该利用的劳动时间总数，是考核劳动时间利用情况的基础。其计算方法为

$$制度工作工日数 = 工人人数 \times 当月制度工作日数$$

$$（制度工作日数 = 日历日数 - 公休日数）$$

$$制度工作工时数 = 制度工作工日数 \times 8$$

4．出勤时间

出勤就是上班，在轮班内只要工人上了班，不论是否工作或工作时间长短，都算为出勤。工人事先接到停工通知，虽未上班，也应视为出勤。其计算方法为

$$出勤工日数 = 制度工作工日数 - 缺勤工日数$$

$$出勤工时数 = 出勤工日数 \times 8 - 非全日缺勤工时$$

缺勤工日数是指工人按制度规定应该到班参加生产但由于工人本身的原因，如产假、病假、事假、探亲假、工伤假及旷工等原因，未能到班参加生产的工日数。凡缺勤满一个轮班的称为全日缺勤；缺勤不满一个轮班的称非全日缺勤，按工时计算，非全日缺勤工时等于当期工人缺勤小时数之和。全日缺勤可以按工作日长度折算为缺勤工时，但缺勤工时不能按工作日长度换算为缺勤工日。

5．停工时间

停工时间是指在出勤时间内由于某种原因（如停电、停水、停气、待料、机器设备事故等），未能从事生产工作的时间，以及工人停工后被调做其他非工业生产性工作的时间，凡停工满一个轮班者称为全日停工，按工日计算。停工不满一个轮班者称非全日停工，按工时计算。

由于事先预知的原因，如计划停电等，企业将公休日与工作日调换使用，在这种情况下，在公休日工作不算加班，在工作日休息不算停工。其计算方法为

$$停工工日数 = 全日停工日数 \times 当日应出勤工人人数$$

$$停工工时数 = 停工工日数 \times 8 + 非全日停工工时$$

6．非生产时间

非生产时间是指工人执行国家或社会义务，或经企业指定从事其他社会活动而未能从事本企业生产的时间，如参加党团、工会、行政组织召集的各种活动。非生产时间不算缺勤，但也不算企业的实际工作时间。非生产时间满一个轮班的为全日非生产时间，以工日计算。不满一个轮班者为非全日非生产时间，以工时计算。其计算方法为

$$非生产工日数 = 非生产活动日数 \times 参加人数$$

$$非生产工时数 = 非生产工日数 \times 8 + 非全日非生产工时$$

7．制度内实际工作时间

制度内实际工作时间就是在制度工作时间内实际从事生产工作的时间。其计算方法为

$$制度内实际工作工日数 = 出勤工日数 - 停工工日数 - 非生产工日数$$

$$制度内实际工作工时数 = 出勤工时数 - 停工工时数 - 非生产工时数$$

8. 实际工作时间

实际工作时间是工人当月制度内、外实际从事生产工作的总时间，是工人实际用于生产的全部工作时间，计算方法为

$$实际工作工日数 = 制度内实际工作工日数 + 加班工日数$$

$$实际工作工时数 = 制度内实际工作工时数 + 加班工日数 \times 8 + 加点工时数$$

工人在公休日加班满一个轮班的为加班工日，在公休日或每日 8 小时外加班不满一个轮班的为加点，加点只能以工时计算。

例 5-2 某工业企业十月份有生产工人 1 000 人，节日 3 天，公休日 4 天，工作日长度为 8 小时。根据考勤及工作时间记录的结果为：缺勤 1 010 工日，非全日缺勤 4 600 工时；停工 50 工日，非全日停工 950 工时；非生产 100 工日，非全日非生产活动 750 工时；加班 250 工日，加点 1 750 工时。

根据以上资料计算的各种劳动时间如下：

$$日历工日数 = (1\,000 \times 31) 工日 = 31\,000 工日$$

$$日历工时数 = (31\,000 \times 8) 工时 = 248\,000 工时$$

$$制度工作工日数 = [1\,000 \times (31 - 7)] 工日 = 24\,000 工日$$

$$制度工作工时数 = (24\,000 \times 8) 工时 = 192\,000 工时$$

$$出勤工日数 = (24\,000 - 1\,010) 工日 = 22\,990 工日$$

$$出勤工时数 = (22\,990 \times 8 - 4\,600) 工时 = 179\,320 工时$$

$$停工工日数 = 50 工日$$

$$停工工时数 = (50 \times 8 + 950) 工时 = 1\,350 工时$$

$$非生产工日数 = 100 工日$$

$$非生产工时数 = (100 \times 8 + 750) 工时 = 1\,550 工时$$

$$制度内实际工作工日数 = (22\,990 - 50 - 100) 工日 = 22\,840 工日$$

$$制度内实际工作工时数 = (179\,320 - 1\,350 - 1\,550) 工时 = 176\,420 工时$$

$$实际工作工日数 = (22\,840 + 250) 工日 = 23\,090 工日$$

$$实际工作工时数 = (176\,420 + 250 \times 8 + 1\,750) 工时 = 180\,170 工时$$

二、劳动时间利用情况评价指标

根据上述劳动时间的构成，可以计算下列劳动时间利用情况评价指标。

1. 出勤率

出勤率是反映工人在制度规定的工作时间内出勤的程度。只有工人出勤，劳动时间才可能被利用，所以这个指标是用以反映工人劳动时间可供利用的程度。由于考勤制度不同，出勤率指标有两种计算方法。一种是按工日计算，它只反映全日缺勤工日对劳动时间利用的

影响；另一种是按工时计算，它不但反映全日缺勤工日对劳动时间利用的影响，而且也反映非全日缺勤的影响。比较而言，后一种比前一种精确。出勤率的计算公式为

$$出勤率 = \frac{制度内出勤工时（工日）数}{制度工时（工日）数} \times 100\%$$

以例 5-2 的资料计算：

$$出勤率 = \frac{22\,990}{24\,000} \times 100\% = 95.79\%（按工日数计算）$$

$$出勤率 = \frac{179\,320}{192\,000} \times 100\% = 93.40\%（按工时数计算）$$

2．出勤时间利用率

出勤时间利用率是反映工人出勤后，劳动时间直接用于生产的情况。其计算公式为

$$出勤时间利用率 = \frac{制度内实际工作工时（工日）数}{出勤工时（工日）数} \times 100\%$$

以例 5-2 的资料计算

$$出勤工日利用率 = \frac{22\,840}{22\,990} \times 100\% = 99.35\%$$

$$出勤工时利用率 = \frac{176\,420}{179\,320} \times 100\% = 98.38\%$$

出勤时间利用率表明出勤时间的利用程度，它受非生产时间和停工时间的影响。

3．制度工作时间利用率

制度工作时间利用率用来反映制度规定应该工作的时间实际被利用的程度。它能全面反映全日和非全日停工、缺勤、非生产时间的影响程度。因此，它是一个反映劳动时间利用程度的综合性指标。其计算公式为

$$制度工作时间利用率 = \frac{制度内实际工作工时（工日）数}{制度工作工时（工日）数} \times 100\%$$

以例 5-2 的资料计算

$$制度工日利用率 = \frac{22\,840}{24\,000} \times 100\% = 95.17\%$$

$$制度工时利用率 = \frac{176\,420}{192\,000} \times 100\% = 91.89\%$$

上述计算表明，由于各种因素的影响，按工时计算制度规定的工作时间实际利用程度为 91.89%，尚有 8.11% 的制度工时未被利用。

制度工作时间利用率、出勤时间利用率、出勤率三者之间的关系是

$$制度工作时间利用率 = 出勤率 \times 出勤时间利用率$$

从以上关系中可以看出，提高出勤时间利用率或提高出勤率，都能促使制度工作时间利用率的提高。

4. 加班加点强度

加班加点强度指标反映加班加点时间与制度内工作时间的对比程度，说明工人加班加点的劳动强度。其计算方法为

$$加班加点强度 = \frac{加班加点工时数}{制度内实际工作工时数} \times 100\%$$

以例 5-2 的资料计算

$$加班加点强度 = \frac{250 \times 8 + 1\,750}{176\,420} \times 100\% = 2.13\%$$

第三节 劳 动 定 额

一、劳动定额的概念和表现形式

劳动定额是劳动过程中时间消耗水平的数量界限。它是指在一定的生产技术和生产组织条件下，为生产一定量的产品或完成一定量的工作所规定的劳动消耗量的标准。

劳动定额有两种表现形式，即工时定额、产量定额。工时定额是劳动者为完成一件产品应消耗的时间。产量定额是指工人在一定生产条件下，在单位时间内应完成的合格产品的数量。

二、劳动定额的作用

正确地制定和执行劳动定额，对于组织企业生产具有重要作用。

（1）劳动定额是企业计划管理的重要依据。劳动定额是企业计划工作的基础，企业的生产计划、成本计划、劳动工资计划等，都要以劳动定额为依据。它也是企业内车间、工段、班组平衡生产能力，编制各种作业计划和进行生产调度的依据。按定额编制计划，计划才有准确的依据。没有准确的劳动定额，企业实行计划管理就缺乏准确的依据。

（2）劳动定额是合理组织劳动的重要依据。由于劳动定额规定了完成各项工作的工时消耗量，所以它是组织各项相互联系的工作在时间上配合、衔接的依据。只有依靠准确的劳动定额，才能合理地配备劳动力和机器设备，按定额来进行平衡。

（3）劳动定额是换算劳动成果、确定工资的重要依据。劳动定额是计算工人劳动量的标准，定额是否合理，直接影响工资水平和奖金是否合理，这一点，在计件工资中尤其明显。

（4）正确地制定劳动定额，可以提高劳动生产率。有了先进合理的劳动定额，可以使工人对完成生产任务心中有数，从而合理支配工时，妥善处理各种辅助工作，减少停工损失，提高工时利用率和工作效率。

三、劳动定额的时间构成

要制定先进合理的劳动定额，必须对工人在生产中的全部工时消耗，进行具体分类，分清哪些工时消耗是必要的，是构成劳动定额的内容的；哪些工时消耗是多余的，是不能计入劳动定额内的。

工人在生产中的工时消耗可以分为两部分，即定额时间和非定额时间。

1. 定额时间

定额时间是指为完成某项工作所必须消耗的劳动时间，它包括四部分时间因素。

（1）作业时间，是指直接用于生产、工艺消耗的时间，它是定额时间中最主要的组成部分。作业时间可分为基本时间和辅助时间两部分。基本时间是直接完成基本工艺过程所消耗的时间；辅助时间是指为了实现基本工艺过程而进行的各种辅助操作所消耗的时间。

（2）布置工作地时间，是指工人用于照管工作地，使工作地经常保持正常工作状态所需的时间。它可以分为技术性的和组织性的两类，技术性布置工作地时间是指由于技术上的需要如更换刀具、调整机床、检查机器等所消耗的时间；组织性布置工作地时间是指在班前班后的准备工作和交接班工作等消耗的时间。

（3）休息与生理需要时间，是指工人休息、喝水及上厕所等自然需要所消耗的时间。

（4）准备和结束时间，是指工人为了生产一批产品或执行一项工作，事先进行准备和事后结束工作所消耗的时间。例如，在加工一批产品前，工人用于阅读图纸、领取工具、调整机器等时间及工作结束后要卸下工具、检查机器、办理交验手续等方面的时间。

以上几部分工时消耗，构成了工时定额。在大批量生产下的单件工时定额，用公式表示为

$$单件工时定额 = 作业时间 + 布置工作地时间 + 休息与生理需要时间$$

在成批生产条件下，除了制定单件工时定额外，还要制定准备与结束时间的定额，并把该项时间按一批产品的数量分摊到每件产品上去。这种工时定额称为单件计算工时定额。其计算公式为

$$单件计算工时定额 = 单件工时定额 + \frac{准备与结束时间}{该批产品的数量}$$

定额还有一种表现形式，就是产量定额。产量定额是单位时间内应当生产的产品数量，通常是按一个轮班来确定的。产量定额同工时定额成反比关系。其计算公式为

$$产量定额 = \frac{一个轮班制度工作时间}{单位产品的工时定额}$$

2. 非定额时间

非定额时间是指那些并不是为了完成某项工作所必需的时间，这些时间不应列入定额时间之内。

（1）非生产工作时间，是指工人做了本职工作以外的事情所消耗的时间，如寻找图纸、工具夹具所消耗的时间。

（2）非工人责任造成的损失时间，如由于停电、停水、停工待料、机器设备发生故障等所损失的时间。

（3）工人责任造成的损失时间，指工人不遵守劳动纪律、违反操作规程造成的停工时间，如无故缺勤、迟到早退、工作时间内办私事等所损失的时间。

非定额时间属于无效和不必要的时间，是一种时间损失。因此，应减少直至消除这种时间损失。

四、劳动定额的制定

根据企业的生产特点、生产技术条件和不同的生产类型，正确地选择制定定额的方法，是关系到企业能不能快、准、全地制定出先进合理的劳动定额的一个重要问题，也是关系到能不能充分发挥定额对调动劳动者的积极性，促进生产管理改善和不断提高劳动生产率的问题。

企业制定定额的方法，大体上有四种，即经验估工法、统计分析法、类推法和技术测定法。在实际工作中，四种方法一般是结合运用的。

1. 经验估工法

经验估工法是由老工人、定额员和技术员根据自己的实践经验，结合分析设计图纸、工艺规程和产品实物，以及考虑所使用的设备、工具及其他生产条件，直接估算来制定定额的方法。这种方法的主要优点是方法简便，工作量小，也便于定额的及时制定和修改。缺点是易受估工人员主观因素影响，容易出现定额偏高或偏低现象。为了尽量避免这些缺点，在运用这种方法时，必须依靠群众，进行调查研究，尽可能地避免只依靠个别人的经验作为制定定额的唯一根据。仔细、客观地分析研究各种技术资料，尤其是对过去生产类似产品的工时消耗资料，进行对比分析，可以为制定定额提供尽可能多的客观依据。在品种多、批量小的小批生产或单件生产条件下，或者产品的试制和临时性生产的情况下，这种方法比较适用。在成批生产条件下也可以采用这种方法。

2. 统计分析法

统计分析法是指根据过去生产同类产品或类似零件、工序的工时统计资料，在分析当前组织技术和生产条件变化的基础上来制定定额的方法。这种方法简单易行，工作量小，以占有的大量统计资料为依据，比经验估工法更能反映实际情况。凡是生产条件比较正常，产品比较固定，品种比较少，原始记录和统计工作又比较健全的情况下，一般都可以用这种方法。

采用统计分析法制定定额，由于是依据过去的统计资料，其中包括有可能改进而尚未改进所浪费的工时在内，往往还由于原始记录和统计资料存在某些虚假因素，如果不进行必要的分析，利用这种资料制定的定额，必然容易受过去生产中的缺点和不正常因素的影响，使定额的可靠性较差。为了提高这种方法制定定额的质量，必须建立健全原始记录制度和加强对统计资料的分析。有些企业结合具体情况，建立必要的具有代表性的产品和关键零件、工序的工时消耗登记制度，这就可以避免以上缺点，有助于使制定的定额能切实反映客观条件，适应生产的要求。

统计分析法的一般步骤：首先，对定额完成情况的统计资料进行分析；其次，计算加工时间的平均数，求出先进平均数（先进平均数即优于平均值的数据值的平均数）；最后，在先进平均数的基础上，考虑生产技术组织条件可能改变的程度，最终确定定额标准。

> **例 5-3** 某产品由 12 个工人加工，通过测定，每个工人平均加工时间依次为（min）：
> 12 10 11 14 10.5 12 13 12.5 13.5 12 11 12.5
>
> $$平均加工时间 = \left[\frac{12+10+11+14+10.5+12+13+12.5+13.5+12+11+12.5}{12}\right]\text{min}$$
> $$= 12\text{min}$$
> $$先进平均数 = \left[\frac{12+10+11+10.5+12+12+11}{7}\right]\text{min} = 11.2\text{min}$$
>
> 在先进平均数 11.2min 的基础上，经综合分析，即可作为工时定额。

3. 类推法

类推法是指以典型零件、工序的工时定额数据为依据，经过对比分析推算出同类零件或工序定额的方法。用来对比的产品（零件）必须是相似的或者是同类型的、同系列的。如果缺乏可比性，就难以应用此法。类推法兼有经验估工法和统计分析法的做法。它的主要优点是制定定额的工作量不大，能满足定额制定的某些要求，只要选用的依据恰当，对比分析得细致，就易于保持定额水平的平衡和提高其准确性。缺点是受到同类型工作可比性的限制，故不能被广泛应用，往往需要与其他方法结合使用。

4. 技术测定法

技术测定法是根据对生产技术组织条件的分析研究，在挖掘生产潜力的基础上，通过使用标准和必要的测定计算，进行定额制定的方法。它一般按照工时定额的各个组成部分，分别确定它们的定额时间。由于确定时间所用的方法不同，技术测定法又可以分为分析研究法和分析计算法两种。

采用分析研究法制定定额时，工时定额的各个组成部分的时间，是用测时和工作写实确定的。一般来说，作业时间用测时方法取得；布置工作地时间、休息和自然需要时间、准备和结束时间，是根据工作日写实的资料来确定的。

采用分析研究法确定定额时，由于工时定额的各个组成部分都是在工作地进行实地观察、运用测时和写实的方法来测定和取得资料的，因此，确定的定额比较切合实际。但是，测定的工作量很大，特别是在多品种、多零件、多工序的企业中应用，是有实际困难的，从这方面来说，分析计算法就比较优越。

采用分析计算法制定定额，则是先用写实、测时和其他方法积累起各种定额标准资料，然后根据这些定额标准资料计算时间定额。

五、劳动定额完成情况考核

工人劳动定额是在企业一定的生产技术和生产组织的条件下，生产每件产品、完成每道工序规定应达到的劳动效率。它是衡量车间班组和个人劳动成果多少的根据，劳动定额有正指标和逆指标两种表示方法。每个班组或个人在单位时间内规定应完成的产品数量，称为"产量定额"；为生产单位产品或完成每道工序规定所消耗的劳动时间，称为"工时定额"。提高劳动生产率，归根到底，是减少单位产品消耗的劳动时间，或提高单位时间内的产品数量。先进而又切实可行的定额,是动员广大工人充分发挥生产积极性和创造性,提高劳动生产率而努力奋斗的具体目标。

考核劳动定额完成情况,对于实行劳动定额管理,合理安排生产和节约使用劳动力,具有重要的意义。

由于劳动定额有两种表现形式,且互为正、逆关系,因而其定额完成情况考核方法也不同。

$$产量定额完成率 = \frac{实际完成产量}{产量定额} \times 100\%$$

$$工时定额完成率 = \frac{产品工时定额}{单位产品平均实用工时} \times 100\%$$

$$单位产品平均实用工时 = \frac{实用总工时}{产量}$$

由于实际产量大于产量定额或实用工时小于工时定额为劳动定额的超额完成,所以,两种劳动定额完成情况的考核结果,定额完成率等于或大于 100% 表示完成或超额完成定额,小于 100% 表示未完成定额。

六、劳动力需要量的核定

根据劳动定额,就可以核定劳动力(工人)的需要量,确定工人定员人数。

1. 生产一种产品时的劳动力需要量核定

生产一种产品时的劳动力需要量的核定方法为

$$劳动力需要量 = \frac{生产任务}{产量定额} \div 出勤率$$

式中,生产任务与产量定额相对应,若生产任务为日生产任务则产量定额应为日产量定额;若为月生产任务,则产量定额应为月产量定额,月产量定额可以日产量定额乘以月制度工作日数计算。以生产任务与产量定额计算的劳动力需要量再除以出勤率,即为考虑缺勤因素条件下的劳动力需要量。

2. 生产多种产品时的劳动力需要量核定

生产多种产品时,生产任务就不能用产量形式来加总,只能以工时形式加总。因此,其劳动力需要量的核定方法为

$$劳动力需要量 = \frac{一定时期生产任务总定额工时}{一定时期每个工人有效工作时数}$$

$$= \frac{\Sigma 各种产品产量任务 \times 工时定额}{每个工人制度工作工时数 \times 出勤率}$$

式中,生产任务为年生产任务时,工人制度工作工时数应为年制度工作工时;生产任务为月生产任务时,工人制度工作工时数即为月制度工作工时。

第四节　劳动生产率

一、劳动生产率的概念

劳动生产率是指劳动力在生产中的劳动效率。它可以用工人在单位时间内所生产的合格产品数量来表示，也可以用生产单位产品所消耗的劳动时间来表示。在单位时间内生产的产品少，劳动生产率就低；反之，在单位时间内生产的产品多，劳动生产率就高。提高劳动生产率，就是用更少的劳动，生产同等数量的产品；或者用同等数量的劳动，生产更多的产品。不断提高劳动生产率具有十分重要的意义。

不断提高劳动生产率是工业企业发展生产的最有效的方法。企业生产的发展，可以依靠增加职工人数来取得，也可以依靠提高劳动生产率来取得。但是依靠增加职工人数来发展生产，会受到一定的限制；而随着科学技术的进步、企业经营管理的改善，提高劳动生产率的潜力却是无穷无尽的。劳动生产率提高，在同样的时间内生产出更多的产品，意味着节约了劳动时间，就能降低单位产品的工资费用，促进产品成本的降低，增加企业利润。

二、劳动生产率的表现形式

劳动生产率指标有两种基本表现形式：

（1）用单位时间内所生产的产品数量来表示。其计算公式为

$$劳动生产率 = \frac{产品数量}{劳动消耗量}$$

这是以单位劳动时间内平均每个劳动者所生产的产品数量来表示的。平均每人在单位劳动时间内所生产的产品数量越多，说明劳动生产率越高。劳动生产率水平的高低与单位劳动时间内的产量成正比例关系。因此，统计上称它为劳动生产率的"正指标"。

（2）用单位产品所耗用的劳动量来表示。其计算公式为

$$劳动生产率 = \frac{劳动消耗量}{产品数量}$$

这是以单位产品所耗用的劳动量来表示的。单位产品消耗的劳动量越少，说明劳动生产率越高。劳动生产率水平的高低与单位产品平均劳动消耗量成反比例关系。因此，统计上称它为劳动生产率的"逆指标"。

劳动生产率的正指标与逆指标只有表现形式上的不同，而无实质上的差异。因为，增加单位时间内的产量与减少单位产品的劳动消耗量从经济上看是相同的概念。从数学上看，两者的关系是互为倒数。即

$$\frac{产品数量}{劳动消耗量} = \frac{1}{\frac{劳动消耗量}{产品数量}}$$

从劳动生产率的两种表现形式上可以明显地看出，提高劳动生产率的实质就是增加单位劳动时间内的产量或减少单位产品的劳动消耗量。

表现劳动生产率的正指标和逆指标，只是从不同的角度来反映劳动生产率的水平，各有不同的作用。正指标被广泛用来说明各车间、企业、地区、工业部门和整个工业的劳动生产率水平。逆指标一般在企业内部使用，主要用来表现劳动效率，制定劳动定额。它是企业安排生产作业计划，平衡劳动力的余缺，加强劳动管理，编制定员以及制订有关劳动计划方面所必不可少的。

三、劳动生产率的计算

劳动生产率是工业企业某特定时期（月或年）和范围内的工业产品数量与其劳动消耗量之比。根据研究的任务不同，产品产量与劳动消耗量又可以采用不同的指标。现分别阐述如下：

1. 工人劳动生产率

工人劳动生产率是以平均工人人数来计算。其计算公式为

$$工人劳动生产率 = \frac{报告期工业总产值（或产量）}{报告期工人平均人数}$$

$$工人平均人数 = \frac{\sum 人数 \times 在册日数}{报告期日历日数}$$

例 5-4 某企业 6 月 1 日有工人 200 人，11 日新招 10 人，26 日辞工 5 人，则 6 月份工人平均人数为

$$工人平均人数 = \frac{200 \times 10 + 210 \times 15 + 205 \times 5}{30} 人 = 205.8 人$$

工人是直接操纵生产工具从事工业产品生产的劳动者，所以，它的劳动消耗量与产品数量有着最直接的联系。工人劳动生产率直接反映企业的技术装备水平、工人的劳动熟练程度、技术操作水平等。

工人劳动生产率水平主要受两个方面因素的影响：一是报告期工业总产值（或工业产品产量）的多少；二是工人平均人数的多少。因此，增加工业总产值（或工业产品产量），减少工人人数，才能提高工人劳动生产率。

2. 全员劳动生产率

全员劳动生产率是以工业企业的全部人员为范围计算的，反映报告期内工业企业每一人员平均创造的产值数。其计算公式为

$$全员劳动生产率 = \frac{报告期工业总产值（或产量）}{工业企业全部人员的平均数}$$

全部人员平均人数的计算方法与工人平均人数计算相同。

上列公式的分母是工业企业的全部人员的平均人数。这就是说，在计算全员劳动生产率时，劳动消耗量是工业企业所拥有的全部职工的劳动消耗量。这里的全部职工，既包括工业生产人员，又包括非生产人员。

全员劳动生产率既可以反映工人劳动生产率水平的影响，又可以反映工人在全部人员中所占的比重的影响。计算全员劳动生产率，可以用来控制企业定员，促进企业压缩非生产人员，充分、合理、节约地使用劳动力。

工人劳动生产率与全员劳动生产率存在着下列关系：

$$全员劳动生产率 = \frac{工业产品产量}{工人平均人数} \times \frac{工人平均人数}{全部职工平均人数}$$

$$= 工人劳动生产率 \times 工人在全部职工中所占的比重$$

从上述分析中可以看出，全员劳动生产率受工人劳动生产率和工人在全部职工中所占比重两个因素的影响。

3. 工日劳动生产率

工日劳动生产率反映工人每个工日可以生产产品的数量，计算方法为

$$工日劳动生产率 = \frac{报告期产品产量}{报告期实际工作工日数}$$

4. 工时劳动生产率

工时劳动生产率反映工人每个工时可以生产产品的数量，计算方法为

$$工时劳动生产率 = \frac{报告期产品产量}{报告期实际工作工时数}$$

劳动生产率可以以年计算，也可以以月计算。

四、提高劳动生产率的途径

提高劳动生产率的途径在不同的工业企业和不同时期，是不完全相同的。各企业可根据自己的生产特点、技术条件和管理水平，从实际出发，采取有效措施，提高劳动生产率。一般来说，提高劳动生产率的途径有：

（1）采用先进的科学技术，不断提高企业的技术水平。这是大幅度提高劳动生产率的主要杠杆。今天，凡是劳动生产率水平高的国家，一般说来，都是科学技术比较发达的国家。据统计，这些国家的许多工业部门劳动生产率的提高，80%以上是靠采用先进科学技术成果取得的。

社会生产的进步，首先表现为生产工具的进步。采用手工工具生产，同使用机器生产，会有两种完全不同的生产效率。采用陈旧的、落后的机器生产，同使用先进的机器生产，也会有两种完全不同的生产效果。

改进产品设计，采用先进的工艺，也是提高劳动生产率的重要一环。在设计新产品、改进现有产品设计的时候，尽量采用国内外先进科学技术成就，在保证产品质量的前提下，改进产品结构，采用易于加工的原材料，减少产品的劳动量消耗，就可以提高劳动生产率。在进行工艺设计的时候，采用先进的工艺，也能够有效地提高劳动生产率。

（2）提高劳动者的技术水平和熟练程度。没有先进的技术装备，难以大幅度提高劳动生产率。同样，没有具备必要的文化技术知识和技能的劳动者，也难以大幅度提高劳动生产率。这是因为任何先进技术都是劳动者发明、创造和使用的。离开了劳动者的劳动，任何先

进的技术也不会自己生产出产品来。有了先进的技术装备，如果没有掌握科学技术的工人与它结合，只能是潜在的生产力，而不是现实的生产力。有了具备必要的文化技术知识和操作技能的劳动者，就可以充分有效地使用、改造和创造各种技术，从而提高劳动生产率。

（3）加强工作方法研究，实行先进合理的劳动定额和定员，采取合理的劳动组织形式。这是工业企业合理安排与节约使用劳动力、提高劳动生产率的一个重要方法。工作方法研究，就是将研究对象如一道工序或一个操作，分成一些基本的组成部分即动作，然后对每一动作做严格分析，反复提出问题，即能不能取消这一动作？能不能与别的动作合并？能不能用更简单的来代替它？在可能的条件下将其取消、合并或改进，然后重新组成一个更合理的、更高效的操作方法和工序结构。可见，加强工作方法研究，改进操作方法，可以大大提高劳动生产率，并且是一个极其经济的提高劳动生产率的方法。它基本上无须增加资金，就能把劳动生产率大大提高。实行先进合理的劳动定额，可以鼓励广大职工学先进，赶先进，不断提高劳动效率。实行先进合理的定员，能在保证完成生产任务的前提下，力求提高生产和工作的效率，减少多余人员。

企业要合理安排与节约使用劳动力，还必须根据企业的生产技术特点和生产过程的划分，选择合理的劳动组织形式，把劳动力的配备与协作关系，相对地固定下来，并且合理地组织工作，才能使生产协调地进行，提高劳动生产率。

（4）严格劳动纪律，做好劳动保护工作。严格劳动纪律，做好劳动保护工作，不仅可以提高工人的出勤率，避免工时的浪费，而且可以防止或避免由于违反操作规程而造成人身、设备事故，保证生产顺利地进行。同时，做好劳动保护工作，还可以保证劳动者的身心健康，使他们能够集中精力进行生产。所有这些都有利于劳动生产率的提高。

（5）落实责任制。制定合理的绩效考评制度，做好工资和奖励工作，使劳动者和生产资料的结合相对优化，较好地贯彻按劳分配原则，从而激励劳动者把生产的经济效果当作自己的事情来关心，努力提高劳动生产率。

生产决定分配，分配反过来又影响生产。做好工资和奖励工作，体现多劳多得，能够鼓励职工的上进心，积极工作，不断提高劳动生产率。

第五节　绩效工资制度

绩效工资制度是对企业内部部门或员工按照工作业绩、效果、考核、计酬的一种分配制度。实行绩效工资制度可以激励部门或员工的工作积极性和主动性，把员工利益与企业经济效益相联系，可以有力地促进企业经营目标的实现。绩效工资制度的内容主要包括：制订绩效考核标准、进行绩效考核、计算绩效工资。

一、制订绩效考核标准

绩效考核可以对部门考核，也可以对员工个人考核。制订考核标准的步骤如下：

1．明确部门或个人的工作要求或职责

例如：采购部门的职责为保证采购物资的数量和质量，保证物资按时到货，保证采购价格不超过市场价格。

2. 根据工作要求或职责制定考核指标或指标体系

考核指标尽可能采用定量指标，少用定性指标，以提高考核的客观性和公正性。

例如：总经理的考核指标体系可以为总资产收益率、资本收益率、利润增长率等；销售部门（人员）的考核指标体系可以为产品销售率、销售增长率、货款回收率等；人力资源管理部门的考核指标体系可以为全员劳动生产率、万元产值人工成本等；生产部门的考核指标体系可以为生产计划完成率、产品合格率及优等品率、工人劳动效率（劳动生产率）等；生产工人的考核指标就是完成合格品产量及优等品产量（按计件工资执行）。

3. 确定考核指标体系中各指标的计分标准

根据各考核指标的数值高低，一般以百分制制订计分标准。

4. 确定各考核指标的权重

根据各考核指标的重要程度分别确定大小不同的权重值，可以用百分数也可以用小数，各考核指标的权重值合计应为 100% 或 1。

二、进行绩效考核

企业应按月或按年度进行绩效考核，公司领导人一般按年度考核，其余部门或人员一般按月考核。也可以根据企业的实际情况灵活确定考核期限。考核的步骤如下：

1. 计算考核得分

根据部门或个人各项考核指标的实际完成数值对照计分标准，确定各项指标的得分。

2. 计算考核指标体系的综合分值

$$综合分值 = \sum（指标得分值 \times 权重）$$

三、计算绩效工资

按照部门或个人考核的综合分值计算应得绩效工资，比如可用下列方法计算：

$$部门或个人应得绩效工资 = 用于绩效考核的工资额 \times 综合分值 / 100\%$$

也可以根据企业具体情况，采用其他绩效工资计算方法。

企业可以将职工全部工资作为绩效考核工资，也可以将职工一部分工资作为绩效考核工资。下面举例说明。

例 5-5 某车间主任的岗位职责为：保证完成生产计划，提高产品质量，提高工人劳动生产率。为其制订的绩效考核标准见表 5-2。

表 5-2　绩效考核标准

考核指标体系	计分标准	权重
生产计划完成率	100% 分值为 100 分，每减少一个百分点减一分	0.4
产品合格率	100% 分值为 100 分，每减少一个百分点减一分	0.4
月工人劳动生产率	500 件/人分值为 100 分，每增减 1 件/人增减 1 分	0.2

对车间主任的考核计分见表 5-3。

表 5-3　考核计分表

考核指标体系	完成指标值	得分	综合分值
生产计划完成率	100%	100	40
产品合格率	90%	90	36
月工人劳动生产率	502 件/人	102	20.4
合　　计	—	—	96.4

若本企业职工全部工资作为绩效考核工资，车间主任工资标准为 8 000 元，则其应得绩效工资为

车间主任应得绩效工资 = 8 000 元 × 96.4/100% = 7 712 元

本章小结

　　工业企业的人力资源分为管理人员、技术人员、销售人员、工人和服务人员五类，其中工人又分为基本生产工人和辅助生产工人两种。劳动者应与用人单位签订劳动合同，劳动合同的内容应包括合同期限、工作内容和地点、工作时间、劳动报酬、劳动保护和劳动条件等九个方面，劳动合同的订立、履行、变更应遵守《劳动合同法》的规定。用人单位和劳动者应参加的社会保险主要有基本养老保险、失业保险、基本医疗保险、工伤保险、生育保险以及住房公积金。劳动保护的内容包括安全技术、工业卫生和劳动保护制度三方面的措施和制度。职工薪酬的内容包括工资、职工福利和社会保险等，工资的计算方法有计时工资和计件工资两种。

　　劳动时间利用情况评价，可将劳动时间划分为日历时间、公休时间、制度工作时间和实际工作时间，评价指标有出勤率、出勤时间利用率、制度工作时间利用率以及加班加点强度。

　　劳动定额是劳动效率的标准，有工时定额和产量定额两种形式。劳动定额的时间构成包括定额时间和非定额时间。制定劳动定额的方法有经验估工法、统计分析法、类推法、技术测定法等，实际工作中将以上方法结合运用。劳动定额完成情况考核的计算方法为：产量定额完成率为实际产量与产量定额之比，工时定额完成率为单位产品工时定额与实用工时之比。根据劳动定额即可计算核定劳动力的需要量。

　　劳动生产率是衡量劳动力劳动效率的指标，它是一定时期生产产品的数量与劳动消耗量之比，有正指标和逆指标两种表现形式，即用单位劳动消耗生产的产品数量和单位产品消耗的劳动量两种形式表示。常用的劳动生产率指标有工人劳动生产率、全员劳动生产率、工日劳动生产率、工时劳动生产率等。提高劳动生产率的途径有：采用先进的科学技术，不断提高企业的技术水平；提高劳动者的技术水平和熟练程度；加强工作方法研究，实行先进合理的劳动定额和定员，采取合理的劳动组织形式；严格劳动纪律，做好劳动保护工作；落实责任制等。

　　绩效工资制度是对企业内部部门或员工按照工作业绩、效果、考核、计酬的一种分配制度。实行绩效工资制度可以激励部门或员工的工作积极性和主动性，把员工利益与企业经

济效益相联系，促进企业经营目标的实现。绩效工资制度的内容主要包括：制定绩效考核标准、进行绩效考核、计算绩效工资。

一、选择题

1. 工业企业的人力资源分为（　　）。
   A．管理人员　　　　B．技术人员　　　C．工人　　　　　D．服务人员
2. 劳动合同的期限可分为（　　）。
   A．固定期限　　　　　　　　　　　　B．无固定期限
   C．以完成一定工作为期限　　　　　　D．任意期限
3. 订立劳动合同的要求有（　　）。
   A．应当以书面形式订立　　　　　　　B．只能约定一次试用期
   C．不得要求劳动者提供担保　　　　　D．不得约定违约金
4. 关于劳动合同，下列说法正确的是（　　）。
   A．可以变更　　　　　　　　　　　　B．可以中止履行
   C．可以解除　　　　　　　　　　　　D．不可解除
5. 社会保险的内容包括（　　）。
   A．基本养老保险　　　　　　　　　　B．失业保险
   C．基本医疗保险　　　　　　　　　　D．工伤保险
6. 职工薪酬包括（　　）。
   A．基本工资　　　　B．津贴　　　　　C．奖金　　　　　D．分红
7. 工资的计算分为（　　）。
   A．计时工资　　　　B．计件工资　　　C．基本工资　　　D．加班工资
8. 劳动时间利用情况的评价指标有（　　）。
   A．出勤率　　　　　　　　　　　　　B．出勤时间利用率
   C．制度工作时间利用率　　　　　　　D．加班加点强度
9. 工时定额的构成包括（　　）。
   A．作业时间　　　　　　　　　　　　B．布置工作地时间
   C．休息与生理需要时间　　　　　　　D．准备和结束时间
10. 劳动定额的形式有（　　）。
    A．工时定额　　　　　　　　　　　　B．产量定额
    C．材料消耗定额　　　　　　　　　　D．工作日
11. 制定劳动定额的方法有（　　）。
    A．经验估工法　　　　　　　　　　　B．统计分析法
    C．类推法　　　　　　　　　　　　　D．技术测定法

12. 劳动生产率的表现形式有（　　）。
　　A．单位时间生产的产品数量　　　B．单位产品消耗的劳动量
　　C．每台设备生产的产品数量　　　D．全体劳动力生产的产品数量
13. 劳动生产率指标包括（　　）。
　　A．工人劳动生产率　　　　　　　B．全员劳动生产率
　　C．工日劳动生产率　　　　　　　D．工时劳动生产率

二、简答题

1. 劳动合同文本应载明的内容有哪些？
2. 劳动保护的内容包括哪几个方面？
3. 工人劳动时间的构成分为哪些部分？
4. 如何考核劳动定额完成情况？
5. 提高劳动生产率的途径有哪些？

三、计算题

1. 某工业企业 4 月份有 200 名工人，当月有 8 个双休日。当月考勤和工作时间记录如下：
（1）缺勤 300 个工日，非全日缺勤 200 工时。
（2）停电 3 天，当日应出勤 180 人。设备故障停工 50 工时。
（3）50 人参加公益活动 1 天，20 人做卫生 1 小时。
（4）加班 100 个工日，加点 200 工时。
要求：
（1）计算本月制度工作工日、工时，出勤工日、工时，制度内实际工作工日、工时，实际工作工日、工时。
（2）分别按工日、工时计算本月出勤率、出勤时间利用率、制度工作时间利用率和加班加点强度。

2. 某工业企业某车间生产一种产品，每月生产任务为 50 000 件，工人日产量定额为 50 件，每月平均制度工作日数为 21 天，平均出勤率为 98%。
要求：试核定需要多少工人。

3. 某机械工业企业同时生产两种零件，全年生产任务为：A 零件 50 000 件，B 零件 80 000 件。A 零件工时定额为 2 工时，B 零件工时定额为 1.5 工时。工人全年制度工作日数为 250 天，每日工作 8 小时。工人平均出勤率为 98%。
要求：核定需要多少工人。

4. 某企业 5 月份有关资料如下：
（1）月初有职工 600 人，其中生产工人 500 人。7 日 2 名生产工人离厂，21 日 3 名工人进厂上班，25 日调入技术人员 1 名。
（2）本月实际工作工日数为 11 709 工日，实际工作工时数为 93 932 工时。
（3）本月产品产量为 40 000 件，工业产值为 500 000 元。
要求：
（1）分别计算本月工人平均人数和全部职工平均人数。
（2）计算本月工人劳动生产率（按产量计算）、全员劳动生产率、工日劳动生产率、工时劳动生产率。

5．某职工某年度扣除缴纳社会保险费后的工资奖金总收入为 150 000 元，免征额每月为 5 000 元，住房租金按规定每月可扣除 1 500 元，赡养父母按规定每月可扣除赡养费 3 000 元，有子女一人，每月可扣除子女教育费 2 000 元，再无其他扣除项目，当年没有取得劳务报酬、稿酬、特许权使用费收入。

要求：计算该职工本年应缴纳的工资薪金个人所得税为多少元。

四、案例分析题

1．陈利应聘到××市一家酒店上班。酒店要求陈利交纳 500 元押金，用于员工服装等费用。半年后，陈利离职，她要求该酒店退还 500 元，但该酒店以陈利已经穿了其中一套工作服为由，只答应退还其中的 200 元。

要求：分析酒店的做法是否合法？并说明理由。

2．原在一家股份公司从事管理工作的张华辞职，让张华郁闷的是，当他向公司提出辞职时，却被告知，因为所签订的劳动合同尚未到期，他必须向公司支付 5 000 元的违约金。

要求：分析该公司的要求是否合法？并说明理由。

3．王菲是某高校大四学生，即将参加工作。目前，王菲在一家单位试用，试用期满将签订两年期劳动合同。但是 4 个月过去了，现在的单位仍然没有给她转正和签订劳动合同。

要求：分析该单位的做法是否合法？并说明理由。

4．2020 年 7 月起，大学刚毕业的万先生，被某构件制品公司招聘录用，从事公司的产品试验工作，双方签订了劳动合同，合同约定服务期不少于 3 年。万先生在工作期间，由公司出资参加了行业的岗位培训，取得了行业协会向万先生发放的"××市建设检测从业人员资格证书"，因工作需要被公司保管。2023 年 12 月，万先生递交辞职报告，经公司领导批准同意辞职。然而万先生辞职后，多次要求公司返还自己的从业资格证书，却遭到公司的拒绝，要求万先生赔偿培训费用。2024 年 7 月，万先生向法院提出诉讼要求解决。

要求：分析该公司的做法是否合法？并说明理由。

5．请为物资采购管理员制定绩效考核标准。

Chapter Six

*第六章

技术管理

> **学习目标**
> - 了解新产品的概念与类型,新产品开发的意义、原则、方式和程序。
> - 懂得价值工程的基本原理和在新产品设计中的运用。
> - 懂得技术革新和技术改造的内容,懂得改进产品设计中价值工程的应用原理和基本步骤。
> - 掌握技术革新和技术改造的经济效果评价方法。
> - 了解高新技术企业认定的条件和研发费用的范围。

科学技术是第一生产力。在生产中应用现代科学技术,不仅能提高和增强企业生存和发展能力,也是获得经济效益的有效途径。因此,企业必须依靠科学技术的力量,加强科学技术管理工作。党的二十大报告中指出,坚持把发展经济的着力点放在实体经济上,推进新型工业化,加快建设制造强国、质量强国、航天强国、交通强国、网络强国、数字中国。推动战略性新兴产业融合集群发展,构建新一代信息技术、人工智能、生物技术、新能源、新材料、高端装备、绿色环保等一批新的增长引擎。

第一节 新产品开发

一、新产品的概念和分类

(一)新产品的概念

工业企业的新产品是指国内、本地区、本企业初次试制、准备生产的新产品,或原来生产过,但做了重大的改进,在技术性能、结构等方面与老产品有显著差异的产品。

凡具备下列条件之一者,且属第一次试制生产的,均可列为新产品:
(1)采用发明、专利、新材料或新的设计构思而开发的产品。

（2）引进国外先进技术经消化吸收而成为国产化（或合作生产）及创新的产品。

（3）比老产品在结构、材质、工艺等方面有重大改进，技术性能明显改善，或扩大了使用功能的产品。

（4）根据某一基础型产品原理结构而派生研制的新系列或补齐系列的产品。

（5）根据用户需要而研制开发的重大专用产品。

（二）新产品的分类

1. 按新产品所在地域范围分类

（1）国际新产品。这是指在世界其他国家和地区都未曾试制成功，我国独创的产品。对这种新产品，国家和企业应当注意保护，并申请专利。发展这类新产品，是国家和企业的努力方向和奋斗目标，它标志着我国科学技术的发展水平。这类新产品不仅能更好地满足社会需要，而且还可以大大提高我国在国际市场上的地位和竞争能力。

（2）国家新产品。这是指在国外已有，但国内尚属第一次试制成功的产品。有人称它为填补国内空白的产品。开发这类新产品，可以加速我国赶上国际先进水平的步伐，减少进口，加速我国的社会主义经济建设，并能提高企业在国内市场上的竞争能力。

（3）省（市、自治区）新产品。这是指在国内已有，但企业所在省（市、自治区）尚未试制生产过的产品。发展这类新产品时，不能只考虑地区利益，以避免造成盲目发展的状况。

2. 按新产品的新颖程度分类

（1）全新产品。这是指采用新原理、新结构、新材料、新技术等试制成的产品。

（2）换代产品。这是指采用的基本原理不变，只是部分地应用了新技术、新材料、新结构，而使产品性能有较大提高的产品。

（3）改进产品。这是指在原有产品的基础上采用了某些改进技术，使产品性能有一定程度改善的产品。

3. 按新产品的开发方式分类

（1）自行研制的新产品。

（2）技术引进的新产品。

（3）自行研制与技术引进相结合的新产品。

二、新产品开发的意义

1. 新产品开发是满足市场需求的途径

随着人民生活水平的不断提高，人们对生产消费品的要求也越来越高。不断推出新产品，丰富物资市场，满足人们日益增长的物质文化生活的需要，是现代企业必须首先考虑的。企业必须尽量采用先进技术手段，不断提高产品性能，增加产品品种，调整产品结构，使产品"升级换代"，发展适销对路的产品，才能赢得顾客，满足社会的各类需求。

2. 新产品开发是企业生存和发展的支柱

在经济全球化的今天，产品在市场中的寿命周期越来越短，产品更新换代的速度越来越快，市场竞争越来越激烈。在这种环境中，企业要生存和发展，必须在竞争中取胜。在市场竞争中，成败的决定性因素是企业能否生产出性能更好、质量可靠、物美价廉的产品来满足顾客。企业要增加产品销售额，提高经济效益，就必须不断调整产品结构，力争做到产品"生产一代、试制一代、研究一代、构思一代"，保持和扩大企业产品的市场占有率，提高企业的竞争力。

3．新产品开发是提高企业经济效益和社会效益的途径

一般来说，开发的新产品总会比老产品具有更好的结构、更优良的性能、更可靠的质量。新产品的使用将会提高效率或节约能源，给顾客带来经济效益，从而产生良好的社会效益；新产品的开发必然降低原材料消耗，提高劳动生产率，从而降低成本，提高企业的经济效益；给顾客带来经济效益的新产品扩大了企业产品的销路，增加了产量，也为企业带来经济效益，并使企业进入良性循环。

三、新产品开发的原则

1．社会需求原则

任何一项产品要想占有市场，要想有较长的市场寿命，就必须以社会需要为出发点，适应国内外目标市场的国情、消费习惯、社会心态和产品价值观，以市场为导向，才能立于不败之地。

2．技术优势原则

新产品要占领市场，不仅在产品质量和性能上要比竞争对手高，而且成本要低，价格要适中。显然，这都取决于企业是否具有技术优势，企业在技术上有优势，产品质量胜人一筹，成本比别人低，就能在产品开发的激烈竞争中取胜。

3．快速开发原则

由于市场竞争激烈，一般说来某种新产品的开发可能同时在几个企业中进行。因此，要想抢先占领市场，就必须加快开发速度，否则刚开发出来的新产品可能就成了落后的淘汰产品。当然，快速开发并非单纯速度快，而是好中求快，新产品有性能优势和质量优势才能占领市场。

4．经济效益原则

效益最大化是市场经济条件下企业经营活动的基本原则。开发新产品，必须利用价值工程等技术方法进行技术经济分析，充分考虑经济上的合理性。企业应当以输入最小的劳动和物资能源消耗，获得最大的有用价值和利润，为新产品开发的经济效益原则。

5．标准化原则

新产品开发必须提高产品通用化、标准化、系列化水平，必须采用国际标准，以便让产品顺利进入国际市场。

6．良性循环原则

产品开发的良性循环，是指产品能正常更新换代，也就是说企业开发新产品要有连续性。当开发的第一代新产品投入生产时，应做到第二代新产品已开始试验，并且开始第三代新产品的规划。这样才能保证企业不断有新产品陆续问世，企业才能越来越兴旺发达。

四、新产品开发的方式

企业研制开发新产品，一般有以下三种方式：

1. 自行研制

自行研制是一种独创性的研制。企业根据国内外市场情况和用户的使用要求，或者针对现有产品存在的问题，从根本上探讨产品的原理和结构，开展有关新技术、新材料等方面的研究，研制出独具特色的产品。这种开发方式要求企业具备较强的科研能力和雄厚的技术力量，因此，企业要加强技术创新，发展高科技，实现产业化，大中型企业要建立健全企业技术中心，加速形成有利于创新和科技成果迅速转化的有效运行机制。在企业内部，要实行科研、设计、生产的有机结合，充分挖掘企业技术开发潜力，提高企业技术创新能力。要把建立健全企业的技术创新机制作为建立现代化企业的重要内容，把提高企业技术创新能力作为企业走出困境、发展壮大的关键措施，使企业真正成为技术创新的主体。

2. 技术引进

技术引进是指利用外国、外省（市、自治区）已有的成熟技术从事新产品开发的方式。它是为争取时间、节省科研经费、加速企业技术水平的提高、迅速掌握这种产品的制造技术、尽快地把产品制造出来的有效方式。这种方式特别对于产品研究开发能力较弱而制造能力较强的企业更为适用。引进技术的目的，是要通过对引进技术的吸收、消化、改进、创新来提高科学研究水平、生产技术水平和经营管理水平，发展自己的技术力量，加速发展新产品。引进技术要坚持积极慎重、从实际出发的原则；要坚持自力更生、洋为中用的原则，通过"学、用、改、创"，把学习、运用引进的技术与独创的技术结合起来；要坚持技术与经济并重、择优引进的原则，引进的技术不仅要求技术先进，而且要求经济合理。

3. 自行研制与技术引进相结合

自行研制与技术引进相结合是指在充分消化吸收引进技术的基础上，结合本国、本企业的特点进行创新，或在充分利用本企业技术的基础上，引进某些新技术来弥补自己的不足。这种产品开发方式适用于已有一定的科研技术基础，外界又具有开发这类新产品比较成熟的经验可以借鉴的企业。它具有花钱少、见效快的特点，既能很好地发挥引进技术的作用，又能提高企业的技术开发能力。企业要强化技术引进与消化吸收的有效衔接，提高技术配套和自主开发能力。

五、新产品开发的程序

新产品开发是一项复杂的技术管理工作，规定相应的工作程序，按照科学的态度，有计划、有步骤地进行，对于缩短开发周期，加快研制速度，提高经济效益等方面，都有十分重要的作用。开发新产品一般按以下程序进行：

（一）调查计划阶段

这是新产品开发的首要阶段。在这一阶段里，要做好以下工作：

（1）进行技术调查和市场调查。技术调查是调查有关产品的技术现状与发展趋势，预测未来可能出现的新技术，为制定新产品的技术方案提供依据，并把新技术运用到新产品中去；市场调查就是通过了解国内外市场对产品品种、规格、数量、质量、价格和成套供应等方面的需要，从而根据需要来开发新产品。

（2）决定新产品开发方案。首先，要根据技术调查和市场调查的结果进行新产品开发方案的构思；然后，从征集到的多个方案中筛选出具备开发条件的方案；最后，根据新产品开发目标的要求对未来产品的基本特征和开发条件进行必要的描述，从而确定新产品的开发方案。

（二）产品设计

产品设计是从明确设计任务到确定产品具体结构为止的一系列技术工作的总称，是新产品试制的首要环节。在产品设计中，要规定产品的用途和性能，确定产品的结构、形式以及零件的形状、尺寸、重量和加工要求；确定产品所需原料、材料和外购件的名称规格等。

这些设计内容是通过产品的图纸等各种技术文件表现出来的。产品设计是决定产品质量和企业经济效益的关键环节，因此必须十分重视产品的设计工作。

1. 产品设计的要求

（1）所设计的新产品，要具有技术上的先进性，能够满足使用者的要求。使用性能良好，达到高效、低耗、耐用、安全可靠、美观。

（2）所设计的新产品，要符合我国的自然条件、资源情况和技术经济发展水平。

（3）要提高产品设计的标准化、系列化、通用化水平。

（4）所设计的新产品，在使用上和制造上都要具有良好的经济效益。首先，要保证用户在使用时能取得良好的经济效益；其次，在保证使用要求的前提下，还要满足制造上的要求，要降低材料和人工的消耗，降低产品成本，保证生产有较高的经济效益。

2. 产品设计的程序

产品设计的程序一般分为编制技术任务书、技术设计和工作图设计三个阶段。

（1）编制技术任务书。这是设计新产品工作的第一步，它的主要任务是正确选型，说明设计该产品的必要性和现实意义，初步确定产品的规格、总体布置和结构。技术任务书是新产品开发方案的具体化。

> **补充资料**
>
> 技术任务书的内容包括：发展新产品的目的，要达到的技术经济指标，预期的经济效果；试制可行性分析，包括研制技术力量、科研测试条件、制造工艺条件、试制费用等；新产品的系统设计、外观设计、整体结构设计；标准化、系列化、通用化采用的原则；关键技术及其解决办法；采用价值工程进行技术经济分析。

技术任务书确定的产品设计原则经批准后，才能进行下一阶段的技术设计。

（2）技术设计。技术设计是产品的设计定型阶段，主要是确定产品的结构、技术经济指标和主要的零部件。

> **补充资料**
>
> 技术设计的内容包括：绘制产品总图、部件装配图、主要零件图、传动系统图、电气系统图；编制设计计算说明书；确定产品制造、验收和交货的技术条件；确定产品的技术经济指标等。对某些必须经过试验的新原理、新结构、新材料和新工艺，还需做出试验记录和结论。

（3）工作图设计。工作图设计是设计工作的最后阶段，它的主要任务是提供试制所需要的全套图纸和有关制造及使用所需的技术文件和明细表。

（三）生产工艺的准备工作

工艺准备是保证新产品试制和正式投产后达到设计要求、指导工人操作、保证产品质量的一项重要生产技术准备工作。它包括以下内容：

1. 分析与审查产品图纸的工艺性

对产品图纸进行工艺性的分析与审查，是从工艺的角度检查产品结构的科学性和经济合理性，使所设计的产品在保证产品结构、性能和精度的前提下，尽可能符合本企业制造条件，并力求达到最高的经济效果。

产品设计图纸的工艺性分析和审查的项目包括：精度、光洁度及技术要求是否经济合理；零件的结构形状是否合理；产品加工、装配、拆卸、运输等是否可能和方便；在本厂的现有设备上能否加工制造；材料的选择是否经济合理等。

> **小贴士**
>
> 工艺性分析与审查应该在设计工作各阶段中进行，一切图纸必须经过工艺性分析与审查后方能投入生产使用。

2. 编制工艺方案

工艺方案的主要内容包括：规定新产品试制及过渡到成批或大量生产时应达到的质量指标；确定生产组织形式和工艺路线的安排；规定工艺规程的编制原则；确定关键性工艺的解决方案和实验研究课题；规定工艺装备的设计原则及工艺装备系数，进行工艺方案的经济效果分析等。

3. 制订工艺文件、编制工艺规程

工艺文件是指导企业生产活动的基本技术文件，是安排计划、进行生产调度、质量控制、劳动组织和材料供应等工作的主要技术依据。

工艺文件包括：工艺规程、工艺守则、检验规程、工艺装备图、原材料定额表和工时定额表等。在上述工艺文件中最主要的是工艺规程。它包括：产品及其各个部分的制造方法与顺序，设备的切削用具的选择，工艺装备的确定，劳动量及工作物等级的确定，设备调整的方法，产品装配与零件加工的技术条件等。

4. 工艺装备的设计与制造

工艺装备分为标准的、通用的和专用的三大类。标准的和通用的工艺装备由专业厂生产，企业可以订购。而专用的工艺装备，一般由企业自己设计制造。工艺装备的设计，一般由工艺部门依据工艺规程来进行。复杂的专用工艺装备，要组织设计人员、工艺员和生产工人一起讨论制订设计方案，经审查批准后再进行设计，然后交工具车间制造。

（四）新产品的试制和鉴定

新产品图纸和工艺文件制定出来后，能否达到预期的质量标准和经济效果，必须通过产品的试制和鉴定，才能得到证明。通过试制，一方面对产品设计、工艺文件、工艺装备进行验证，修正不足或错误的部分，最后达到设计定型；另一方面使广大职工熟悉和掌握新产品，为顺利投入正常生产创造条件。

（1）新产品试制。一般分为样品试制和小批试制两个阶段。样品试制的目的在于检验产品的结构、性能及主要工艺的合理性，检查产品设计的可靠性。根据发现的问题修改图纸

和技术文件，使产品设计基本定型。

小批试制的主要目的在于检查图纸的工艺性，验证全部工艺文件和全部工艺装备，检查在正常的生产工艺条件下所生产的产品的性能和质量有什么变化，是否能稳定地出产合格品。通过小批试制，可以对工艺设计进行必要的修改和补充，进一步修改产品图纸，使之更加完善。小批试制的过程，也是帮助生产工人熟悉图纸、工艺规程、工艺装备的过程。

（2）新产品的鉴定。它是指在样品和小批试制阶段，从技术经济和生产准备等方面，对新产品做出全面评价，确定可否进行下一阶段试制或成批大量生产。鉴定的内容一般包括：检查样品是否符合已批准的技术文件和国家、部委、企业的技术标准，检查零部件的制造质量、装配质量、磨损情况和材料选用情况，检查样品空运转实验和负荷试验情况。对样品结构的工艺性能、可靠性、经济合理性做出总评价。

新产品的鉴定，应由国家有关机关和企业组织的鉴定委员会来进行。

（五）新产品的生产

新产品经过试制、鉴定以后，企业应根据批准的鉴定书，消除产品的缺陷，并听取用户的试用意见，进一步解决存在的问题，然后才能正式投入小批生产或成批生产。

六、价值工程在新产品设计中的运用

（一）价值工程的基本原理

1. 价值的概念

价值工程中"价值"的概念，不是经济学中所定义的凝结在商品中的社会必要劳动量。它所说明的是产品功能与其成本之间的关系，可用公式表示为

$$价值 = \frac{功能}{成本}$$

上式中：产品的功能是指产品的使用价值或满足用户需要的程度；产品的成本是指消费者为了获得产品的使用价值而支出的全部费用。从上式可以看出，价值与功能成正比，与成本成反比。产品功能越大，成本越低，对生产者和用户来说，价值则越大，经济效益越高。

2. 价值工程的定义与特点

价值工程就是在进行产品功能分析的基础上改进产品设计，力图以最低的总成本来实现产品的必要功能。

价值工程有以下特点：

（1）价值工程以提高价值为目的。即以最低的成本，实现产品必备的功能。价值工程中使用的总成本概念，是指产品从设计、制造、销售使用、维修，直到报废为止的全部成本费用，称为产品的寿命周期成本。价值工程既要求重视降低生产成本，也要重视降低使用成本，实现某种产品的必要功能，达到预定的功能与成本的比值目标。

（2）价值工程以功能分析为核心。功能分析是价值工程特有的分析方法。它以功能为对象开展研究，分析产品的功能是否符合用户的要求及符合的程度，以及寻求以最少的成本实现产品必备功能的途径。通过分析，可以排除不必要的功能，从实现必要功能的众多方式中选择出最经济的方式，可以摆脱原有产品结构的束缚，开阔设计思路，创造出全新的实现必要功能的设计方案。价值工程最大的特点，就是它突破了设计图纸规定的成本极限，

从传统的降低成本的工业工程方法和质量控制方法转到产品功能分析。

（3）价值工程是一种有组织的集体活动。价值工程是一项复杂的工作，既需要广泛的技术知识，又需要广泛的经济知识。提高产品价值，涉及产品的设计、制造和销售过程，涉及原材料的购买过程和用户的使用过程，需要各方面的经验、知识和情报。所以价值工程活动不能由个人来完成，必须组织各方面的专家进行分析，必须跨越部门的界限。充分发挥各部门的特长，依靠集体的力量和智慧，有组织地开展这一活动。

3. 提高产品价值的途径

从产品价值公式可知，提高产品价值的途径有以下五种：

（1）功能不变，降低成本。广泛采用新材料或新工艺，就可保证生产同样功能的产品而花费较低的成本，从而提高产品的价值。

（2）功能提高，成本同时降低。采用新创造或新发明，是实行这种途径的具体表现。例如，用大规模集成电路代替晶体管，就能大大地提高产品的功能而又降低产品成本，从而提高产品价值。

（3）成本不变，功能提高。在成本基本不变的前提下，增加产品的新用途、新功能，即可达到提高价值的目的。

（4）成本略有提高，同时功能大幅度提高。例如，某产品局部功能欠佳，影响了产品整体功能，可以增加一些成本改进局部功能进而使产品整体功能大幅度提高。这种提高价值的途径很有实际意义。

（5）功能略微降低，而成本大幅度降低。例如，用铝导线代替铜导线，虽然导电性略有下降，但成本会大幅度下降，因而使价值提高。这种提高价值的思想方法在改进产品设计时十分有效。

综上所述，价值工程既不单纯强调提高产品功能，也非片面追求降低产品成本，而是着力提高二者的比值，这样对企业和用户来说都是有益的。

（二）价值工程在新产品设计中的运用

根据价值工程的原理，在新产品设计中，首先要对产品或产品各部件的功能进行准确定义，然后根据功能的要求选择合适的原材料和制造方法，以最小的成本实现产品要求的功能。要防止产品功能过剩而加大生产成本，减少一切不必要的功能，最大限度地降低生产成本，提高产品的价值，以取得最大的经济效益。

第二节　技术革新和技术改造

一、技术革新和技术改造的意义

挖潜、革新、改造是企业技术管理的一项重大任务。所有工业企业都要发动群众，充分利用原有基础，认真进行挖潜、革新、改造，贯彻先挖潜革新改造、后新建的方针，逐步把企业转到新的技术基础上来，赶超国内外先进水平。

挖潜、革新、改造是相互联系、不可分割的。所谓挖潜，就是在现有的基础上，通过改进组织管理，开展技术革新和进行技术改造，充分挖掘潜力，以增加产量、提高质量、发展品种、减少消耗、降低成本。技术革新是指技术上渐变性的改进，如对生产工具、工艺过程和所用原材料的局部改进。而技术改造则是车间的局部（如生产线或某项设备），或整个车间范围，甚至全厂范围内，对厂房、设备、技术基础的改造。它可以是在原有基础上的一系列技术革新，也可以是企业的部分扩建和改建，目的在于提高生产能力和生产技术水平。革新、改造是挖潜的重要途径，技术革新是企业中不断改进技术的大量的、经常的工作，大量的技术革新也会实现技术改造。

挖潜、革新、改造，总的来说，是指在企业现有基础上，不断进行革新，充分利用新工艺、新技术，改造落后技术装备，以形成新的生产能力，并加速原有企业现代化的过程。开展挖潜、革新、改造，对于加速企业发展、实现现代化，有着十分重要的意义。

1. 技术革新、改造是企业扩大生产的重要途径

技术改造与新建同等生产规模企业相比，具有投资少、见效快、收益大的优越性。技术革新和改造可以充分利用原有的物质技术基础，如辅助生产部分和共同福利设施，从而节省费用，加快发展速度。过去，我国在奠定工业化基础的时期，扩大再生产主要依靠新建企业，是完全正确的。现在，我国已建成独立的、比较完整的并具有相当规模的工业体系，但结构不尽合理，整体素质尚不高。因此，需要进行技术改造，走以内涵为主的扩大再生产的道路，充分发挥现有企业的作用。

2. 技术革新、改造是提升企业生产技术水平的需要

我国现有工业企业，其中有一部分技术装备和生产技术水平是比较先进的，但总的来说，由于过去重基建轻改造、重外延轻内涵，大量企业处于技术落后、设备老化、工艺粗糙、产品水平低的状态，因此迫切需要对现有企业进行技术改造。这是迅速而有效地改变企业技术落后面貌的唯一正确途径。在实现我国工业现代化的进程中，即使是新建的企业，也存在着不断采用更先进技术的问题。企业技术改造要注重与高新技术产业发展相结合。技术改造起点要高，防止边改边落后。

3. 技术革新、改造是提高企业经济效益的有效措施

企业要以物美价廉、适销对路的产品满足社会需求，适应外部环境的变化，不断提高经济效益，就必须进行技术革新和改造。通过技术革新和改造，可以广泛运用科技新成果，采用新工艺，开发新产品，提高产品质量，节约消耗，降低产品成本，提高劳动生产率，改善劳动条件，促进企业的整体素质的提高，增强企业的竞争能力，从而促进企业经济效益的提高。

二、技术革新和技术改造的内容

技术革新和技术改造的内容极其广泛，但可以总结为以下几方面：

1. 改进产品设计

改进产品设计是技术革新的重要内容。

改进产品设计的主要内容是：合理简化产品结构，减轻产品重量，缩小产品体积，提高产品性能，使产品向高、精、尖的方向发展。

产品设计的改进可以带动工艺、工具、设备的改革，这是改善产品质量、提高生产效率、节约原材料、改善劳动组织、改进生产管理的重要一环。

2. 改革工艺和改进操作方法

工艺和操作方法是指生产过程中,对原材料、半成品、在制品的各种生产加工的方法。这方面改革主要包括：改革旧的工艺和缩短加工过程；用先进的加工方法代替旧的加工方法；创造新的加工方法等。改造工艺和改进操作方法,能使劳动生产率迅速提高,生产过程缩短,原材料节约,产品质量大大提高。

由于各个工业部门的生产特点不同,改革工艺和改进操作方法的途径也不尽相同。一般途径是：提高机器和联动机的能力与生产效率,实行生产高速化,提高生产过程的连续性,提高设备和产品的精度,不断简化工序等。

在机械加工工艺中,应在保证质量的前提下,尽量减少切削加工,如在制造工艺上尽可能采用冲压、焊接、压铸、精密铸锻、粉末冶金、热轧、冷轧等方法来制造零件。用轧、拉、挤、压等加工代替切削加工,推行高速切削和激光加工等,可以减少生产过程中的金属切削机床,大大减少加工工时,节约金属材料和提高劳动生产率。

3. 改进设备和工艺装备

这方面的主要内容是：

(1) 改进原有的机械设备,根据生产的不同要求,对设备进行结构改装或增加附件,采用多头和一机多用的方法,扩大设备使用范围,提高设备性能或使通用设备专用化等。

(2) 发展简易设备,革新生产工具。在多年生产中,广大职工创造了大量简易设备,创造性地应用小型、轻型设备和配套工夹具,来制造大型和重型机械设备,走出我国自力更生制造新型设备的创新道路。

(3) 将繁重的手工操作改为半机械化、机械化,不断提高机械化、自动化程度。

(4) 采用气动、电动、组合、自动夹具和先进刀具等。

4. 节约能源和原材料,开展综合利用、节约代用,采用新材料

节约能源是挖潜、革新、改造的重大课题。尽管我国在燃料如石油、煤炭等的开发和利用上取得很大成就,但仍然不能适应工业生产的需要。能源供应不足,工矿企业的生产能力就不能充分发挥。因此,每个企业都必须千方百计狠抓能源节约。在这方面可采取以下措施：狠抓低效锅炉的更新和改造,提高燃料热能利用效率；采取余热利用措施；把烧油锅炉改为烧煤锅炉；积极推广采用节约能源的新技术,如炉体保温、低质燃料利用等。

大力节约原材料,广泛寻求代用品,综合利用和回收废料,对扩大利用现有资源,充分发挥物资的最大经济效率,也有着十分重要的意义。随着产品向高精尖方向发展,试用和生产新的原材料是采用最新技术必不可少的条件。

此外,技术革新和技术改造还须注意与环境保护、消除污染和治理"三废"结合起来进行。由于各个行业、各个企业的生产技术条件不同,技术基础不一,产品种类各异,因而要根据不同条件、不同要求来确定本部门、本企业在不同时期的挖潜、革新、改造的内容。

三、改进产品设计中价值工程的应用

价值工程最适合于改进产品设计,应用价值工程,可以最大限度地降低产品成本,提高经济效益。

若价值工程研究的对象不同,其实施步骤也不可能相同。应根据具体研究对象的特点,确定工作的详略程度,一般来说,其工作应包括计划、执行、检查、评价和处理五个阶段。

其中，计划是关键。计划阶段中一般又包括选择对象、功能分析、制订改进方案、确定目标成本四个步骤。

(一) 选择对象

设计方面：选择结构复杂、体积庞大、用料昂贵、性能较差、技术水平较低的产品作为研究对象。

生产制造方面：选择批量较大、工艺复杂、原材料消耗高、能源消耗大、成品率低的产品作为研究对象。

产品销售方面：选择市场占有率低、竞争能力差、长期没有改革过的老产品等作为研究对象。

成本方面：选择成本高于同类产品或高于功能相近的产品以及成本构成较高的部分作为研究对象。

为了便于找出重点对象，可采用经验分析法、ABC 分析法、费用比重分析法。

(二) 功能分析

产品的功能分析是价值工程的核心，也是开展价值工程活动能否取得成效的关键阶段。这一阶段包括功能定义、功能的分类、功能评价三方面。

1. 功能定义

功能是指产品所担负的效能或所起的作用，实质上就是指它的使用价值。它向人们回答了这样一个问题，即该产品是干什么用的，可满足人们的何种需要。例如，电冰箱主要功能是冷藏食物，手表的主要功能是显示时间，日光灯的主要功能是提供光源。用户之所以购买产品并不是为了获得该产品的本身，而是为了获得它所具备的功能。而企业生产产品实际上也是为了生产某种特定的功能。可见，功能是产品的本质。价值工程的最大特点，就是研究分析产品功能这一本质，力图用最小的成本去满足用户所需的功能。

2. 功能的分类

(1) 功能按其重要程度可分为基本功能和辅助功能。基本功能是决定产品本质、实现产品用途、满足用户要求所必不可少的功能。如果产品失去了基本功能，那么产品也就失去了存在的条件，用户也失去了购买它的意义。例如，日光灯的基本功能是"发光"，这是由用户的需要决定的，若不能"发光"，用户就不愿购买它了。辅助功能是为了更好地实现基本功能而由设计者添加的一种功能，或是对基本功能起辅助作用。辅助功能由设计者决定，而非用户决定，同一基本功能，可有不同的辅助功能。例如，手表的基本功能是"显示时间"，显示日历、闹铃为辅助功能。

(2) 功能按其性质可分为使用功能和美学功能。使用功能是指产品的实际用途或使用价值，美学功能是指产品外观功能或艺术功能。有的产品只有使用功能，如地下管道、燃料等；有的产品只有美学功能，如某些工艺美术品。一般产品则要求二者皆备，如服装、汽车、电视机等。

(3) 功能按其与用户的关系可分为必要功能和不必要功能。必要功能是为了满足用户需要所必须具备的功能。不必要功能是用户不需要的功能，它们可能是由于设计者没有掌握用户的要求，而主观加上去的功能，也可能是因为设计不合理而产生的功能，总之都是用户不需要的功能。这些超过必要功能太多的功能就是过剩功能；反之，达不到必要功能要求的功能就是不足功能。基本功能都是必要功能，辅助功能和美学功能在有的产品中是必要功能，而在有的产品中是不必要功能。

3. 功能评价

功能评价就是确定零件功能的价值,进而确定价值工程改进的对象。常用的功能评价方法有评分法和目标成本法。

(1)评分法也叫一对一比较法,就是把组成产品的零件排列起来,按功能的重要程度进行一对一的对比,功能相对重要的零件得一分,功能相对不重要的零件得零分。然后将零件得分合计除以全部零件得分总数,就可求出各零件的功能评价系数。

例 6-1 某产品由 A、B、C、D、E、F 六个零件组成,按评分法计算功能评价系数,见表 6-1。

表 6-1 功能评价系数表

零件	A	B	C	D	E	F	合计	功能评价系数
A	—	1	0	1	0	0	2	0.13
B	0	—	1	0	1	1	3	0.20
C	1	0	—	0	1	0	2	0.13
D	0	1	1	—	1	1	4	0.27
E	1	0	0	0	—	0	1	0.07
F	1	0	1	0	1	—	3	0.20
合计							15	1.00

从表 6-1 中可以看出,D 零件功能评价系数最大,说明其功能最重要,E 零件功能评价系数最小,说明其功能相对不重要。

在功能评价系数确定后,还要计算各零件的成本系数和价值系数,成本系数和价值系数的计算公式为

$$各零件的成本系数 = \frac{某零件目前成本}{所有零件目前成本合计}$$

$$各零件的价值系数 = \frac{零件的功能评价系数}{该零件的成本系数}$$

例 6-2 承例 6-1,该产品零件成本系数和价值系数计算见表 6-2。

表 6-2 零件成本系数和价值系数计算表

零件	目前成本/元	成本系数	功能评价系数	价值系数
A	150	0.15	0.13	0.87
B	150	0.15	0.20	1.33
C	100	0.10	0.13	1.30
D	300	0.30	0.27	0.90
E	100	0.10	0.07	0.70
F	200	0.20	0.20	1.00
合计	1 000	1.00	1.00	—

价值系数表示功能与成本之比，如果此系数等于或接近1，则说明零件的功能与成本基本相称，因而是适当的；如果此系数大于1，则说明该零件以较低的成本实现了较高的功能，是最理想的状况；如果价值系数小于1，则说明与功能相比成本偏高，应作为降低成本的主要目标，是需改进的对象。

（2）目标成本法是通过应用如下两个公式作为评价功能的指标的。

公式一：

$$功能价值（V）= \frac{实现某一功能的最低成本（C_L）}{实现某一功能的目前成本（C_P）}$$

当V=1时，表示实际成本与功能最低必需成本相适应，可以认为是比较理想的状况。

当V<1时，表示实际成本比最低成本大，不理想，应作为改进的对象。此时应该大力降低成本，使V值趋近于1。

当V>1时，表示用较小的成本，实现了规定的功能，这是最理想的状况，说明产品在这一方面具有成本优势。

公式二：

成本降低额（C_D）= 实现某一功能的目前成本（C_P）− 实现该功能的最低成本（C_L）

显然，C_D值越大，表示改进的潜力越大，应作为改进的对象。故C_D也称为改善期待值。

（三）制订改进方案

这是价值工程充分发挥集体智慧和创造才能的阶段，可分成以下三部分：

（1）提出改进方案。通过对功能评价后，按用户的要求，对确定的改进对象提出改进方案，这是发动群众集思广益进行创造性劳动的过程。要摆脱束缚，不迷信权威，不墨守成规，勇于改革。

（2）评价改进方案。通过功能分析，从各个角度提出几种成本变低而功能不变甚至提高功能的若干可行方案，从技术、经济和社会三个方面充分进行比较分析，做出评价。

（3）选择最优方案。将各种改进方案评价后，把价值低的方案淘汰，选出价值高并且可能实现的最优方案后，报领导批准，付诸实施。

（四）确定目标成本

经过功能分析评价后提出的改进方案，其成本应该是达到适当功能的最低成本或理想成本。在产品设计、试产及投产时，就应该以此作为目标成本，进行成本控制。特别是在设计阶段确定的各成本构成因素，基本决定了该产品在整个寿命周期的成本总体水平。因此，设计阶段的前馈性控制是成本控制极为重要的环节。

以上就是开展价值工程活动计划阶段的程序。在具体执行、检查、评价和处理阶段中，还要结合提高产品及其零部件的标准化、系列化、通用化，利用专业分工与协作的特点，发挥本企业优势，采用最先进的科学技术，改革工艺和生产流程，节约能源和贵重材料的耗用，另找便宜的代用材料等，把产品的功能与成本控制在最优水平上，从而保证产品投产后，提高生产效率，降低成本，改进产品质量，给企业带来更多的经济效益。

四、技术革新和技术改造的经济效果评价

技术革新和技术改造的经济效果，表现在提高劳动生产率、增加产量、提高产品质量、

节约消耗、降低成本等方面,以下介绍几种技术革新和技术改造的经济效果评价指标。

1. 提高劳动生产率的经济效果评价

(1) 劳动生产率提高率:

$$劳动生产率提高率 = \left(\frac{措施后劳动生产率}{措施前劳动生产率} - 1\right) \times 100\%$$

(2) 节约工时和人工费用:

$$节约工时 = 报告期实际工作工时数 - \frac{报告期产量}{措施前工时劳动生产率}$$

$$节约人工费用 = 节约工时 \times 小时工资额$$

(3) 增加产量:

$$增加产量 = 报告期产量 - 措施前工时劳动生产率 \times 报告期实际工作工时数$$

2. 节约原材料、燃料、动力消耗的经济效果评价

(1) 原材料、燃料、动力单耗降低率:

$$单耗降低率 = \left(1 - \frac{措施后单耗}{措施前单耗}\right) \times 100\%$$

(2) 原材料、燃料、动力节约量:

$$节约量 = 报告期产量 \times (措施前单耗 - 措施后单耗)$$

(3) 原材料、燃料、动力费用节约额:

$$费用节约额 = 节约量 \times 原材料、燃料、动力单价$$

3. 提高产品质量的经济效果评价

(1) 产品合格率提高百分点:

$$合格率提高百分点 = 措施后合格率 - 措施前合格率$$

(2) 废品率降低百分点:

$$废品率降低百分点 = 措施前废品率 - 措施后废品率$$

(3) 提高合格率增加的产量和产值:

$$增加的产量 = 报告期完工的产品的数量 \times 合格率提高百分点$$

$$增加的产值 = 增加的产量 \times 产品的价格$$

(4) 降低废品率减少的废品损失:

$$减少的废品损失 = 报告期完工产品数量 \times 废品率降低百分点 \times$$
$$(单位产品成本 - 单位产品废品残值)$$

4. 降低产品成本的经济效果评价

(1) 产品成本降低率:

$$产品成本降低率 = \left(1 - \frac{措施后单位产品成本}{措施前单位产品成本}\right) \times 100\%$$

（2）节约的生产总成本：

节约的生产总成本＝报告期产量×（措施前单位产品成本－措施后单位产品成本）

5. 投资效益综合评价

技术革新和技术改造的投资效益，均体现为成本的节约或收入的增加（即产量或产值的增加），其最终结果是使利润增加。因此，用技术革新和技术改造增加的利润与其投资支出对比，就可以评价投资的效益。常用的评价指标有两个：

（1）投资收益率：

$$投资收益率 = \frac{每年增加的利润}{技术革新改造投资额} \times 100\%$$

投资收益率反映每百元投资每年可获得利润的多少，投资收益率越高，说明技术革新改造效果越好。

（2）投资回收期（年）：

$$投资回收期 = \frac{技术革新改造投资额}{每年可增加的利润}$$

投资回收期反映技术革新改造增加的利润几年可以收回其投资，回收期越短，说明技术革新改造效果越好。

第三节　高新技术企业认定

高新技术企业简单地说就是有一定规模高新技术研发活动的企业，这类企业应对照认定条件，在符合认定条件的前提下，积极申请高新技术企业认定。认定为高新技术企业后，对于企业经营和发展具有重要意义。

一、高新技术企业认定的意义

（1）可以提升企业的形象，增强企业市场竞争力。

（2）可以享受企业所得税优惠税率。按照《企业所得税法》的规定，高新技术企业可以减按15%的税率征收企业所得税（一般企业税率为25%）。

（3）可以享受研究开发费用加计扣除优惠政策。企业在认定为高新技术企业后，按照《企业所得税法》的规定，企业发生的研究开发费用可以在计算企业所得税应纳税所得额时，在原有研发费用的基础上，再加计一定比例扣除费用，现行的加计扣除比例为100%（加计扣除比例国家在不同时期会有调整）。研发费用加计扣除可以减少应纳税所得额，从而减少企业所得税负担。

（4）可以争取政府资金扶持。

二、高新技术企业认定条件

（1）企业申请认定时须注册成立一年以上。

（2）企业通过自主研发、受让、受赠、并购等方式，获得对其主要产品（服务）在技术上发挥核心支持作用的知识产权的所有权。

（3）对企业主要产品（服务）发挥核心支持作用的技术属于《国家重点支持的高新技术领域》规定的范围。

（4）企业从事研发和相关技术创新活动的科技人员占企业当年职工总数的比例不低于10%。

（5）企业近三个会计年度（实际经营期不满三年的按实际经营时间计算）的研究开发费用总额占同期销售收入总额的比例符合如下要求：

1）最近一年销售收入小于5 000万元的企业，比例不低于5%。

2）最近一年销售收入在5 000万元至2亿元的企业，比例不低于4%。

3）最近一年销售收入在2亿元以上的企业，比例不低于3%。

其中，企业在中国境内发生的研究开发费用总额占全部研究开发费用总额的比例不低于60%。

（6）近一年高新技术产品（服务）收入占企业同期总收入的比例不低于60%。

（7）企业创新能力评价应达到相应要求。

（8）企业申请认定前一年内未发生重大安全、重大质量事故或严重环境违法行为。

三、研发活动及允许加计扣除的研发费用的范围

1. 研发活动的范围

研发活动是指企业为获得科学与技术新知识，创造性运用科学技术新知识，或实质性改进技术、产品（服务）、工艺而持续进行的具有明确目标的系统性活动。

2. 允许加计扣除的研发费用的范围

企业开展研发活动中实际发生的研发费用，未形成无形资产计入当期损益的，在按规定据实扣除的基础上，按照本年度实际发生额的100%，从本年度应纳税所得额中扣除；形成无形资产的，按照无形资产成本的200%在税前摊销。研发费用的具体范围包括：

（1）人员人工费用。直接从事研发活动人员的工资薪金、基本养老保险费、基本医疗保险费、失业保险费、工伤保险费、生育保险费和住房公积金，以及外聘研发人员的劳务费用。

（2）直接投入费用。

1）研发活动直接消耗的材料、燃料和动力费用。

2）用于中间试验和产品试制的模具、工艺装备开发及制造费，不构成固定资产的样品、样机及一般测试手段购置费，试制产品的检验费。

3）用于研发活动的仪器、设备的运行维护、调整、检验、维修等费用，以及通过经营租赁方式租入的用于研发活动的仪器、设备租赁费。

（3）折旧费用。用于研发活动的仪器、设备的折旧费。

（4）无形资产摊销。用于研发活动的软件、专利权、非专利技术（包括许可证、专有技术、设计和计算方法等）的摊销费用。

（5）新产品设计费、新工艺规程制定费、新药研制的临床试验费、勘探开发技术的现场试验费。

（6）其他相关费用。与研发活动直接相关的其他费用，如技术图书资料费、资料翻译费、专家咨询费、高新科技研发保险费，研发成果的检索、分析、评议、论证、鉴定、评审、评估、验收费用，知识产权的申请费、注册费、代理费，差旅费、会议费等。此项费用总额不得超过可加计扣除研发费用总额的10%。

（7）财政部和国家税务总局规定的其他费用。

下列活动产生的费用不适用税前加计扣除政策。

（1）企业产品（服务）的常规性升级。

（2）对某项科研成果的直接应用，如直接采用公开的新工艺、材料、装置、产品、服务或知识等。

（3）企业在商品化后为顾客提供的技术支持活动。

（4）对现存产品、服务、技术、材料或工艺流程进行的重复或简单改变。

（5）市场调查研究、效率调查或管理研究。

（6）作为工业（服务）流程环节或常规的质量控制、测试分析、维修维护。

（7）社会科学、艺术或人文方面的研究。

四、研发项目立项报告的编制

企业进行研发活动，确定研发项目后应该编制立项报告，经公司领导批准后实施。研发项目立项报告的参考格式见表6-3。

表6-3 研发项目立项报告

一、基本信息				
项目名称				
起止时间		预算总工日		
项目定员	人			
主要完成部门				
项目主要负责人				
人员安排	管理组：　　人　　　　　　　　　　　研发组：　　人 资料组：　　人　　　　　　　　　　　测试组：　　人			
二、项目立项目的				
三、项目研发的核心技术及创新点				

(续)

四、项目预期持续时间及阶段						
五、该项目的预期研究成果						
六、项目资金预算						
经费预算	总计： 万元					
	分项开支	预研：				
		研发过程：				
		研发设备、材料：				
		其他：				
七、相关部门意见						
项目主管部门意见	□通过	□否决	□修改	签名：	日期：	
内务主管部门意见	□通过	□否决	□修改	签名：	日期：	
总经理意见	□通过	□否决	□修改	签名：	日期：	

本章小结

新产品是指在一定区域内初次生产的产品或对老产品做了重大改进的产品，可分为全新产品、换代产品和改进产品。新产品开发要遵循社会需求、技术优势；快速开发、经济效益、标准化、良性循环的原则，可以采用自行研制、技术引进和自行研制与技术引进相结合的方式。新产品开发的程序一般包括市场调查、产品设计、工艺准备、试制鉴定、批量生产。在新产品设计中，应运用价值工程原理，以最小的成本实现产品所需的功能，减少不需要的功能和成本。

对老产品、老设备、老工艺进行技术革新和技术改造，是技术管理的重要方面。技术革新和技术改造的主要内容包括：改进产品设计；改革工艺和改进操作方法；改进设备和工艺装备；节约能源和原材料，开展综合利用、节约代用，采用新材料等。在改进产品设计中应用价值工程，可以在满足产品必要功能的前提下，最大限度地降低产品成本。应用价值工程计划阶段包括选择对象、功能分析、制订改进方案、确定目标成本四个步骤。技术革新和技术改造的经济效果评价，可以从提高劳动生产率，节约材料、燃料、动力消耗，提高产品质量，降低产品成本和投资效益等方面进行分析。

工业企业应按照高新技术企业的认定条件积极申请高新技术企业认定，享受企业所得税优惠政策。

课后习题

一、选择题

1. 新产品可分为（　　）。
    A．全新产品　　　B．换代新产品　　C．改进新产品　　D．开发新产品
2. 新产品开发的方式有（　　）。
    A．自行研制　　　　　　　　　　　B．技术引进
    C．自行研制与技术引进相结合　　　D．委托开发
3. 产品的功能可分为（　　）。
    A．必要功能　　　B．不必要功能　　C．基本功能　　　D．辅助功能
4. 技术革新和技术改造的效果包括（　　）。
    A．提高劳动生产率　　　　　　　　B．提高产品质量
    C．节约消耗　　　　　　　　　　　D．降低成本
5. 提高产品价值的方法包括（　　）。
    A．提高功能　　　　　　　　　　　B．降低成本
    C．成本小幅升高而功能大幅提高　　D．功能略有下降而成本大幅下降
6. 改进产品设计中应用价值工程的目的是（　　）。
    A．消除不必要的功能
    B．在保证必要功能的前提下降低成本
    C．减少过剩功能
    D．尽可能提高产品功能

二、简答题

1. 新产品开发的程序包括哪些步骤？
2. 什么是价值工程？如何提高产品的价值？
3. 技术革新和技术改造的内容有哪些？
4. 在改进产品设计中应用价值工程要解决什么问题？
5. 技术革新和技术改造的经济效果体现在哪些方面？
6. 高新技术企业认定的意义、条件和可加计扣除的研发费用都是什么？

三、计算题

某公司技术革新前后相关技术经济指标见表 6-4。

表 6-4　技术经济指标

指标	革新前	革新后（报告期）
完工产品数量 / 件	11 110	12 630
产量 / 件	10 000	12 000
实际工作工时	5 000	5 000
劳动生产率 /（件 / 工时）	2	2.4
材料单耗 /（kg/ 件）	3	2.5
产品合格率（%）	90	95
单位产品成本 /（元 / 件）	70	60

该企业每小时工资额为 15 元，材料单价为 20 元 /kg，产品售价为 100 元 / 件。

要求：

请从以下方面分析评价技术革新的经济效果：

（1）劳动生产率提高率以及劳动生产率提高而节约的工时、人工费用和增加的产量。

（2）材料单耗降低率以及因单耗降低而节约的材料消耗量和材料费用。

（3）产品合格率提高的百分点以及因合格率提高而增加的产量和产值。

（4）产品单位成本降低率以及因单位成本降低而节约的总成本。

第七章

营销管理

> **学习目标**
> - 了解企业市场营销策略的产品策略、定价策略、分销渠道策略和促销策略。
> - 掌握保本销售量和目标销售量的确定原理和方法。
> - 懂得销售合同的订立程序、合同的基本条款、合同履行的要求、合同纠纷的解决途径和合同违约责任。
> - 懂得货款回收和应收账款管理的措施和方法。

第一节 营销策略

企业市场营销策略主要有产品策略、定价策略、分销渠道策略和促销策略。企业营销活动的目的，就是生产适销对路的产品，以适当的价格，通过合理的分销渠道和有效的促销手段，满足客户的需要，从而实现企业的经营目标。

一、产品策略

产品是企业营销组合中的重要因素，产品策略直接影响和决定着其他营销组合因素的决策。企业的营销目标能否实现，交换活动能否完成，营销活动能否为客户创造卓越的价值，最终取决于产品能否为客户所接受。因此，产品决策是整体营销管理中最为重要和最为复杂的决策。

（一）产品的整体概念

产品是企业竞争的根本。拥有好的产品，可以说企业在竞争中就有了充足的底气，但什么是好的产品？当一个文具柜企业向客户宣称其生产的文具柜可以从二楼扔下去仍完好无损时，就要引起营销人员的注意：是不是这样的文具柜一定就是好产品，一定受客户欢迎呢？为了弄明白这些事情，首先需要明白什么是产品。

传统产品概念的解释通常局限在产品的物质形态和具体的用途上，产品一般被表述为：某件实物或服务的物理特性或特征的集合。例如，一台计算机需配置有一个容量为 250G 的硬盘，那么容量250G就是该计算机的某项物理特性或特征。从现代市场营销学的角度来看，也就是从客户需求来看，产品是一个广泛的概念。即产品是能提供给市场、供使用和消费的、可满足某种欲望和需要的任何东西，包括实物、场所、劳务、组织、思想等。营销人员应从产品的整体概念出发，认识到产品包含多种层次。一般来讲，产品整体概念包括三个层次，即核心产品、有形产品、附加产品。

1. 核心产品

这是产品最基本的层次，是满足客户需要的核心内容，即客户所要购买的实质性的东西。核心产品为客户提供最基本的效用和利益。客户购买某种产品，并不是为了占有产品本身，而是为了满足某种需要的效用。例如，人们购买电冰箱，是为了通过电冰箱的制冷功能，使食物保鲜，更好地方便人们生活，而不是买一个大铁箱。

2. 有形产品

企业的设计人员、生产人员将核心产品转变成具体有形的东西，以便卖给客户，在这个层次上的产品，就是有形产品（形式产品），即满足客户需要的各种具体产品形式。仍以电冰箱为例，产品形式不是指电冰箱的制冷功能，而是指人们在购买时要考虑产品的品质、造型、颜色、品牌等因素。值得一提的是，劳务产品也有产品形式。例如，人们在理发时，不仅要求剪短头发，而且要求提供满意的发型，同一种发型也有质量高低之分。

3. 附加产品

附加产品（扩大产品或延伸产品）是指产品的各种附加利益的总和，通常指售后服务。例如，提供产品使用说明书、提供信贷和各种保证、安装、维修、送货、技术培训等。美国学者西奥多·莱维特曾经指出："新的竞争不是发生在各个公司的工厂生产什么产品，而是发生在其产品能够提供何种附加利益（如包装、服务、广告、顾客咨询、融资、送货、仓储，以及具有其他价值的形式）"。

（二）产品组合策略

产品组合策略是指企业根据市场需求和自身能力条件，确定生产经营规模和范围的决策。产品组合策略也就是企业对产品组合的广度、深度和关联性方面进行选择和调整的决策。企业在制定产品组合策略时，应根据市场需求、企业资源、技术条件、竞争状况等因素，经过科学分析和综合权衡，确定合理的产品结构。同时，随着市场因素的变化，适时地调整产品组合，尽可能使其达到最佳化，为企业带来更多的利润。可供选择的产品组合策略一般有以下几种：

（1）扩大产品组合策略。扩大产品组合主要是拓展产品组合的宽度，加强产品组合的深度。拓展产品组合的宽度是指在产品组合中增加一个或几个产品大类，扩大经营产品的范围；加强产品组合的深度是指在原有产品大类内增加新的产品项目。扩大产品组合常常运用于上升期的企业或者经济复苏期、高涨期等。

（2）缩减产品组合策略。缩减产品组合是指从产品组合中剔除赢利水平较低的产品大类或产品项目，使企业集中精力发展赢利水平高的产品大类和产品项目。在经济衰退期或市场不景气状况下常用缩减产品组合策略。

（3）产品线延伸策略。产品线延伸是指部分或全部地改变企业原有产品线的市场定位。每一个企业生产经营的产品都有其特定的市场定位。例如，生产经营高级豪华的产品定位在高档市场，生产经营门槛较低的产品定位在低档市场，介于两者中间的产品定位在中档市场。产品线延伸策略可以分为以下三种：①向下延伸，即把企业原来定位于高档市场的产品线向下延伸，在高档产品线中增加低档产品项目。②向上延伸，即原来定位在低档产品市场的企业，在原来的产品线内增加高档产品项目。③双向延伸，即原定位于中档产品市场的企业，在掌握了市场优势以后，将产品项目逐渐向高档和低档两个方向延伸。

（三）产品生命周期策略

产品生命周期也称产品市场寿命，是指产品从完成试制、投放到市场开始，直到最后被淘汰退出市场为止的全部过程所经历的时间。产品生命周期由需求与技术的生命周期决定。典型的产品生命周期包括四个阶段，即导入期、成长期、成熟期、衰退期。

> **小贴士**
>
> 产品生命周期指的是产品的市场寿命，而不是使用寿命。

（1）导入期的特点及营销策略。导入期是指产品刚刚投入市场，由于受已往消费习惯的影响，许多消费者对新产品性能还不十分了解，理想的营销渠道还没能建立起来，因此销售量很少。企业在此阶段要花大量费用用于广告等促销活动，故此阶段企业利润极少或没有利润，甚至亏损。由于在此阶段，产品不能给企业带来很多利润，因此竞争对手很少，许多产品由于预测不准，或消费需求已发生很大变化，新产品刚一上市就以失败告终，为使产品顺利进入成长期，企业需要在产品价格与促销水平上做出决策。在这方面，有四种策略可供企业选择，即快速掠取策略、缓慢掠取策略、快速渗透策略与缓慢渗透策略。快速掠取策略，意味着给新产品制定很高价格，同时投入大量促销费用来广泛宣传新产品。缓慢掠取策略，意味着企业给新产品制定高价格，同时以较低促销费用开展促销活动。快速渗透策略，采用这种策略的企业，给新产品制定较低价格，目的是吸引广泛的消费者购买新产品，同时以高促销费用开展促销活动。缓慢渗透策略，实行此策略的企业往往认为消费者只对价格反应敏感，对促销反应不大，或者目标市场消费者比较分散，促销效果不理想，在此情况下，企业就以较低价格将产品打入市场，并尽量减少促销费用，节省开支。

（2）成长期的特点及营销策略。成长期的特点是产品销售量迅速增加，许多消费者已对新产品熟悉了解，进而大量购买。因为经过导入期，产品已经受到了消费者的考验，性能、款式已基本符合消费者需要。这时，企业可以从迅速增加的销售量中获取一定的利润，正是出于有利可图，一些竞争者也不断加入这个行业，竞争日趋激烈，并有类似产品进入市场，消费者开始选择更符合自己实际情况的新产品。对于企业来说，针对上述特点，可采取相应的营销策略，如进一步提高产品质量、改进款式、增加功能；对营销渠道进行重新评价，使之更合理，并争取开拓新市场以及发展新一代产品；针对消费者对产品的态度以及竞争者的状况有针对性地开展广告活动，如果有条件，应采取低价方式来吸引更多的消费者。

（3）成熟期的特点及营销策略。一般来说，产品销售量到达一定程度后就要开始下降了，这时产品开始进入成熟期。这一时期，要比导入期、成长期长一些。成熟期可分为两个阶段：第一阶段是销售量还在增加，并达到高峰；第二阶段，销售量开始下降，但是从整个生命周期来看，销售量还是很大的。在成熟期，产品已经基本定型，企业生产能力已形成，因此应该说此时企业有条件来降低价格，以吸引更多消费者。同时，由于此时新产品为企业提供了丰厚的利润，竞争者纷纷进入该市场，使得竞争异常激烈。企业在此时期可通过市场改革、产品改革、市场营销组合改革来制定策略。

(4) 衰退期的特点及营销策略。任何产品都会出现衰退期。当产品销量大幅度下降，利润突然开始大量减少，甚至降至零，此时竞争者纷纷退出市场。对于企业来说，最突出的矛盾是已形成批量生产能力与销量大幅度减少。购买产品的消费者大都是一些保守者或对产品品牌忠实的顾客。根据这一特点，企业在衰退期都开始大幅度减少促销开支，甚至减少到零，大批裁减营销人员及服务人员以尽量节省开支。例如，企业认为产品还能维持一定时期，那么一般应集中资源在较小的目标市场做文章。此时，企业应推出第二代产品，重新激发消费者的购买兴趣。当然，如果企业决定完全撤离市场，切忌仓促下马，给企业后续工作带来不必要的混乱。

二、定价策略

(一) 新产品定价策略

对新上市的产品来说，能否打入市场并占有一定份额，能否适合消费者的需求和给企业带来预期的经济效益，这与企业所采用的定价策略密切相关。因此，新产品定价策略是企业产品定价策略中的一个重要内容。新产品最初投入市场时，通常有以下策略供企业选择：

1. 撇脂定价策略

撇脂定价策略是指企业将最初投放市场的新产品价格定得偏高些。它是企业在新产品上市初期，针对市场上竞争对手实力甚微而收入较高的消费者或消费者求新心理的情况下，为实现短期内获得较高利润的定价目标所采取的一种定价策略，它也称高价投放策略、速取价格策略。其适用条件是：市场有足够的购买者；高价带来的销量减少不会抵消利润；在高价条件下仍独家经营，没有竞争者。

2. 渗透定价策略

渗透定价策略是指企业将最初投放市场的新产品价格定得偏低些。它是企业在新产品上市初期，针对市场潜在的竞争者和对价格反应敏感的消费者的需求情况，以实现迅速打开销路，扩大市场占有率的定价目标所采取的一种定价策略。它也称低价投放策略、渐取价格策略。其适用条件是：市场需求对价格极其敏感；生产成本和费用会随生产量增加而下降；低价不会引来潜在的竞争。

3. 满意定价策略

满意定价策略是指企业把投放市场的新产品价格定得既不偏高又不偏低，这是介于撇脂定价策略和渗透定价策略之间的中价策略。这种定价策略也称中价投放策略、温和定价策略、君子价格策略。对于生产或生活的必需品，采用满意定价策略比较好。

(二) 产品生命周期定价策略

产品生命周期定价策略是指企业针对产品生命周期各个阶段不同的产量、质量、成本和供求关系及竞争状况等特点，确定不同的定价目标，采取不同的定价策略。

1. 导入期的定价策略

产品生命周期的导入期定价策略可采用撇脂定价策略、渗透定价策略、满意定价策略。

2. 成长期的定价策略

产品生命周期的成长期定价策略是目标价格。目标价格是指企业取得目标利润（预期利润）的价格。在成长期，由于市场竞争者相对不多，企业产品市场销售有了保障，是企业新产品实现预定目标利润最有利的阶段，因此企业一般可采取价格上调的目标价格策略。

3. 成熟期定价策略

产品生命周期的成熟期定价策略是竞争价格。竞争价格是指能保护或扩大企业产品销售量的价格，以抵制竞争者。由于成熟期企业的生产量达到了顶峰，而大批竞争者的涌入，威胁着企业的产品销售。因此在这一阶段，企业一般采取价格下调的竞争价格策略，以增强竞争力，稳定扩大销售量。

4. 衰退期定价策略

产品生命周期的衰退期定价策略是维持价格和驱逐价格。维持价格即继续保持该产品在成熟期的价格，这样可以不致迅速恶化产品在消费者心目中的地位和形象，同时还可以促使企业继续获得一定的利润。驱逐价格是以产品的直接成本作为价格下限，以大幅度削价来驱逐竞争者，缓解企业产品销量的下降。当然，驱逐价格是在衰退期采取的一种迫不得已的短期定价策略。

（三）折扣定价策略

折扣定价策略是指企业为了争取顾客，扩大商品的销售，对本企业产品的购买者，在原定价格的基础上给予一定百分比的减让。折扣价格按照购买商品的数额不同、购买的时间不同、付款的条件不同等可分为金额折扣、数量折扣、累计折扣、非累计折扣、付现折扣等。

1. 金额折扣

金额折扣即企业对购货达到一定金额的购买者，在原定价格基础上给予的折扣。折扣率的大小取决于购货金额的多少。一般来说，购货金额越大，折扣越大；反之，购货金额越小，折扣越小。金额折扣有利于增加企业产品销售额。

2. 数量折扣

数量折扣即企业对于购货达到一定数量的购买者，在原定价格基础上给予的折扣。折扣率的大小，取决于购货数量的多少。一般来说，购货数量越多，折扣越大；反之，购货数量越少，折扣越小。数量折扣有利于增加企业产品销售量。

3. 累计折扣

累计折扣即企业按购买者在一定时期内多次购货达到一定数量或金额来计算，在原定价格基础上给予的折扣。累计折扣既有利于鼓励购买者集中向一个企业多次重复购货，成为企业产品的长期买主，也有利于企业预测产品的销售量。

4. 非累计折扣

非累计折扣即企业按购买者一次购货达到一定数量或金额来计算，在原定价格基础上给予的折扣。非累计折扣有利于鼓励购买者一次多购货，增加企业产品的销售量和销售额。

5. 付现折扣

付现折扣即企业对及时付清货款的购买者，在原定价格基础上给予的折扣。这种折扣策略可以鼓励购买者及时交付全部货款，有利于加速企业的资金周转。采用这一价格策略，一要规定折扣率的大小；二要约定折扣的付款期限。

6. 推广让价

推广让价即生产企业对为本企业产品做了各种促进销售工作支付了费用的中间商，在原定价格基础上给予减让或津贴作为报酬。生产企业一般根据中间商推广贡献的大小，来定折扣让价比例。推广折扣策略有利于激励批发商和零售商对生产企业的商品推广的积极性，增加商品的销售量。

7. 运费让价

运费让价即对于路途较远的购买者，在原定价格的基础上给予减让，以弥补其部分或全部运费。运费让价有利于吸引远方顾客，扩大产品销售的地域范围。

8. 季节折扣

季节折扣是企业向那些购买换季商品或服务的购买者提供的一种折扣。季节折扣使企业在一年内得以维持稳定的生产。

9. 旧货折价、折让

旧货折价、折让在汽车行业和其他耐用消费品的交易中使用较为普遍。

10. 功能折扣

功能折扣也叫贸易折扣，它是由制造商向履行了某种功能（营销、储存和售后服务）的贸易渠道成员所提供的一种折扣。

（四）心理定价策略

心理定价策略是指企业针对购买者的不同消费心理所采取的定价策略。常用的心理定价策略有非整数定价策略、整数定价策略、声望定价策略、招徕定价策略和互补产品定价策略等。

1. 非整数定价策略

非整数定价策略是指企业把产品的价格不定为整数，而采用以零头数结尾的定价策略。例如，将某些商品的价格分别定为49.5元、79.7元、99.9元等。由于商品价格带有零头数，而末尾数常用5、7、9等奇数，所以非整数价格又称为奇数价格。它主要是针对求廉心理消费者而采用的策略。非整数定价策略一方面容易使消费者对商品产生一种便宜感。因为消费者往往具有非整数比整数小，奇数比偶数小的心理。例如，一双袜子定价为9.97元，虽然与10元只差3分钱，但消费者却感到这个价格更接近9元而不是10元，是个位数而不是十位数，商品便宜很多。另一方面，非整数价格也容易使消费者对企业产生一种好感。对整数价格如50元、100元等，消费者从心理上一般会认为是一种概括性价格。而非整数价格会使消费者感到企业定价认真负责、一丝不苟、计算准确可靠，从而对企业产生好感。非整数定价策略常用于日用小商品。非整数价格计价比较麻烦。

2. 整数定价策略

整数定价策略是指企业把产品的价格定为整数，不要零头。整数定价策略主要是针对消费者的好胜和炫耀等心理而采用的策略。这种定价策略一方面可以抬高商品的身价，给人以"一分钱一分货"的感觉；另一方面也可以抬高消费者的身价或地位。而且整数价格计价方便，节省时间。整数定价策略常用于一些选购品和高档名贵产品。

3. 声望定价策略

声望定价策略是指凭借企业和产品在消费者心目中的声誉名望，把产品的价格定得高一些。声望定价策略主要是针对慕名心理或偏好心理消费者采用的定价策略。一些有声望的厂商，特别是负有盛名的百年老店，在长期市场销售中信誉好、声望高，其出售的商品的价格往往要比其他商品高一些。还有一些消费者信得过，质量确实好的名优产品，其销售价格就高。声望定价策略既可提高产品身价，树立企业和产品形象，又可满足慕名和偏好心理消费者的需求，但一般商店不可随意用声望定价策略。而使用声望定价策略的厂商及其产品，也要注意树立企业在消费者心中的良好形象，保证商品质量，其价格也不要高到令人难以置信和影响购买的程度。

4. 招徕定价策略

招徕定价策略是指企业故意将某一种或某几种商品在一定时间内减价出售，以此招徕更多的消费者前来购买，借机增加其他一些商品的销售。这主要是针对消费者求廉、买便宜货的心理而采取的一种定价策略。企业采用这个策略的目的是"醉翁之意不在酒"。企业通过把减价出售的商品作为一种牺牲品，其主要目的是吸引更多的顾客光顾，借此机会销售其他商品，增加企业总体销售收益。因为前来光顾的消费者不仅购买降价产品，还可能顺便购买一些其他商品，从而使总体收益有所增加。

> **小贴士**
>
> 企业采用招徕定价策略应注意以下问题：①减价商品必须是消费者所需之物。②减价商品的数量和减价幅度要适当。③企业经销的商品种类要丰富。

5. 互补产品定价策略

互补产品是指在使用价值实现上相互补充的不同产品。例如，打印机和墨盒两种产品之间就存在着密不可分的互补关系。消费者要使用打印机就必须购买墨盒。这就是说打印机和墨盒两种不同产品只有一起使用方有效用，否则，单独使用其中任何一种商品都不能实现其使用价值。生产经营互补产品的企业应把主产品的价格定得低些，把连带品的价格定得高些，这样既可增加主产品的销售，又可增加连带品的销售。虽然主产品获利少，但连带品获利多。而且随着主产品和连带品销售量的增加，企业的利润总额也会相应增加。例如：打印机生产商就把它的打印机价格定得低，而把墨盒价格定得高，主要靠卖墨盒赚钱。而那些只生产打印机而不生产墨盒的企业，为了取得适当的利润，就必须把打印机的价格定得较高，这样就影响竞争力。一般来说，生产经营互补产品的企业，通常将购买频率小，需求弹性大的主产品价格定低；将购买频率大，需求弹性小的连带品价格定高，以增加主产品和连带品的销量，增加企业的总利润。

三、分销渠道策略

（一）分销渠道的概念和作用

分销渠道又称流通渠道或销售渠道，是指产品从生产领域流转到消费领域所经过的途径或通道，即产品从生产者流转到消费者所经过的途径或通道。分销渠道有以下特征：

（1）分销渠道是一个由参与产品流通过程的不同企业或人员构成的整体。渠道成员主要包括各种产品的生产者、各种中间商和各种产品的消费者。分销渠道中的各成员相互联系、相互制约、各自承担一定职能。产品生产者向消费者提供产品，中间商则将产品由生产者向消费者的转移，产品消费者耗用产品。

（2）分销渠道有起点、终点以及中间环节。产品生产者处于分销渠道的起点，产品消费者处于分销渠道的终点，中间商处于分销渠道的中间环节。

（3）在分销渠道的产品从生产者转移到最终消费者的过程中，至少要发生一次产品所有权的转移。

（二）分销渠道的类型

1．直接分销渠道

直接分销渠道即产品生产者直接把产品销售给消费者，在生产者和消费者之间没有中间商介入的分销渠道。直接分销渠道的具体形式有：营销人员上门营销、邮购、电话销售或者到集市上直接销售等。这种类型的分销渠道是产品的生产与销售的职能都由生产者承担，即产销合一。

2．间接分销渠道

间接分销渠道即产品生产者通过中间商把产品销售给消费者，在生产者和消费者之间有中间商介入的分销渠道。这种类型的分销渠道是生产者承担产品生产职能，中间商承担产品销售职能，即产销分离。间接分销渠道的形式有：①产品的生产者把产品出售给零售商，零售商再把产品转卖给消费者。②产品的生产者把产品出售给批发商，批发商再把产品转卖给消费者。③产品的生产者委托代理商把产品销售给消费者。④产品的生产者把产品出售给批发商，批发商把产品转卖给零售商，零售商再把产品转卖给消费者。⑤产品的生产者委托代理商把产品出售给批发商，批发商再把产品转卖给消费者。⑥产品的生产者委托代理商把产品出售给零售商，零售商再把产品转卖给消费者。⑦产品的生产者委托代理商把产品出售给批发商，批发商把产品转卖给零售商，零售商再把产品转卖给消费者。

（三）分销渠道的选择策略

1．直接分销渠道策略

由于直接分销渠道在生产者与消费者之间没有中间商的介入，是产销直接见面的销售，因此在一定条件下，产品生产者采用直接分销渠道策略有其明显的优点：产品可以很快到达消费者手中，缩短流通时间，减少产品的损耗，防止鲜活产品变质；可减少产品中间流通环节的销售、储存费用，降低销售价格；生产者可以直接向消费者介绍产品，利于消费者更好地了解产品的性能、特点和使用方法；生产者还可以及时、全面、具体地直接了解消费者的需求变化和对产品的要求。因此，不少生产企业对生产经营的产品、市场条件和企业自身因素进行综合分析后，选择直接分销渠道策略，获得产品的生产和销售利润。但是，直接分销渠道也有其缺点：由于生产者直接销售产品，必须设置销售机构、销售人员、销售设施等，这就分散了生产者的人力、物力和财力，不利于集中力量搞好企业的生产。

2．间接分销渠道策略

由于间接分销渠道在生产者与消费者之间有中间商的介入，是通过中间商把产品间接地销售给消费者，因此，采用这种渠道策略也有很多的优点：生产者可以利用中间商所具有的集散产品的功能，减少产品交易次数，节省花费在销售上的人力、物力、财力，可以集中力量搞好企业生产；可以借助中间商的丰富市场营销经验加速产品的销售，扩大销售量；可以通过中间商广泛收集消费者的需求信息，了解市场动态。事实上，许多消费面广、市场范围大而分散的产品，企业是很难做到把全部产品直接出售给每个消费者的。因此，很多企业在全面分析各方面因素，权衡其利弊后，往往选择间接分销渠道策略。当然，间接分销渠道也有缺点：在产品经由中间商转卖给消费者的过程中，要发生商业流通费用，产品价格有所提高。

四、促销策略

促销是促进产品销售的简称。从市场营销的角度看，促销是企业通过人员和非人员的方式，沟通企业与消费者之间的信息，引发、刺激消费者的消费欲望和兴趣，使其产生购买行为的活动。促销具有以下几层含义：

（1）促销工作的核心是沟通信息。企业与消费者之间达成交易的基本条件是信息沟通。

（2）促销的目的是引发、刺激消费者的购买行为。在消费者可支配收入既定的条件下，消费者是否产生购买行为，主要取决于消费者的购买欲望，而消费者购买欲望又与外界的刺激、诱导密不可分。促销正是针对这一特点，通过各种传播方式把产品或劳务等有关信息传递给消费者，以激发其购买欲望，使其产生购买行为。

（3）促销的方式包括人员促销和非人员促销两类。非人员促销包括广告宣传、营业推广、公共关系等。人员促销也叫人员推销。

（一）人员推销策略

1. 人员推销的概念

人员推销是指企业通过推销人员直接向消费者或用户推销产品的一种方式。它虽然是一种古老的促销方式，但也是现代企业普遍采用的、行之有效的促销方式。

2. 人员推销的作用

人员推销和非人员促销相比，具有如下几个主要优点：

（1）当面宣传，提供样品。推销人员在走访消费者时，一方面可直接传递企业的产品信息，面对面地进行宣传；另一方面还可携带某些产品的样品，从而使消费者既能耳闻又能目睹企业的产品。

（2）观察动态，排除障碍。推销人员与消费者直接见面推销产品，可随时观察到消费者的动态反应，做到有针对性的宣传，从而及时排除产品交易时的障碍。说服消费者购买产品，促成当面成交。

（3）提供服务，收集情报。推销人员在面对面地推销产品过程中，既可向消费者或用户提供有关服务，满足消费者的需要，又能直接收集消费者的意见，进行市场调查研究，从而为企业制定或调整市场营销决策提供参考依据。

（4）密切关系，稳定渠道。推销人员与消费者经常接触，进行情感上的交流，可建立起深厚的友谊，从而密切产需双方之间的关系，稳定和扩大企业产品的销售渠道。

尽管人员推销具有很多优点，但也有一定的不足。首先，人员推销费用较大，特别是当市场广阔而又分散时；其次，选聘、培养具有高素质的推销人员比较困难。

3. 推销人员素质的要求

（1）思想素质。

1）正确的经营思想。推销人员要有正确的经营思想，能以现代市场营销观念指导自己的推销活动，能真心诚恳地为消费者服务，只有这样才能取信于消费者，赢得消费者的信赖。

2）高度的责任心、事业心。推销人员要热爱本职工作，要有高度的责任心、事业心，这样才能积极主动地开展促销活动，才能吃苦耐劳，任劳任怨。

3）良好的职业道德。促销人员要有很强的法制观念，遵纪守法。要有良好的职业道德，不招摇撞骗，不损害国家、企业和消费者的利益。

（2）业务素质。促销人员要具有丰富的业务知识和较强的推销技巧。

1）企业知识。推销人员应具备企业的历史、企业的现状、企业的未来等方面的知识。要熟悉企业的经营方针、生产能力、技术能力、销售状况等，以便向消费者更好地宣传企业。

2）产品知识。推销人员应具备企业的产品种类、品种、功能、用途、质量、规格、式样、包装、商标、使用、维修、保养等方面的知识，以及竞争者产品的有关情况，以便向消费者宣传介绍本企业的产品。

3）市场知识。推销人员应具备有关市场分布、市场供应、市场需求、市场竞争、市场调查、市场预测等方面的知识，以便按市场规律开展促销活动。

4）其他方面知识。推销人员除了具有企业知识、产品知识、市场知识外，还应具备与促销业务相关的知识，如社会学、心理学、公共关系学，以及交通运输和邮电通信等方面的知识，以促进与消费者方面的沟通和产品的销售。

5）推销技巧。推销人员要掌握各种推销技巧并能针对不同的促销对象加以灵活运用，以便取得更佳的实际推销效果。

（3）身体素质。推销人员还应具备良好的身体素质。仪表要整洁、语言要流利、体魄要健康、精力要充沛。有了良好的身体素质，才能担负繁重、艰巨的推销任务。

（二）广告促销策略

1. 广告促销策略的概念

广告促销就是运用广告宣传促进产品的销售。广告促销是企业促销活动中受到普遍重视和采用的主要方式。促销组合中研究的广告是狭义的广告，它是指以营利为目的，通过支付一定费用，以各种说服的方式，公开地向目标市场和社会公众传递产品或劳务信息的传播行为。

2. 广告促销的作用

（1）传递信息、沟通产需。传递信息是广告促销的基本功能，广告将企业销售的产品、地点、时间、方式等方面的信息传递给广大的消费者，使消费者知道什么地方卖产品、卖什么产品、什么时候卖、怎么卖，以便需要时购买。

（2）介绍产品、指导消费。广告促销比人员推销所接触的市场范围要大得多，具有广泛的传播范围。可以运用多种广告媒体向消费者介绍产品的种类、功能、款式、使用方法等，帮助消费者来选择产品，扩大企业的产品销售，扩展企业的目标市场。

（3）激发需求、促进销售。激发需求、促进销售是广告促销的最终目的。消费者的需求开始一般处于潜在状态，这种需求并不能直接形成购买行为，必须进行宣传说服。在促销组合中，广告以多种媒体、丰富多彩的内容、生动活泼的艺术形式宣传产品的信息，可吸引消费者的注意力，激发购买欲望，促使其采取购买行为，从而促进和扩大产品的销售。

(4) 树立形象、赢得市场。广告促销是企业开展市场竞争的重要手段。企业的产品进入市场，通过广告宣传产品的特色、企业的质量保证和服务措施，树立良好的企业形象，提高产品的知名度，从而赢得市场。

3. 广告促销方案的设计

(1) 确定广告目标。广告促销方案设计的第一步是确定广告目标。广告目标是指企业通过广告宣传要达到的目的，其实质是要在特定的时间对特定的受众完成特定的信息沟通任务。企业做广告的最终目标是增加销售量和企业利润。在广告目标设计中，要注意广告目标的确定必须与企业的市场地位相适应。例如，生产彩电的甲企业把产品定位于高档市场，乙企业把产品定位于大众市场上，这两家彩电企业不同的产品定位决策，其广告的目标是有区别的。前者的广告宣传应更多地注重产品的消费与消费者财富、地位和名誉相联系；后者的广告宣传应更多地注重产品的价格合理及该产品能够得到的附加利益。

(2) 确定广告预算。确定广告预算是广告促销方案设计的第二步。为了实现企业的销售目标，企业必须花费必要的广告费用，广告费用的开支是一个关键问题。如果开支过少，达不到广告效果；反之，会造成浪费，降低效益。为此，在广告预算设计中要充分认识广告支出与广告收益的关系。广告宣传的目的就是为了吸引消费者，扩大产品的销售，提高企业的经济效益。因此，企业在选择广告形式时必须注意广告宣传所取得的经济效益要大于广告费用的支出。例如，电视广告形象生动，信息传递范围大、速度快，但广告费用高。因此，对形象性不强、市场消费有限的产品就没有必要去选用电视广告。

(3) 确定广告信息。确定广告信息是广告促销方案设计的第三步，即根据促销活动所确定的广告目标来设计广告的具体内容。设计要注重广告效果。只有高质量的广告，才能对促销起到宣传、激励的作用。高质量广告应该体现真实性、社会性、艺术性。

(4) 选择广告媒体。广告促销方案设计的第四步是对广告媒体的选择。不同的广告媒体有不同的特征，这决定了企业广告必须对广告媒体进行正确的选择，否则将影响广告效果。正确选择广告媒体，一般要考虑下列影响因素：产品的特征、消费者接触媒体的习惯、广告的内容等。

(5) 评估广告效果。评估广告效果是广告促销方案设计的最后阶段。广告促销是一项投资，对于这种费用较高的投资活动，企业应当进行评估，目的在于提高广告的经济效益。要准确地评估广告效果绝非易事，但并不意味着不能评估。

(三) 营业推广促销策略

1. 营业推广促销策略的概念

营业推广又称销售促进，是指企业在短期内，为了刺激需求而进行的各种促销活动。这些活动可以诱发消费者和中间商大量购买，从而促进企业产品销售的迅速增长。它是除人员促销、广告促销、公共关系以外，具有鼓励性的促销方式。

2. 营业推广的作用

(1) 见效快。营业推广采取各种有效的鼓励性方式进行促销，因此能迅速诱发消费者的购买欲望，促使消费者不失时机地采取购买行为，在短时间内达成交易，从而迅速收到良好的促销效果。

（2）费用少。许多营业推广方式，如现场示范表演、商品陈列、分期付款等，经费支出较少，占用人员不多，却可吸引更多顾客，增加商品销售，取得显著效果。

（3）开拓市场。通过对交易双方有关人员采取鼓励性反馈措施，可激发他们的商品交易的积极性、主动性、创造性，从而使企业产品的市场进一步扩大，同时开辟新的产品市场。

但是营业推广中的有些方法运用不当或手段过度，也会影响企业及产品的形象，带来不良效果。

3. 营业推广的方式

（1）面向消费者的营业推广方式。

1）赠送促销。向消费者赠送样品或试用品。赠送样品是介绍新产品最有效的方法，缺点是费用高。样品可以选择在商店或闹市区发放，或在其他产品中附送，也可以公开广告赠送，或入户派送。

2）折价券。在购买某种商品时，持券可以免付一定金额的钱。折价券可以通过广告或直邮的方式发送。

3）抽奖促销。顾客购买一定的产品之后可以获得抽奖券，凭券进行抽奖获得奖品或奖金。

4）现场演示。企业派促销员在现场演示本企业的产品，向消费者介绍产品的特点、用途和使用方法等。

5）联合推广。企业与零售商联合促销，将一些能显示企业优势和特征的产品在商场集中陈列，边展销边销售。

6）参与促销。让消费者参与各种促销活动，如技能竞赛、知识比赛等活动获取奖品。

7）会议促销。各类展销会、博览会、业务洽谈会期间的各种现场产品介绍、推广和销售活动。

（2）面向中间商的营业推广方式。

1）批发折扣。企业为争取批发商或零售商多购进自己的产品，在某一时期内给经销本企业产品的批发商或零售商加大折扣让利。

2）推广津贴。企业为促使中间商购进企业产品并帮助企业推销产品，可以支付给中间商一部分津贴。

3）销售竞赛。根据各个中间商销售本企业产品的成绩，分别给优胜者以现金、物质、免费旅游等奖励，以起到激励的作用。

4）扶持零售商。生产商对零售商专柜的装潢予以资助，提供广告等，以激励零售商。

（3）面向内部员工的营业推广方式。这种方式主要是针对企业内部的销售人员，鼓励他们热情推销产品或处理某些老产品，或促使他们积极开拓新市场。这种方式一般可以采用销售竞赛、免费提供人员培训、技术指导等方法。

（四）公共关系促销策略

1. 公共关系的概念

公共关系是指企业在市场营销过程中，为在社会公众中树立良好的形象，取得社会公众的了解、信赖和支持，促进产品的销售，通过沟通、交往和协调等一系列活动，与社会公众建立良好的关系。

2. 公共关系的作用

（1）可作为企业决策的依据。一个企业在决策前离不开对信息的掌握，而信息的来源有多种途径，其中重要的途径就是公共关系。一方面企业通过外部公众的关系，可为企业决策提供广泛、真实的外部环境信息；另一方面，企业通过内部公众的关系，可为企业决策提供详细可靠的内部环境信息，从而促进决策的客观性、科学性和民主性。

（2）扩大企业知名度和美誉度。在市场经济条件下，企业需要收集社会公众的信息，公众也需要了解企业。企业通过公共关系活动，就可以将企业信息有效地向社会宣传，让更多的公众了解企业，在社会公众心目中树立起良好的企业形象，从而扩大企业在社会上的知名度和美誉度。

（3）赢得公众、促进产品销售。企业在与外部社会公众的沟通、交往等活动中，不仅能扩大企业的知名度和美誉度，同时也会赢得广大社会公众对企业的理解、信任、支持与合作，吸引更多的顾客或用户，从而促进和扩大企业产品的销售。

（4）增强企业凝聚力。企业处理好与内部职工及其家属等公众的关系，可以形成一种祥和、团结向上的企业内部环境条件，从而增强企业职工的向心力和企业的凝聚力，干部与群众之间相互信任、理解和支持，齐心协力地搞好企业市场销售活动。

3. 公共关系促销的内容

（1）办好内部刊物。这是企业内部公关的主要内容。企业各种信息载体，是管理者和员工的舆论阵地，是沟通信息、凝聚人心的重要工具，如海尔集团的《海尔人》就起到了这样的作用。

（2）发布新闻。由公关人员将企业的重大活动、重要的政策，以及各种新奇、创新的思路编写成新闻稿，借助媒体或其他宣传手段传播出去，帮助企业树立形象。

（3）举办记者招待会。邀请新闻记者，发布企业信息。通过记者传播企业重要信息，引起公众注意。

（4）设计公众活动。通过各类捐助、赞助活动，努力展示企业关爱社会的责任感，树立企业美好的形象。

（5）企业庆典活动。营造热烈、祥和的气氛，显现企业蒸蒸日上的风貌，以树立公众对企业的信心和喜爱。

（6）制造新闻事件。制造新闻事件能起到轰动的效应，常引起社会公众的强烈反响，如海尔张瑞敏刚到海尔时的"砸冰箱"事件，至今人们谈及还记忆犹新。

（7）散发宣传材料。公关部门要为企业设计精美的宣传册或画片等资料，这些资料在适当的时机，向相关公众发放，可以增进公众对企业的认知和了解，从而扩大企业的影响。

（五）电子商务促销策略

1. 电子商务促销的概念

电子商务促销策略是利用互联网平台进行产品推广和销售的一种形式。

2. 电子商务促销的作用

（1）扩大市场范围。销售范围可以延伸到全国各地甚至全世界。

（2）销售过程快捷高效。节省时间和促销成本。

*第二节 销 售 规 划

一、保本销售量的确定

企业在进行销售规划时,首先要明确企业产品的保本销售量。保本销售量是企业至少要达到的最低销售量,企业的计划销售量必须大于保本销售量,才能保证不亏损,并且实现预期的利润。

产品的销售量达到某一水平时,其总收入等于总成本,贡献毛益(贡献毛益指销售收入减全部变动成本后的差额)正好抵偿全部固定成本,利润为零,企业经营处于既不盈利也不亏损的状态,这种特殊的状态就称为保本状态。使企业达到保本状态的销售量或销售额就称为保本销售量或保本销售额,又称保本点、损益平衡点或盈亏临界点。保本点可以按一种产品计算,也可以按多种产品计算。保本点对于企业的经营决策具有重要意义,它能帮助管理人员正确把握销售量与企业盈利之间的关系。只有销售量超过保本点,企业才会有盈利;反之,销售量低于保本点,就将导致亏损。因为全部固定成本已经被保本点销售量提供的贡献毛益补偿完毕,超过保本点的销售量提供的贡献毛益即实现的利润。所以当销售量超过保本点以后,每增加一个百分点,利润就将以更高的幅度增长。企业的决策者若能事先知道在一定的价格和成本水平下,销售量达到多少时就可以保本,就可以有针对性地在规划目标利润、控制目标成本、确定销售价格、追求规模经济效益等方面掌握主动权。保本点有两种表现形式:一种是用实物量表示,称为保本销售量;另一种是用货币金额表示,称为保本销售额。

(一)单一产品保本点的确定

根据盈亏临界点的定义,可知

销售单价 × 销售量 − (固定成本总额 + 单位变动成本 × 销售量) = 利润

令利润等于 0,得

保本销售量 = 固定成本总额 ÷ (销售单价 − 单位变动成本)

保本销售额 = 保本销售量 × 销售单价

例 7-1 已知某公司每件产品的单位变动成本为 200 元,生产该产品的年固定成本总额为 60 000 元,每件售价为 400 元。要求计算该公司的保本销售量和保本销售额。

保本销售量 =60 000 元 ÷(400−200)元 / 件 =300 件

保本销售额 =300 件 ×400 元 / 件 =120 000 元

盈亏临界图如图 7-1 所示。

总收入线和总成本线的交点 A 的横坐标就是生产该产品的盈亏临界点。盈亏临界点 A 的坐标为(300 件,120 000 元),表示只有当产品的销售量达到 300 件或销售收入达到 120 000 元时,企业才能处于盈亏平衡状态。而在盈亏临界点的左方,总成本线位于总收入线上方,表明销售量低于盈亏临界点销售量,企业的销售收入不能补偿其总成本,即出现了亏损,而且越往左,亏损区的面积越大,表明亏损额越高。在盈亏临界点的右方,总收入线在总成本线上方，表明销售量高于盈亏临界点销售量，企业的销售收入补偿了全部成本后还有余额，即为企业带来了利润，而且越往右，盈利区的面积越大，表明盈利额越高。

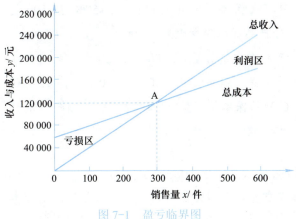

图 7-1 盈亏临界图

（二）多种产品保本点的确定

若企业生产销售多种产品，只能先计算保本销售额，再计算各产品的保本销售量。常用的计算方法有以下几种可以选择：

1. 综合贡献毛益率法

综合贡献毛益率法是将各种产品的贡献毛益和销售收入分别汇总，计算综合贡献毛益率，然后按此计算综合保本销售额。

综合贡献毛益率 =（各种产品贡献毛益之和÷各种产品销售收入之和）×100%

综合保本销售额 = 固定成本÷综合贡献毛益率

各种产品的保本销售额 = 综合保本点销售额×该产品占总销售额的比重

各种产品的保本销售量 = 各种产品的保本销售额÷各种产品的单位售价

😊 例 7-2　假设某公司的年固定成本总额为 30 000 元，同时生产和销售 3 种产品（假设产销平衡），有关资料见表 7-1。

表 7-1　资料表

项　目	A产品	B产品	C产品	合　计
产销量/件	2 000	5 000	1 250	8 250
销售单价/（元/件）	20	10	8	—
单位变动成本/（元/件）	10	7	4	—
单位贡献毛益/（元/件）	10	3	4	—
贡献毛益总额/元	20 000	15 000	5 000	40 000
销售收入/元	40 000	50 000	10 000	100 000
占总销售收入的比重	40%	50%	10%	100%

综合贡献毛益率 =40 000 元÷100 000 元 ×100%=40%

综合保本销售额 =30 000 元 ÷40%=75 000 元
A 产品保本销售额 =75 000 元 ×40%=30 000 元
B 产品保本销售额 =75 000 元 ×50%=37 500 元
C 产品保本销售额 =75 000 元 ×10%=7 500 元
A 产品保本销售量 =30 000 元 ÷20 元 / 件 =1 500 件
B 产品保本销售量 =37 500 元 ÷10 元 / 件 =3 750 件
C 产品保本销售量 =7 500 元 ÷8 元 / 件 =938 件

2. 分算法

分算法是指在一定条件下，将全部固定成本按一定标准在各种产品之间进行分配，分别计算每种产品的保本销售量。分算法的关键是要合理分配固定成本，对于专门由某种产品生产发生的固定成本即专属固定成本，如生产某种产品的专用设备的折旧费及基本维修费，应由该产品负担；对于应由多种产品共同负担的固定成本即共同固定成本，则应选择合适的分配标准进行分配，分配的标准可用销售额、贡献毛益额等。

例 7-3 以例 7-2 的资料为基础，假定固定成本 30 000 元中有 A 产品应负担的专属固定成本 800 元，其余为三种产品的共同固定成本，按各种产品的销售额为标准进行分配。

A 产品应该负担的固定成本 =800 元 +29 200 元 ×40%=12 480 元
B 产品应该负担的固定成本 =29 200 元 ×50%=14 600 元
C 产品应该负担的固定成本 =29 200 元 ×10%=2 920 元
A 产品保本销售量 =12 480 元 ÷10 元 / 件 =1 248 件
B 产品保本销售量 =14 600 元 ÷3 元 / 件 =4 867 件
C 产品保本销售量 =2 920 元 ÷4 元 / 件 =730 件

二、目标销售量规划

当企业确定了目标利润后，就需要规划实现目标利润的措施，其中主要的是确定销售量应达到的水平，即目标销售量。这就是目标销售量规划。目标销售量规划的方法如下：

根据利润计算公式：

销售利润 = 销售收入 − 变动成本 − 固定成本
= 销售量 × 销售单价 − 销售量 × 单位变动成本 − 固定成本
=（销售单价 − 单位变动成本）× 销售量 − 固定成本

可得：

目标销售量 =（销售目标利润 + 固定成本）÷（销售单价 − 单位变动成本）

例 7-4 某工业企业生产和销售一种产品，本年销售量为 60 000 件，销售单价为 27 元，单位变动成本为 15 元，年固定成本总额为 300 000 元，本年实现销售利润 420 000 元。该企业根据生产能力及市场需求状况将下年度目标利润定为 600 000 元。为了实现目标利润，销售量应该达到什么水平。

$$目标销售量 = \frac{600\,000元 + 300\,000元}{27元/件 - 15元/件} = 75\,000 件$$

即当其他条件不变的情况下，销售量达到 75 000 件，比上年度销售增加 15 000 件时，目标利润就能顺利实现。

第三节　销售业务管理

一、销售合同管理

（一）销售合同的概念

销售合同是卖方将出卖的货物交付给买方所有，买方接受该货物并支付约定价款的协议。在销售合同当事人中，一方交付货物取得价款的叫卖方，另一方接受货物并支付价款的叫买方。

根据《合同法》的有关规定，销售合同具有下列法律特征：

（1）销售合同是转移标的物所有权的合同。

（2）销售合同是典型的有偿合同。

（3）销售合同是双务合同：卖方负有支付标的物并转移所有权于买方的义务，买方同时负有向卖方支付价款的义务。

（4）销售合同是诺成合同。一般说来，销售合同自双方当事人意思表示达成一致就可以成立并生效，不需要交付标的物，因而不同于实践合同。

（5）销售合同一般为不要式合同。合同可以采用口头形式、书面形式或者其他形式，一般依当事人双方协商确定。当然，如果法律、行政法规规定采用书面形式的，应当采用书面形式。

（二）销售合同的订立

1. 销售合同订立的程序

销售合同与其他合同一样是当事人之间意思表示一致的结果，它是通过一方提出要约，另一方对要约表示承诺而成立的。因此，如果一方当事人向对方提出一项要约之后，对方对该项要约无条件地予以承诺，双方当事人之间就达成协议，成立了一项对双方当事人都具有约束力的合同。

（1）要约。要约是向一个或几个特定人提出的关于订立合同的建议，如果其内容十分确定，并且表明要约人有在其要约一旦得到承诺就将受其约束的意思，即构成要约；要约于其到达受要约人生效；要约的撤回是指要约人在发出要约之后，在其尚未到达受要约人之前，即在要约尚未生效之前，将该项要约取消，使其失去作用；要约的撤销是指要约人在其要约已经送达受要约人之后，即在要约已经生效之后，将该项要约取消，从而使要约效力归于消灭。关于要约生效之后，要约人能否将其撤销的问题是一个比较复杂的问题，按规定，在下列两种情况下，要约一旦生效，即不得撤销：①在要约中已经载明了承诺的期限或以其他方式表示它是不可撤销的。②受要约人有理由信赖该项要约是不可撤销的并已本着对该要约的信赖行事。一项要约，即使是不可撤销的要约，应于受要约人拒绝该要约的通知送达要约人时终止，要约一旦终止，即丧失其效力，要约人就不再受其约束。

（2）承诺。受要约人做出声明或以其他行为对一项要约表示同意即为承诺。承诺的实质是对要约表示同意，这种同意的意思必须以某种方式向要约人表示出来。但是，受要约人在收到要约后，仅仅表示缄默不采取任何行动对要约做出反应，这就不能认为是对要约的同意或承诺。因为从法律上说，受要约人并没有必须对承诺做出答复的义务。对要约所做的承诺应于表示同意的通知送达要约人时生效。如果表示同意的通知在要约人所规定的时间内，未曾送达要约人，承诺即为无效，但须适当考虑交易的情由，包括受要约人所使用的通信方法的迅速程度。根据规定，承诺是可以撤回的，只要撤回的通知能在承诺生效之前或与其同时送达要约人。撤回承诺是承诺人阻止其承诺发生法律效力的一种意思表示，承诺人在发出承诺之后，如果发现不妥，则在该承诺生效之前可以将其撤回，但一旦承诺生效，合同即告成立，承诺人就不得撤销其承诺。

2. 销售合同的基本条款

（1）当事人的名称或者姓名和住所。销售合同的当事人是指参与销售合同法律关系享受权利或承担义务的人，也就是销售合同的主体。销售合同关系是人与人之间的关系，因此必须有作为法律关系主体的人参加，才能在主体之间建立法律关系，否则，这种买卖关系不可能建立。

（2）标的物条款。销售合同的标的是指销售合同当事人权利义务所共同指向的对象。法律上也把它称为客体。货物买卖合同的标的，即作为民事法律关系客体之一的物是指销售合同当事人能够实际支配，具有一定经济价值可以满足人们生产或生活需要的物质财富，它包括自然界自然存在和人工制造的物。

（3）质量条款。质量是指销售合同标的物的内在素质和外观形态优劣程度的标志，是标的物适应一定用途、满足人们一定需要的特性，包括货物的物理化学成分、规格、性能、款式、感觉要素等。

（4）数量条款。数量是具体衡量销售合同标的物的尺度。数量条款不只是一个标的"量"的数字，还应包括计量单位、计量方法，有的还要规定正负允差、自然增减量。只有把这些内容都包括进去，数量条款才算完整，否则就容易发生问题和纠纷。

（5）价格条款。货物的价格应当遵守《中华人民共和国价格管理条例》的规定，凡实行国家定价的，按国家定价执行；实行国家指导价的，应当执行由县级以上各级人民政府物价部门、业务主管部门按国家规定权限规定的基准价和浮动价格；凡实行市场调节价的产品可以由当事人双方自由协商价格。

（6）包装条款。异地交货的买卖必然涉及运输，运输又必然涉及包装。包装不善常常导致货物受损，造成纠纷。即便货物不经运输就可交付，也必须有一定的包装。因此，明确包装要求是销售合同的主要内容之一。包装条款要确保货物无损、无污、无漏、无耗地交付买方。

（7）交货条款。交货是卖方的主要责任，是买方最关切的事。销售合同应当设专门的交货条款。交货条款的主要内容应包括交货方法、交货地点、交货期限、交货通知等。

（8）验货条款。为了使买方买到符合合同规定品质的货物，验货是必不可少的手续。

除非双方另有约定，否则买方在收货前有验货权。这也是买卖的一个基本原则，即允许买方检验货物的数量、质量、包装等方面是否符合合同规定。销售合同应按不同商品的特点明确验货方法、检验项目、检验标准、验货地点、验货时间、验货费用的负担等。

（9）结算条款。结算条款关系到卖方能否安全、及时地收到货款，因此合同中必须明确规定结算方式、结算时间、结算地点等内容。

（10）违约责任条款。违约责任是指当事人一方或双方，由于自己的过错造成销售合同不能履行或者不能完全履行，依照法律和合同的规定而承担的法律制裁。违约责任条款一般分成两部分，一部分是在合同履行中可能出现的违约情况；另一部分是对违约情况，责任方应承担什么责任。违约责任条款应由当事人根据法律法规的规定通过协商来确定。

（11）其他条款。当事人经过协商所定的其他条款等。

工业产品购销合同的格式如图7-2所示。

工业产品购销合同

供方：凯利电气设备有限公司　　　　　合同编号：2024-06
需方：国华工业有限公司　　　　　　　签订时间：2024 年 5 月 6 日

1. 产品名称、规格型号、计量单位、数量、金额、交（提）货时间及数量

产品名称	规格型号	计量单位	数量	单价/元	总金额/元	交（提）货时间及数量	
						合计	5.12
液位自控装置	KTSk-1.6 PN1.6DN6	台	2	12 500	25 000	2	2
液位自控装置	KTSk-1.6 PN1.6DN10	台	1	13 500	13 500	1	1

（注：空格如不够用，可以另接）

2. 质量要求、技术标准、供方对质量负责的条件和期限　按国家有关标准，三包政策为期一年。
3. 交（提）货地点、方式　在国华工业有限公司交货。
4. 运输方式及到达站港和费用负担　由供方负责。
5. 合理损耗及计算方法　／
6. 包装标准、包装物的供应与回收　木箱，不回收。
7. 验收标准、方法及提出异议期限　安装调试成功后运行15天，工作正常为验收合格。
8. 随机备品、配件工具数量及供应办法　由供方负责。
9. 结算方式及期限　验收合格后，15天内付合同金额95%，5%质保金一年后付清。
10. 担保方式（也可另立合同担保书，作为本合同附件）　
11. 违约责任　按合同金额5%支付对方违约金。
12. 合同争议解决方式由当事人在合同约定从下列两种方式中选择一种：　（1）
 （1）因履行本合同发生的争议，由当事人协商解决，协商不成的，提交　西安市　仲裁委员会仲裁。
 （2）因履行本合同发生的争议，由当事人协商解决，协商不成的，依法向人民法院起诉。
13. 其他约定事项　　　　　　　　　　　／

供方单位名称（章）：凯利电气设备有限公司	需方单位名称（章）：国华工业有限公司
单位地址：西安市大兴路	单位地址：西安市经开区工业园
法定代表人：强国民	法定代表人：王志强
委托代理人：	委托代理人：
电　话：029-8258××××	电　话：029-8569××××
开户银行：工行西关分理处	开户银行：中行朱宏路支行
账　号：390000170620001××××	账　号：586900001522××××
邮政编码：710025	邮政编码：710023
	有效期限：2024年5月6日至2025年5月31日

图 7-2　工业产品购销合同

（三）销售合同的履行

合同的签订，只是表达了双方当事人各自的经济目的，只有履行了所签订的合同，才能实现双方当事人各自的经济目的。销售合同的履行就是指销售合同在依法订立生效后，双方当事人按照合同的规定完成各自所承担的义务。销售合同的履行应该遵循以下原则：

1．实际履行原则

实际履行原则即要求销售合同当事人严格按照合同所规定的标的物去履行。其含义包括两点：

（1）不能用其他标的物来代替合同标的物，即合同中规定的是什么货物，当事人就必须交付什么货物。合同规定的是什么品种、规格、牌号，就必须按照这个规定履行，不得擅自更换，不能以次充好，以假冒真。更不能改变标的物用其他物品或金钱来代偿。

（2）不能以偿付违约金、赔偿金来代替履约。就是说，在销售合同当事人一方违反合同的情况下，违约方即使支付了违约金和赔偿金，也不能免除其履行合同的责任。如果受害方仍要求违约方继续履行合同，那么违约方还必须按照合同规定的标的物继续履行。

2．全面履行原则

全面履行原则亦称适当履行原则，就是要求合同双方当事人严格按照合同中约定的标的、时间、地点、质量、数量、包装、运输、结算等各项条款来全面地、适当地履行义务。全面履行原则的含义包括：

（1）履行合同规定的全部条款。全面履行原则要求合同双方当事人认真负责地履行合同的每一条款。不能认为标的物条款是重要的，其他条款是次要的。

（2）履行的主体、时间、地点和方式均必须适当。就是说，当事人必须按双方协议的主体、时间、地点、方式履行。主体适当是指由合同当事人履行，在同法律和合同不抵触的情况下，有的合同可由第三人履行。合同的标的数量、质量、规格与当事人的需要有直接关系。但合同履行的时间、地点、方式也十分重要。不按约定的时间、地点、方式履行，往往使合同的履行成为不必要，或者给当事人一方造成损失，因而履行适当有十分重要的意义。

（四）合同纠纷的解决

销售合同纠纷是合同的当事人之间对合同履行情况和不履行所引起的后果产生的争议。合同当事人对合同履行情况的争议，其焦点一般是合同是否履行或是否按合同约定履行。对不履行合同的后果产生的争议，其焦点一般是在没有履行合同情况下，合同当事人应否承担责任，应承担多少责任。解决销售合同纠纷的途径主要有四种：当事人自行协商解决、由有关部门主持进行调解、申请仲裁、向人民法院起诉。

（五）违约责任

违约责任是指当事人违反销售合同义务所应该承担的民事责任。违约责任是一种民事责任，因当事人违反合同义务而产生，主要表现为财产责任，可由当事人在法律规定范围内事先约定，如约定一定数额的违约金，约定对违约产生的损失赔偿额的计算方法，约定免除责任的条款等。根据《合同法》规定承担违约责任的方式主要有以下几种：继续履行、采取补救措施、赔偿损失、支付违约金。

二、货款回收的形式与应收账款管理

（一）货款回收的形式

工业企业销售货款回收的形式主要有以下三种：

（1）现销，即销售产品后立即收回货款。

（2）赊销，即销售产品后，延后一定期限后才收回货款。

（3）预收货款，即预先收取部分或全部货款，然后再发出产品。

在以上货款回收形式中，现销和预收货款是最理想的形式，收款最及时，坏账风险最小。但出于市场竞争的需要，企业不得不采用赊销方式来吸引客户，这不仅带来了坏账风险，也增加了货款回收的难度，从而产生了应收账款管理的需要。

（二）应收账款管理

在激烈的商业竞争中，企业为了获得利润，就要销售产品，取得销售收入，销售收入是取得利润的前提，企业只有有收入才能有利润。而企业为了取得销售收入就会采取多种方式促进销售，而赊销是重要手段之一，赊销产生了应收账款，它吸引了大量的客户，扩大了销售额，为企业带来了效益。

但应收账款的增加为企业带来收入的同时，也带来了负面影响。如果应收账款未及时收回，发生坏账损失，则会直接减少企业利润，影响企业的经济效益；同时，应收账款是企业的一项资金投放，被客户无偿占用，有机会成本（即丧失的投资收益），也是一种损失。因此，应收账款管理是一项十分重要的管理工作。

为了加强应收账款管理，必须规范应收账款的日常管理和健全客户的信用管理体系，对应收账款应在销售的事前、事中、事后进行有效控制。

1. 事前控制

事前控制就是要制定信用标准。信用标准是企业决定授予客户信用（即给予赊销）所要求的最低标准，也是企业对于可接受坏账风险提供的一个基本标准。信用标准较严，可使企业遭受坏账损失的可能减小，但会不利于扩大销售；反之，如果信用标准较宽，虽然有利于刺激销售增长，但有可能使坏账损失增加，得不偿失。可见，信用标准合理与否，对企业的收益与风险有很大影响，企业需要一个明确的尺度来作为判断的依据，它告诉企业应如何运用商业信用，应如何拒绝客户赊账的要求。

企业确定信用标准时，一是采用传统信用分析法；二是采用评分法，依据企业具体的情况和市场环境等因素综合考虑。

一般说来，客户的信用程度通常取决于五个方面，即客户的信用品质、偿付能力、资本、抵押品、经济状况。

（1）信用品质，即客户履约守信的表现。应了解客户过去的履约付款记录和与其他交易对象的关系，看有无不守信用的情况。

（2）偿付能力，即客户的偿债能力。应根据客户资产的流动性、变现能力强弱来考察，流动资产越多、变现能力越强，偿债能力越强。

（3）资本，即客户自有资金的多少。可用资产负债率指标来衡量，资产负债率越低，说明自有资金相对越多，资本实力越强，偿还债务的保障越强。

（4）抵押品，即客户能否提供担保债务的抵押财产。若能提供抵押财产，回收货款就有保证，客户信用程度就高。

(5) 经济状况,即客户面临的经济环境及发展趋势、客户自身经营状况和发展前景,对客户偿债能力的影响。若对客户有利,偿还债务的保障越强。

对客户以上五个方面进行信用综合分析后,企业就可以对客户的信用情况做出评判,评定信用等级。根据对客户的评定等级高低,实行不同的收款政策:

A级客户,按常规合同予以赊销;

B级客户,最好预收一部分货款;

C级客户,必须预收一部分货款;

D级客户,必须预收全部货款,或者采用现销,不予赊销,要求钱货两清。

2. 事中(发货到收款)控制

(1) 发货查询,货款跟踪。每次发货前客服部必须与销售合同核对。公司在销售产品后,就应该启动监控程序,根据不同的信用等级实施不同的收账策略,在货款形成的早期进行适度催收,同时注意维持跟客户良好的合作关系。

(2) 回款记录,账龄分析。财务部门要形成定期的对账制度,每隔一个月或一季度必须同客户核对一次账目,形成定期的对账制度,不能使管理脱节,以免造成账目混乱互相推诿、责任不清,造成经济纠纷,并且详细记录每笔货款的回收情况,经常进行账龄分析。应收账款账龄分析表见表7-2。

表 7-2 应收账款账龄分析表

账　　龄	客户数量/个	账款金额/万元	金额比重(%)
信用期限内	50	1 420	71
逾期一个月	20	280	14
逾期两个月	10	120	6
逾期两个月以上	5	180	9
合　　计	85	2 000	100

根据账龄分析可知,对于在信用期限内的账款,不必催收;超过信用期限的账款,就要进行催收,逾期账龄越长,催收力度应当越大。

(3) 合理运用现金折扣策略。为了促使客户早日付款,加速货款回收,企业可以运用现金折扣策略。在销售时,可附有现金折扣条件,即客户如能在规定的折扣期限内付款,则能享受相应的折扣优惠,折扣通常由折扣率与折扣期限两者构成,折扣率越小,折扣期限一般就越长;而折扣率越大,折扣期限一般就越短。现金折扣一般是采用如 2/10,5/30,N/30 等符号表示,其意思为:2/10 即在销售发票开出后 10 天内付款,就可以享受 2% 的价格优惠;5/30 即在销售发票发出后,11~30 天内付款,就可以享受 5% 的价格优惠;N/30 即表示付款最后期为 30 天,30 天以后付款没有价格优惠。

在实务中,客户往往也争取有现金折扣,是否向客户提供现金折扣,关键仍在于成本效益的分析,即提供折扣应以取得的收益大于现金折扣的成本为标准。

3. 事后(欠款到追收)控制

对拖欠账款的追收,要采用多种方法清讨,可按其账龄长短和收取难易程度,逐一分类排序,找出拖欠原因,确定催讨措施。

收账必须有合理的收账程序和追债方法。客户拖延付款是有很多原因的,一般可分为无力付款和故意拖延。无力付款是客户因经营管理不善,以致财务出现问题,未能按时付款，遇到这些情况，企业需要对客户拖延付款进行详细的分析，考虑能否再予延期付款，对于确实由于资金周转困难的企业，应采取订立还款计划，限期清欠，或采取债务重整策略。故意拖延是客户有付款的能力，但为了本身利益，想尽办法故意不付款，遇到此情况，企业必须采取适当的讨债行动，达到收款目的。收账必须有一定的程序，由信件通知、电话催收、上门催收，到采取法律手段等。对于短期欠款的客户，可出具书信方式催收账款；对于长期欠款的客户，可致电、上门催缴，严重的必须通过法律方式来解决。

但是，不论采用哪种方式，都有成本。一方面，如果追讨不力，会增加坏账损失；另一方面，催收手段过分强硬，或使用法律方式，会造成客户反叛，不利于稳定客户，也会增加收账成本。因此，收账成本的增加应小于坏账损失和应收账款机会成本的减少。当达到一定限度后，收款成本的增加，对减少坏账损失以及应收账款的机会成本没有显著的效果，此时应停止催收。

三、产品库房管理

产品库房管理的内容和方法与第二章中的仓库管理类同，不再重复。

第四节　电子商务在产品营销中的应用

党的二十大报告提出："着力提升产业链供应链韧性和安全水平"。应充分利用工业互联网平台，实现信息流、物流、资金流的高效匹配，推动供应链高质高效发展，并以供应链服务创新赋能产业链发展，促进产业链补链、延链、固链、强链，推动传统行业的产业链现代化转型。

电子商务在工业企业产品销售中的应用，就是在互联网销售平台中进行产品销售的活动。销售平台分为第三方销售平台和企业自建平台。

一、利用第三方销售平台销售产品

操作流程如下：

（1）选择适合本企业产品的互联网销售平台，如慧聪网、阿里巴巴等。
（2）了解准入的条件是否符合本企业的实际情况，如慧聪网、阿里巴巴等是针对中小企业开发的销售平台，准入门槛低。
（3）准备相应的审核资料，如营业执照、产品合格证书等，入驻平台。
（4）设计本企业的广告与产品宣传详情图等资料，上传添加产品。
（5）了解各个物流的实际情况，由于发往各个地区的运费不同，不同数量的产品运费也有优惠，设置对应区域和相应数量的物流运费价格。
（6）根据平台的要求规范，培训售前售后服务人员，做好售前售后服务工作。
（7）根据订单发货，上传物流单号。
（8）客户收到货物后，经过一定的时间后会自动收款，如果客户直接确认则可直接收款。
（9）开具发票。交易完成后向客户开具电子发票或纸质发票。

二、企业自建平台销售产品

操作流程如下：

（1）根据企业销售业务的实际需求，确定自建平台相关软件的开发预算。

（2）确定服务器，网络设备等硬件以及网络线路和固定 IP 地址的预算。

（3）根据上述预算，以及参考相关技术人员雇佣成本，确定是自建机房，还是由网络服务商主机托管。

（4）软件开发完成后，测试运行阶段及时向软件开发公司反馈存在的问题。

（5）待正式运营后，销售业务操作模式与第三方销售平台类似。

本章小结

产品市场营销策略主要有产品策略、定价策略、分销渠道策略和促销策略。产品策略包括产品组合策略、产品生命周期策略；定价策略包括新产品定价策略、产品生命周期定价策略、折扣定价策略和心理定价策略；分销渠道策略包括直接分销渠道策略和间接分销渠道策略；促销策略包括人员推销策略、广告促销策略、营业推广促销策略、公共关系促销策略和电子商务促销策略。

产品销售规划包括确定产品保本销售量和目标销售量两方面的内容。保本销售量，即盈亏临界销售量，是保证不亏损至少应该具有的销售量，企业必须使产品销售量不低于保本销售量；目标销售量是实现目标利润应达到的销售量。保本销售量和目标销售量是根据管理会计的利润计算原理计算确定的。

销售合同的订立程序包括要约和承诺两步，合同的基本条款应包括：双方当事人的名称和住所、标的物、质量、数量、价格、包装、交货、验货、结算、违约责任等。销售合同必须实际、全面履行。合同纠纷的解决途径有协商解决、调解、申请仲裁和向法院起诉四种。合同违约责任有：继续履行、采取补救措施、赔偿损失、支付违约金。

销售货款的回收有现销、赊销和预收货款三种。对于赊销形成的应收账款，应当进行事前、事中、事后控制。事前控制就是要制定信用标准，从信用品质、偿付能力、资本、抵押品、经济状况五个方面对客户进行信用评级，对达到一定级别的客户才能给予赊销。事中控制的措施主要有货款跟踪、账龄分析和运用现金折扣策略。事后控制主要是根据客户拖欠货款的原因和账龄长短，采取不同的催账措施和策略，达到收款目的，减少坏账损失。

电子商务是一种现代营销方式，企业可以利用第三方销售平台和自建平台销售产品。

课后习题

一、选择题

1．新产品定价策略有（　　）。

  A．撇脂定价策略   B．渗透定价策略

  C．满意定价策略   D．心理定价策略

2. 下列属于根据客户购买数量采用的价格折扣策略有（　　）。
   A．金额折扣　　　　B．数量折扣　　　　C．累计折扣　　　　D．付现折扣
3. 分销渠道分为（　　）。
   A．直接分销渠道　　　　　　　　B．间接分销渠道
   C．批发渠道　　　　　　　　　　D．零售渠道
4. 营业推广的方式有（　　）。
   A．赠送促销　　　B．抽奖促销　　　C．批发回扣　　　D．销售竞赛
5. 属于公共关系促销方式的有（　　）。
   A．发布新闻　　　　　　　　　　B．捐赠、赞助活动
   C．企业庆典活动　　　　　　　　D．广告
6. 合同纠纷解决的途径有（　　）。
   A．当事人协商解决　　　　　　　B．调解
   C．仲裁　　　　　　　　　　　　D．起诉
7. 合同违约责任包括（　　）。
   A．继续履行　　　B．补救措施　　　C．赔偿损失　　　D．支付违约金
8. 货款回收的形式有（　　）。
   A．现销　　　　　B．赊销　　　　　C．预收货款　　　D．预付货款
9. 应收账款控制的措施包括（　　）。
   A．货款跟踪　　　　　　　　　　B．账龄分析
   C．运用现金折扣策略　　　　　　D．信用评级
10. 追讨账款的要求有（　　）。
    A．催收手段不可过分强硬
    B．收账成本的增加应小于坏账损失和机会成本的减少
    C．收账成本等于或者大于坏账损失和机会成本时应停止催收
    D．穷追不舍

二、简答题

1. 产品策略包括哪些内容？
2. 产品不同寿命期应分别采用什么定价策略？
3. 简述各种折扣定价策略的折扣机理。
4. 怎样运用心理定价策略？
5. 怎样选择分销渠道策略？
6. 促销策略包括哪些内容？
7. 销售合同的基本条款有哪些？
8. 评价客户信用等级一般应从哪些方面考察？对不同信用等级的客户应分别采用什么收款政策？
9. 催收货款应根据欠款原因的不同分别采用什么办法？
10. 企业如何利用电子商务销售产品？

三、计算题

大华公司开发出一种新产品，准备投放市场。已知每件产品的单位变动成本为300元，生产该产品的年固定成本总额为50 000元，每件售价定为400元。经过市场调研，预计明年可销售2 000件。

要求：
（1）计算该产品保本销售量和销售额。
（2）预计明年的利润。

四、案例分析题

某汽车制造商在国内外的客户中一直享有良好的声誉。该汽车制造商之所以取得这样的成就，重要的一点在于它充分认识到公司提供给客户的产品，不只是一个交通工具——汽车本身，还应该包括汽车的质量、造型、服务等，即要以自己的产品整体来满足客户的全面要求。

于是，该汽车制造商千方百计地使产品质量首屈一指，并以此作为在竞争中取胜的首要方式，为此建立了一支技术熟练的员工队伍及对产品和部件进行严格的质量检查制度。从产品的构想、研制、试验、生产直至维修都突出了质量标准。

该汽车制造商还能大胆而科学地创新。车型不断变换，新的工艺技术不断应用到生产上，"以创新求发展"已成为其内部的口号。

该汽车制造商还有一个完整而方便的服务网。这个服务网包括两个系统，一是营销服务网，分布在各国各大中城市。在营销处，人们可以看到各种车辆的图样，了解到汽车的性能特点。在订购时，客户可以提出自己的要求，如车辆颜色、空调设备、音响设备，乃至保险式车门钥匙等。服务网中第二个系统是维修站。该汽车制造商非常注重这方面的服务工作，其维修人员技术熟练、态度热情、车辆检修速度快。

该品牌汽车每行使7 500km需换机油一次，每行驶15 000km需检修一次。这些服务项目都能在当天办妥。在换机油时，如发现某个零件有损耗，维修站还会主动打电话通知车主征求是否更换的意见。如果车子意外在途中发生故障，开车人只要就近向维修站打个电话，维修站就会派人来修理或把车拉回去修理。

该品牌汽车销售人员都经过良好的训练，接待客户时，穿着整齐，出落大方；对客户态度客气、服务迅速；同时在销售活动中，尊重客户的社会风俗习惯，努力营造一种满足客户的印象。

质量、创新、服务等虽然并不是什么秘密，但在生产经营的产品与质量、创新、服务等有机结合上，各企业都有所差异。该汽车制造商正是杰出地树立贯彻整体的观念，使自己不断取得成功。

要求：
（1）该汽车制造商是如何理解产品概念的？该汽车制造商取胜的秘诀是什么？
（2）你认为企业在"产品观"上应注意哪些问题？应该如何解决？

Chapter Eight

第八章

财务管理

学习目标

- 懂得产品成本的构成、核算及成本变动分析的方法。掌握企业经营费用的内容和成本费用的控制措施。
- 了解企业筹集资金的种类和各类资金的性质、特点、筹集方法。
- 掌握资金成本的概念、计算方法和应用。
- 了解企业资产的种类和管理要求。
- 掌握项目投资决策的基本方法。
- 了解工业企业应交税金的种类、利润的构成与核算以及利润分配的项目和程序。
- 掌握企业经济效益评价指标的含义和计算方法。

第一节 成本费用管理

工业企业的成本费用包括两大部分：一部分是产品生产成本；另一部分是经营费用。

一、产品成本的构成

产品成本就是产品的生产成本，即为了生产产品而付出的成本，其内容由三部分构成：

1. 直接材料成本

直接材料成本是指在产品生产过程中消耗的直接用于产品的材料成本，包括构成产品实体的原材料、外购半成品、包装物消耗和有助于产品形成的燃料、油漆等辅助材料的消耗。

2. 直接人工成本

直接人工成本是指在产品生产过程中直接生产工人的工资和按规定比例提取的职工福利费、职工教育经费、社会保险费等。

3. 间接费用

间接费用，会计上称为制造费用，是指为生产产品而发生的费用，包括车间管理人员、技术人员和车间辅助工人的工资及提取的福利费等，设备和厂房折旧费，设备和厂房租赁费，设备维修保养费，刀具工具消耗，水电费，劳动保护费，车间办公费，车间取暖费等。由于间接费用不是生产产品的直接费用，因而在生产多种产品时，需要向各种产品分配后计入产品成本。

二、产品成本的核算

产品成本由财务部门按产品品种进行归集，月末汇总后即可核算出产品的成本。产品成本核算的基本原理为

$$产品总成本 = 直接材料成本 + 直接人工成本 + 间接费用$$

$$单位产品成本 = \frac{产品总成本}{产品产量}$$

三、产品成本变动分析

为了不断降低产品成本，需要对产品成本的升降变动情况进行监控，每月要与上月或基准月的产品成本进行对比分析，了解变动情况，并对造成成本上升的原因进行分析，以便采取措施，降低产品成本。

1. 产品成本变动分析的计算方法

产品成本变动分析就是计算产品成本升降率及其对总成本的影响。产品成本升降率的计算公式为

$$产品成本升降率 = \left(\frac{本期单位产品成本}{基期单位产品成本} - 1\right) \times 100\%$$

上式计算结果，正数为升高，负数为降低。

$$产品成本升降对总成本的影响 = （本期单位成本 - 基期单位成本）\times 本期产量$$

上式计算结果，负数为成本降低节约的总成本，正数为成本升高多耗的总成本。

2. 产品成本变动的原因分析

产品成本变动的原因分析是在成本变动分析的基础上，进一步分析产品成本升降的原因，以便针对成本上升的原因对症下药，使产品成本降下来。产品成本变动的原因分析是按成本的构成项目进行对比分析的，表8-1是产品成本变动原因分析的例子。

表 8-1 产品成本变动原因分析表

(单位：元)

成 本 项 目	基期单位成本	本期单位成本	升 降 额
直接材料	60	65	5
直接人工	30	29	-1
制造费用	10	11	1
合　　计	100	105	5

由表8-1可以看出，产品成本上升5元，主要是直接材料成本上升所致，制造费用上升是次要原因，直接人工成本有所下降。

四、经营费用

经营费用，在会计上称为期间费用，是企业经营活动发生的费用，不属于生产成本。工业企业的经营费用包括销售费用、管理费用和财务费用三部分。

1. 销售费用

销售费用是指企业在销售产品过程中发生的费用，包括企业销售产品过程中发生的运输费、装卸费、包装费、保险费、展览费等，以及为销售本企业产品而专设的销售机构（含销售网点、售后服务网点等）的职工工资及福利费、销售提成工资、业务费等费用。

2. 管理费用

管理费用是指企业为组织和管理生产经营所发生的费用，包括企业的董事会和行政管理部门在企业的经营管理中发生的，或者应当由企业统一负担的公司经费（包括行政管理部门职工工资及社会保险费、修理费、物料消耗、低值易耗品摊销、办公费和差旅费等）、工会经费、董事会费、聘请中介机构费、咨询费（含顾问费）、诉讼费、业务招待费、房产税、车船税、技术转让费、矿产资源补偿费、非生产用无形资产摊销、研究费、排污费、存货盘亏等。

3. 财务费用

财务费用是指为筹集生产经营所需资金而发生的费用等，包括利息支出、发行股票债券的发行费、银行承兑手续费、外币汇率变动差额等。

五、成本费用的控制

1. 材料费用的控制

材料费用归口由生产部门控制。由于材料主要是在车间、班组内耗用的，因此，还可以把材料费用指标进一步分解给车间的材料员和班组的工人，以保证全厂产品材料成本的降低。

材料费用的控制，一般从材料消耗和采购成本两个方面进行。对各种原材料、主要辅助材料和燃料，要制定消耗定额，实行限额发料制度；对零星的、次要材料，实行按金额控制的办法。需要超过限额领料，或需要超过计划总金额领料，必须先查明原因，经过一定的审批手续，才能补领材料。

除了对材料消耗量进行控制外，还要加强对采购成本的控制。材料采购成本包括买价和采购费用两部分。企业供应部门购买材料时，在保证生产需要的质量前提下，要择低价采购。采购费用包括外地运杂费、运输途中的合理损耗以及因整理挑选而发生的损耗等。为此，供应部门尽可能就近采购，精心做好整理和挑选工作，降低采购费用。财务部门可会同供应部门，制定采购计划成本，确定价格差异率，并定期对差异率进行检查和分析，促进降低材料的采购成本。

2. 工资费用的控制

工资费用归口给劳动工资部门控制。为了合理地控制工资费用，应做好的主要工作有：首先要制定和执行先进合理的劳动定额和编制定员。这是因为企业工资支出的多少主要取决于职工人数的多少和劳动效率的高低。此外，应当在劳动定额和定员的基础上，根据生产计划和工资标准，按期编制劳动工资计划。财务部门应当结合成本计划的编制，审查工资计划是否合理。

3．制造费用的控制

制造费用是企业内部各个生产单位（分厂、车间）为组织和管理生产所发生的各项费用，其大部分属于间接费用，因此不像直接费用那样采用耗用量作为标准进行控制，而需要采用预算或限额方式实施控制。

企业的制造费用项目较多，且责任面较广，故对制造费用控制应做好三个方面的工作：

（1）对各费用项目实行指标归口分级管理，明确责任单位。

（2）制订制造费用预算，按月确定费用指标。

（3）控制制造费用的日常开支。

4．管理费用的控制

管理费用是指企业行政管理部门为管理和组织经营活动所发生的各项费用。管理费用项目众多，内容复杂，其属于企业的综合性费用。因此，对管理费用的控制应做好三项工作：

（1）制订费用预算，加强计划管理。

（2）严格费用的日常开支。

（3）定期对费用预算的执行情况进行考核和检查。

5．财务费用的控制

财务费用是企业为筹集资金而发生的各项费用，包括企业在生产经营期间发生的利息净支出、汇兑净损失和支付金融机构的手续费等。加强财务费用的控制应做好三项工作：

（1）认真选择筹集资金来源，不断降低资金成本。

（2）及时结清借款利息。

（3）严格控制财务费用的开支。

6．销售费用的控制

销售费用是指企业在销售产品过程中发生的各项费用。加强销售费用控制应做好三项工作：

（1）编制销售费用预算，实行计划控制。

（2）注重费用与收入之间的比例关系，控制费用率。

（3）严格控制销售费用的日常开支。

第二节　资金筹集管理

一、企业筹集资金的种类

（一）按所筹资的性质分类

企业所筹资金按性质分为权益资金和负债资金两类。

1．权益资金

权益资金就是归股东或投资者所有的资金，即会计中的所有者权益，也称自有资金。

权益资金的内容包括资本金和留存收益两部分。

（1）资本金。资本金即企业在工商行政管理局登记的注册资本，会计上称为实收资本或股本，是指企业的投资者或股东向企业投入的出资或股份，是企业设立的基本资金要求，是归投资者所有的"本钱"。

另外，资本金还包括称为准资本的资本公积金，资本公积金主要包括发行股票的溢价收入或股东的出资金额超过其所享有公司股份金额的部分。

（2）留存收益。留存收益即企业从利润（收益）中留存的部分，包括从历年净利润中提取的盈余公积和未向股东分配完的利润两部分。留存收益是企业内部积累的资金，属于股东所有的另一部分权益资金。留存收益靠企业的经营成果来积累，企业的经营效益好，这部分资金才能多；否则，这部分资金就少。留存收益是企业发展壮大的资金源泉。

2. 负债资金

负债资金即企业借入的资金，是不属于股东所有、需要偿还并付息的资金。负债资金主要包括银行借款、应付预收款项、租赁资产、应付债券等。

（1）银行借款。银行借款即企业向各类银行及信用社借入的款项。

（2）应付预收款项。应付预收款项包括应付账款、应付票据、应付利息、应付股利、应付职工薪酬、应交税费、其他应付款、预收账款，是企业暂时占用供应商、债权人、股东、职工、国家财政及客户的资金，属于企业对上述各方的负债，也是企业负债资金的一种来源。

（3）租赁资产。租赁资产主要是企业租入的设备、房屋等固定资产。租赁资产是企业借入的实物形态的资金，需支付租金，也属于企业的负债资金。

（4）应付债券。应付债券即企业发行债券所筹集的负债资金，需要在一定期限内还本付息。发行债券目前主要是大型公司所采用的筹资方式，大多数企业还不能采用，所以还不是一般企业负债资金的来源。

（二）按所筹资金的期限分类

企业所筹资金按可使用期限可分为短期资金和长期资金。

1. 短期资金

短期资金是指使用期限在 1 年（12 个月）以内的负债资金，主要包括：

（1）短期银行借款。短期银行借款即向银行及信用社借入的偿还期在 12 个月以内的借款，包括票据贴现借款。

（2）应付预收款项。应付预收款项即前述的各种应付和预收款项，这类负债均为暂时占用，期限不超过 1 年。

2. 长期资金

长期资金是指使用期限在 1 年以上的资金，主要包括：

（1）权益资金。权益资金是归股东所有的自有资金，不需偿还，属于永久性资金，所以是长期资金。

（2）长期负债。长期负债是指偿还期在 1 年以上的负债资金，主要包括：

1）长期借款，即向银行及信用社借入的偿还期在 1 年以上的借款。

2）长期应付款，主要是应付融资租赁设备的租金，由于融资租赁的期限长（接近设备寿命年限），租金在租赁期内逐年偿付，实质上相当于分期付款购置，偿还期限在 1 年以上，所以属于长期负债。

3）应付债券，即发行债券所筹的资金。由于我国的企业债券均为 1 年以上的长期债券，所以发行债券所筹资金为长期负债资金。

（三）按所筹资金的形态分类

企业所筹资金按形态可分为货币资金、实物资产、无形资产三种。

1. 货币资金

货币资金是企业筹集资金的主要形态，无论是股东出资、发行股票、借款、发行债券，所筹资金主要为货币资金。

2. 实物资产

企业筹集的实物资产形态的资金，主要有设备、房屋等固定资产和原材料、商品等存货资产。

所筹实物资产形态的资金，主要见于企业重组时股东以原有的固定资产或存货作为出资，或企业租赁筹资租入的固定资产。

3. 无形资产

企业筹集的无形资产形态的资金，主要是股东以土地使用权、专利权、专有技术、商标权等向企业的出资。

二、权益资金筹集

（一）资本金筹集

1. 资本金的筹集方式

资本金的筹集方式有吸收直接投资和发行股票两种。

（1）吸收直接投资。吸收直接投资是有限责任公司的资本金筹集方式，即股东按协议直接向公司缴付出资，不采用股票形式。出资的形式除货币资金外，也可以实物资产、无形资产折价出资。

（2）发行股票。发行股票是股份有限公司筹集资本金的方式。即通过发售股票筹集资本金，股东通过购买股票间接向公司投资。公司的资本金分为等额股份，以股票的形式向公众发售，持有股票的单位或个人即成为公司的股东。发行股票有利于筹集较多的资本金。

2. 资本金筹集的要求

《公司法》对公司筹集资本金的主要要求有：

（1）股东人数要求。《公司法》对股东人数的要求是：有限责任公司的股东人数不得超过 50 人，最少为 1 人；股份有限公司的股东人数应在 1 人以上，向社会公开募集股份的，股东人数没有上限限制，定向募集股份的股东人数不得超过 200 人。股东为法人、自然人均可。

（2）资本金保全要求。股东投入的资本金除可依法转让外，不得随意抽走。股份有限公司股东持有的股票，可以转让，即股份可以转让给别人，但不能要求退还股款。有限责任公司股东的出资，不得随意转让，只有经股东会同意才可以转让，并且应优先转让给原有股东；股东一般不得要求退股，若退股必须经股东会同意。

企业增加或减少资本金，除应经股东会通过外，还必须在工商行政管理机关办理营业执照变更登记手续。

（3）股东权利义务要求。股东按在公司持有的股份多少或比例，行使表决权、股利分配权，同时承担公司的亏损和经营风险。但股东对公司只承担有限责任，即当公司因经营不善而破产时，股东以其出资额或股份作为偿还公司债务的最高限额，不足偿还的债务，股东不再承担责任。

（二）留存收益的筹集

1. 留存收益筹集的方式

（1）提取盈余公积。即从当年的净利润中提留一定比例的公积金，包括法定盈余公积和任意盈余公积。

（2）留取未分配利润。即在向股东分配股利后，留取一部分净利润作为积累资金。

2. 留存收益筹集的要求

（1）提取盈余公积的要求。《公司法》要求，法定盈余公积必须按净利润的 10% 提取，但法定盈余公积累计提取额达到注册资本 50% 以上时可以不再提取。除提取法定盈余公积外，还可以提取任意盈余公积，是否提取和提取比例由企业自行决定。

（2）留取未分配利润的要求。留取未分配利润的多少，应处理好股东目前利益与公司长远发展的关系，既要满足股东的股利收益，又要考虑企业发展的资金需要。一般在企业利润较多的年份应适当多留；利润少的年份适当少留或不留，以保持股东股利收益的相对稳定。

三、长期负债资金筹集

长期负债资金的筹集方式包括长期借款、融资租赁和发行债券。

（一）长期借款

1. 取得长期借款的条件

企业申请贷款一般应具备的条件可归纳为：

（1）独立核算、自负盈亏、有法人资格。

（2）经营方向和业务范围符合国家产业政策，借款用途属于银行贷款办法规定的范围。

（3）借款企业具有一定的物资和财产保证，担保单位具有相应的经济实力，具有偿还贷款的能力。

（4）财务管理和经济核算制度健全，资金使用效益及企业经济效益良好。

2. 取得长期借款的程序

具备上述条件的企业欲取得贷款，先要向银行提出申请，陈述借款原因与金额、用款时间与计划、还款期限与计划。银行根据企业的借款申请，针对企业的财务状况、信用状况、盈利的稳定性、发展前景、借款投资项目的可行性等进行审查。银行审查同意贷款后，再与借款企业进一步协商贷款的具体条件，明确贷款的种类、用途、金额、利率、期限、还款的资金来源及方式、保护性条款、违约责任等，并以借款合同的形式将其法律化。借款合同生效后，企业便可取得借款。

（二）融资租赁

资产租赁分为经营租赁和融资租赁两种方式。

经营租赁是出租人向承租人提供租赁设备，并提供设备维修和人员培训等服务性业务的租赁形式。从租赁期限看，大多属于短期租赁；从承租人的目的看，承租人不在于通过租赁而融资，而在于通过租入设备，取得短期内的资产使用权和享受出租人提供的专门技术服务。因此，它又称营业租赁或服务租赁，但经营租赁也是一种负债筹资方式。

融资租赁是由出租人（租赁公司）按照承租人（承租企业）的要求购买设备，并在契约或合同规定的较长时期内提供给承租人使用的信用业务。它通过融物来达到融资的目的，是现代租赁的主要形式。

1．融资租赁的特征

（1）设备租赁期较长。按国际惯例，租赁期一般接近资产经济使用年限的70%～80%。我国会计准则规定，其租赁期不低于经济使用寿命的75%。

（2）不得任意终止租赁合同或契约。一般认为，在租赁双方签订合同后，在规定的期限内非经双方同意，任何一方不得中途终止合同，以维护双方的权益。

（3）租赁期满后，按事先约定的方式来处理资产，或退还，或续租，或留购。在大多数情况下，一般由承租人支付少量价款，即留购资产，取得其所有权。

2．融资租赁的性质

融资租赁是由出租人按承租人的要求出资购买租赁物，然后出租给承租人使用。租期一般接近设备有效寿命期。它也是企业的一种负债筹资方式。因为：

（1）融资租赁协议是契约型的，是必须履行的义务，这和借款合同是相同的。

（2）融资租赁协议与借款合同的基本内容大体一致，如租赁期和借款期，租金额与本利和等。

（3）无论是无力偿还借款还是无力支付租金都会使企业的财务信誉受到严重损害。

3．融资租赁的程序

（1）选择租赁公司。企业决定采用租赁方式筹取某项设备时，首先需了解各个租赁公司的经营范围、业务能力以及与其他金融机构的关系和资信情况，取得租赁公司的融资条件和租赁费率等资料，并加以比较，从而择优选定。

（2）办理租赁委托。企业选定租赁公司后，便可向其提出申请，办理委托。这时，筹资企业需填写"租赁申请书"，说明所需设备的具体要求，同时还要提供企业的财务状况文件，包括资产负债表、利润表和现金流量表等。

（3）签订购货协议。由承租企业与租赁公司的一方或双方合作组织选定设备制造厂商，并与其进行技术与商务谈判，签署购货协议。

（4）签订租赁合同。租赁合同由承租企业与租赁公司签订，它是租赁业务的重要法律文件。融资租赁合同的内容可分为一般条款和特殊条款两部分。

1）一般条款主要包括：合同说明；名词解释；租赁设备条款；租赁设备交货、验收和税款、费用条款；租期和起租日期条款；租金支付条款。这些内容通常以附表形式列作合同附件。

2）特殊条款主要规定：购货合同与租赁合同的关系；租赁设备的所有权；租期中途不得退租；对出租人免责和对承租人保障；对承租人违约和对出租人补救；设备的使用和保管、维修和保养；保险条款；租赁保证金和担保条款；租赁期满对设备的处理条款等。

（5）办理验货与投保。承租企业收到租赁设备，要进行验收。验收合格签发交货及验收证书并提交给租赁公司，租赁公司据以向厂商支付设备价款。同时，承租企业向保险公司办理投保事宜。

（6）支付租金。承租企业按合同规定的租金数额、支付方式等，向租赁公司支付租金。

（7）处理租赁期满的设备。融资租赁合同期满时，承租企业应按租赁合同的规定，实行退租、续租或留购。租赁期满的设备通常都以低价卖给承租企业或无偿赠送给承租企业。

4．融资租赁的优缺点

融资租赁与其他长期负债筹资相比，优点有：

（1）环节少，手续简单。租赁比借款购置设备更迅速、更简单，因为租赁是筹资与设备购置同时进行，可以缩短时间，使企业尽快形成生产能力。

（2）限制少。银行借款要经过银行的严格审查，对企业要求很严，取得借款较难。发行债券的限制更多，首先，只有少数大型公司有资格申请发行，绝大部分中小企业是无权发行的；其次是政府审批程序复杂、限制多、要求严、耗时长。而融资租赁没有资格限制，没有复杂的审批程序，限制少，筹资相对容易。

缺点是除负担利息外，还要向租赁公司支付手续费，资金使用成本较高。

（三）发行债券

发行债券是公司通过发售证券向公众借入资金的一种负债筹资方式，我国的企业债券一般都是长期的，因此属于长期负债筹资形式。

1．债券的发行条件

（1）股份有限公司的净资产不低于人民币 3 000 万元，有限责任公司的净资产不低于人民币 6 000 万元。

（2）累计债券余额不超过公司净资产的 40%。

（3）最近三年平均可分配利润足以支付公司债券一年的利息。

（4）筹集的资金投向符合国家产业政策。

（5）债券的利率不超过国务院限定的利率水平。

（6）国务院规定的其他条件。

2．债券的发行程序

（1）由公司权力机关做出决议。有限责任公司、股份有限公司发行公司债券，由公司董事会制订方案，公司股东会或股东大会做出决议。

（2）报有关部门或机构批准。申请公开发行公司债券，应当向国务院授权的部门或者国务院证券监督管理机构报送下列文件：①公司营业执照；②公司章程；③公司债券募集办法；④资产评估报告和验资报告；⑤国务院授权的部门或者国务院证券监督管理机构规定的其他文件。

(3) 公告募集办法。发行公司债券的申请经国务院授权的部门核准后，应当公告公司债券募集的办法。

(4) 发行债券。

3. 发行债券筹资的优缺点

发行债券筹资的优点是可以向公众筹集，筹集面广，可以筹集较多的资金；缺点是限制条件多、审批复杂，一般企业难以采用。

四、短期负债资金筹集

短期负债也称流动负债，是指偿还期在1年以内的负债资金。筹资方式包括短期借款、商业信用和自然负债。

（一）短期借款

短期借款是企业向银行借入的偿还期1年以内的借款。

1. 短期借款的取得

企业举借短期借款，首先必须提出申请，经审查同意后借贷双方签订合同，注明借款用途、金额、利率、期限、还款方式、违约责任等；然后企业根据借款合同办理借款手续；借款手续办理完毕，企业便可取得借款。

2. 短期借款的形式

(1) 一般借款，即按通常程序取得的借款。

(2) 票据贴现借款。票据贴现借款是持票人把未到期的商业承兑汇票或银行承兑汇票转让给银行，贴付一定的利息以取得银行资金的一种借款方式。企业申请票据贴现借款时，实际取得的资金要低于票面金额，其差额为贴现利息。

（二）商业信用

商业信用是企业在商品购销活动中因延期付款或预收货款而形成的借贷关系，它是由商品交易中货与钱在时间上的分离而形成的企业间的直接信用行为。

商业信用筹资的形式主要有：

1. 赊购商品

赊购商品是一种最典型、最常见的商业信用形式。在这种情况下，买卖双方发生商品交易，买方收到商品后不立即支付现金，可延期到一定时间以后付款，即应付账款。

2. 预收货款

在这种形式下，卖方要先向买方收取货款，但要延期到一定时期以后交货，这等于卖方向买方先借入一笔资金，是一种典型的商业信用形式。通常，购买单位对于紧俏商品乐意接受这种形式，以便顺利获得所需商品。另外，生产周期长、售价高的商品，如轮船、飞机等，生产企业也经常向订货者分次预收货款，以缓解资金占用过多的问题。

3. 商业汇票

商业汇票是指单位之间根据购销合同进行延期付款的商品交易时，开出的反映债权债务关系的票据。根据承兑人的不同，商业汇票可分为商业承兑汇票和银行承兑汇票。商业承兑汇票是由收款人开出，经付款人承兑，或由付款人开出并承兑的汇票。银行承兑汇票是由收款人或付款人开出，由银行审查同意承兑的汇票。商业汇票是一种期票，是反映应付账款和应收账款的书面证明。对于买方来说，它是一种短期筹资方式。

商业信用筹资是一种无成本筹资，一般无需支付利息，也无需审批，是企业日常运用的筹资方式。

（三）自然负债

自然负债即各种应付费用和应交税金，包括应付职工薪酬、应付利息、应付租金、应交税费等。这些应付费用和应交税金是企业在经营过程中自然形成的资金来源，所以称自然负债。应付费用和应交税金有一个共同的特点，即规定有必须支付的期限，但不必立即支付，从而在企业"沉淀"一个时期。当一个旧的支付款项期限到来之前，又会有一个新的支付款项产生，由此给企业提供了一种经常使用这些应付款的机会，形成企业的一种资金来源。例如，税金是一个月支付一次，在未支付前，企业就可以将应支付的税款用于生产经营上。自然负债在应付未付期限内基本上是一种无代价筹资，但若企业故意扩大应付费用和应交税金数额，或延期支付，就会变成有代价筹资。其资金成本包括：罚款、滞纳金和商誉损失。

自然负债筹资与商业信用筹资类似，也是一种无成本筹资，是自然形成的一种筹资方式。

五、资金成本的计算和运用

（一）资金成本的概念和内容

资金成本就是筹集和使用资金所付出的代价，其内容包括筹资费用和使用成本两部分。

1. 筹资费用

筹资费用即在筹集资金过程中发生的费用，如咨询谈判费、证券发行费、手续费等。

2. 使用成本

资金使用成本就是使用资金而付出的代价，如支付的借款或债券利息、支付的资本金的股利以及留存收益的机会成本等。

（二）资金成本水平的计算

筹集和使用资金既然是有成本的，这就需要计算资金成本水平的高低，作为决策管理的依据。资金成本水平的高低用资金成本率来表示，资金成本率即资金成本与使用资金额的比率。

资金成本率的计算，既要计算各种筹资形式的资金成本率，还要计算全部资金的综合资金成本率。

1. 各种筹资形式资金成本率的计算

资金成本率的计算原理是每年资金使用成本与实际使用资金额的比率，每年资金使用成本为企业每年实际负担的代价，实际使用资金额就是筹资总额减去筹资费用后的部分。按照基本计算原理，具体各种筹资形式的资金成本率计算方法如下：

（1）借款资金成本率。借款为负债资金，其使用成本为利息。但按税法规定，利息费用在核算利润时可以减除，即可以使利润减少，利润减少相应可使缴纳的所得税减少，又可

节省所得税费用。借款资金成本率的计算方法为

$$借款资金成本率=\frac{借款总额\times 年利率\times (1-企业所得税率)}{借款总额-申请费用}\times 100\%$$

例8-1 某企业向银行借款100万元,年利率为6%,借款申请签约费用为1万元,企业所得税率为25%。

$$借款资金成本率=\frac{100万元\times 6\%\times (1-25\%)}{100万元-1万元}\times 100\%=\frac{4.5}{99}\times 100\%=4.55\%$$

(2) 发行债券资金成本率。发行债券所筹资金也是负债资金,利息费用与借款一样也可以节省所得税费用。所以其资金成本率的计算方法与借款类似。但因债券的发行价格可能与面值不同,利息是按面值计算的,而实际使用资金额是按发行价计算的。因此,发行债券资金成本率的计算方法为

$$发行债券资金成本率=\frac{债券总面值\times 年利率\times (1-企业所得税率)}{债券发行价总额-申请及发行费用}\times 100\%$$

例8-2 某公司按90元的价格发行面值为100元的债券10 000张,债券年利率为8%,申请及发行费用共3万元,企业所得税率为25%。

$$发行债券资金成本率=\frac{100元/张\times 10\,000张\times 8\%\times (1-25\%)}{90元/张\times 10\,000张-30\,000元}\times 100\%=\frac{60\,000元}{870\,000元}\times 100\%=6.90\%$$

(3) 租赁资金成本率。

1) 经营租赁资金成本率。经营租赁资产的租金相当于借款利息,资产价值相当于借款额,租金费用也是核算利润的减除项目,可以节省所得税费用。因此,经营租赁资金成本率的计算方法为

$$经营租赁资金成本率=\frac{年租金额\times (1-企业所得税率)}{租赁资产市场价值-中介费}\times 100\%$$

例8-3 某企业租入办公用房5年,协议每年租金20 000元,支付中介机构费用1000元。该房市场价值为500 000元,企业所得税率为25%。

$$经营租赁资金成本率=\frac{20\,000元\times (1-25\%)}{500\,000元-1000元}\times 100\%=\frac{15\,000元}{499\,000元}\times 100\%=3.01\%$$

2) 融资租赁资金成本率。融资租赁实质上为分期付款购置,融资租赁的租金包含资产价值、利息与租赁手续费两大部分。其中利息与租赁手续费属于资金使用成本,资产价值部分属于还本金额。由于融资租赁资产的价值是通过租金分期偿还的,所以企业实际占用的资

金额应是各年的平均值，即资产价值的一半。因此，融资租赁资金成本率可按下式计算：

$$融资租赁资金成本率 = \frac{(租金总额 - 资产市价) \div 租赁年限 \times (1 - 所得税率)}{资产市价 \div 2} \times 100\%$$

例 8-4 某企业融资租赁租入一台设备，租期 8 年，租金总额为 160 万元，每年付租金 20 万元。该设备市场售价为 120 万元，企业所得税率为 25%。

租金总额与设备市价的差额 40 万元即为利息与租赁手续费总额，平均每年为 5 万元（40 万元 ÷ 8 年）。该企业该设备的入账价值为 160 万元，40 万元的利息与租赁手续费通过每年折旧费计入费用，可节省所得税费用。企业使用的资金为设备的市场价值，随着逐年支付租金，企业实际平均占用的资金额只为设备市价的一半，为 60 万元。

$$融资租赁资金成本率 = \frac{(160万元 - 120万元) \div 8年 \times (1 - 25\%)}{120万元 \div 2} \times 100\% = 6.25\%$$

（4）资本金资金成本率。股东投入的资本金，公司要付给股利，股利即为使用资金的成本。由于发行股票的资金成本计算较复杂，一般企业也不常用，所以这里只介绍常用的吸收股东直接投资的资金成本率计算。由于吸收股东直接投资没有发行费，股利支出属利润分配，不计入费用，不能节省所得税费用。因此，其资金成本率的计算方法为

$$资本金资金成本率 = \frac{资本金总额 \times 股利率}{资本金总额} \times 100\%$$

例 8-5 某企业资本金总额为 200 万元，本企业平均年股利率为 20%。

$$资本金资金成本率 = \frac{200万元 \times 20\%}{200万元} \times 100\% = 20\%$$

（5）留存收益资金成本率。留存收益是企业内部积累的资金，无需支付利息或股利，也没有筹资费用。但企业使用留存收益资金仍然是有成本的，这就是机会成本。因为，如果留存收益资金自己不使用而对外投资，会获得投资收益的，企业自己使用了这笔资金就失去了可以获得投资收益的机会，失去的投资收益就是机会成本。因此，留存收益资金的资金成本，就是可能取得的投资收益，投资收益可参照社会平均股权投资收益率计算。所以留存收益资金成本率的计算方法为

$$留存收益资金成本率 = \frac{留存收益额 \times 社会平均股权投资收益率}{留存收益额} \times 100\%$$

例 8-6 某公司有留存收益资金 500 万元，社会平均股权投资收益率为 15%。

$$留存收益资金成本率 = \frac{500万元 \times 15\%}{500万元} \times 100\% = 15\%$$

2. 全部资金综合资金成本率的计算

企业的全部资金一般都由几种不同形式的资金组成，要知道总体资金成本水平的高低，就需要计算全部资金的综合资金成本率。综合资金成本率就是各种资金的资金成本率的加权平均数，计算方法为

$$综合资金成本率 = \sum 各种资金成本率 \times 各种资金占全部资金的比重$$

例 8-7 某企业的资金构成及资金成本率见表 8-2。

表 8-2 资金构成及资金成本率

资金类别	资金成本率	金额/万元	占全部资金比重
资本金	20%	100	20%
留存收益	15%	200	40%
借款	5%	200	40%
合计	—	500	100%

综合资金成本率 = 20%×20% + 15%×40% + 5%×40% = 12%

（三）资金成本率在财务管理中的作用

资金成本率是财务管理的重要指标，其作用有：

1. 选择筹资方式的依据

在筹集资金时，在同类形式的资金中，应当选择资金成本率较低的筹资方式。

例 8-8 某新办企业需要 120m² 的办公用房，房价为 50 万元。若借款购买，借款利率为 6%。若经营租赁租入同样的房子，年租金为 2.5 万元。假设借款申请费用和租赁中介费忽略不计，房价保持稳定不变，企业所得税率为 25%。请问应借款购买还是租赁？

借款和租赁同为负债筹资，分别计算其资金成本率：

$$借款资金成本率 = \frac{50万元 \times 6\% \times (1-25\%)}{50万元} \times 100\% = 4.50\%$$

$$租赁资金成本率 = \frac{2.5万元 \times (1-25\%)}{50万元} \times 100\% = 3.75\%$$

由计算可以看出，租赁的资金成本率较低，应选择租赁方案。

2. 评价投资方案可行性的依据

在评价投资方案可行性时，基本的标准是投资收益率要高于所用资金的资金成本率，即投资的收益起码要大于其筹资的成本，才能不赔本，方案才可考虑，否则就是不可行的。

例 8-9 某企业现有一投资项目，需投资 500 万元，预计每年可获净利润 30 万元（不扣除借款利息）。投资所需资金用银行借款解决，借款年利率为 7%，借款申请费用为 5 万元。企业所得税率为 25%。请测算该投资方案是否具有可行性。

分析： $$投资收益率 = \frac{30万元}{500万元} \times 100\% = 6\%$$

$$借款资金成本率 = \frac{500万元 \times 7\% \times (1-25\%)}{500万元 - 5万元} = \frac{26.25万元}{495万元} \times 100\% = 5.30\%$$

由于投资收益率大于资金成本率,所以该投资方案具有可行性。

第三节 资产管理

资产是企业生产经营的条件,企业的生产经营活动就是对资产的运用,通过资产营运取得利润。企业的资产分为以下四个部分。

一、流动资产管理

流动资产是指在资金周转过程中不断改变形态的那部分资产,包括货币资金、短期投资、应收预付款项、存货等。由于这些资产经常处于形态变化中,不断地由货币变为原材料、由原材料变为产成品、产成品再销售变回货币,所以称作流动资产。

(一)货币资金管理

货币资金就是企业的银行存款和现金,以及持有的信用卡、银行汇票、本票。货币资金是支付工资、支付货款、支付水电费等所必需的。

货币资金管理主要是资金支付能力控制。资金支付能力是指资金满足企业生产经营活动货币支出的能力。企业生产经营活动的货币支出包括:支付购货款、支付工资、支付水电费、缴纳税金、偿还到期借款本息、支付租金、支付差旅费等。如果企业的资金不能保持足够的支付能力,就会导致财务危机,致使生产经营活动无法正常进行,严重时可能造成破产。可见,支付能力是关系企业存亡的大问题,保证资金必要的支付能力,是流动资产管理的一项重要任务。

资金的支付能力就是满足货币支出的能力,只有持有货币,才能有支付能力。资金支付能力控制,就是要保持足够的货币资金持有量,使其既能保证日常支付的需要,又不闲置浪费。

资金支付能力控制包括控制支付能力不足和过剩两个方面的任务。一般来说,控制支付能力不足是企业的主要和经常性任务。

1. 资金支付能力不足的解决方法

解决支付能力不足,一方面要"开源",增加货币收入,另一方面要"节流",减少货币支出。可采用的方法有:

(1)严格控制赊销。争取现销,尽可能减少赊销,力争货款及时收回。不要盲目赊销,对客户的信用状况要严格考察,对于信用差的客户,应拒绝赊销。这可以通过企业以往与客户的交往经验来加以判断,也可以通过查阅客户的财务报表或通过与客户交往的其他供应单位交换有关信用资料来加以分析,通过分析,决定是否应该给予赊账和可以赊账的最大限额。

(2) 及时催收应收账款。对于赊销产生的应收账款，应及时催收，经常关注客户欠账的账龄，防止长期拖欠，保证及时回款。

(3) 采用现金折扣政策。现金折扣政策，就是在赊销中，为了鼓励客户及时付款，规定客户在规定的期限内付款的，可给予一定比例的折扣，少收一部分货款的政策。采用现金折扣政策，可以吸引客户及时付款，从而大大缩短欠账时间，加快收回货款。

采用现金折扣政策时，折扣率大小是关键。折扣率越大，对客户的吸引力越大，收款效果越明显，但损失的货款也越多，应慎重使用。

当企业货币资金严重短缺，且无法取得银行借款时，折扣率宜大，以增强对客户的吸引力，及时多收货款。当企业货币资金不是很短缺，或虽然短缺但能取得银行借款时，折扣率宜小，以减少货款损失，原则是因折扣损失的货款要小于向银行借入与货款相等金额的借款所支付的利息。计算方法为

$$现金折扣损失的货款 = 货款总额 \times 折扣率$$

$$向银行借款的利息支出 = 货款总额 \times \frac{减少的欠账天数}{360} \times 借款年利率$$

例 8-10 某企业有一笔赊销款 500 000 元，约定最迟 60 天还款。该企业采用 10 天内付款折扣 2% 的现金折扣政策。该企业可以从银行取得借款，银行短期借款年利率为 5%。分析该现金折扣政策的可行性。

采用现金折扣政策，可以在第 10 天（提前 50 天）收回货款，代价为

$$损失的货款 = 500 000 元 \times 2\% = 10 000 元$$

若不采用现金折扣政策，而向银行借入 500 000 元（借款期 50 天）用于支付的需要，代价为

$$利息支出 = 500 000 元 \times \frac{60 天 - 10 天}{360 天} \times 5\% = 3 472.22 元$$

由于损失的货款 10 000 元大于借款利息支出 3 472.22 元，不如不折扣而借入 500 000 元，因此该现金折扣政策折扣率过大，不可行。

那么折扣率的上限应为多少呢？计算方法为

$$\frac{3 472.22 元}{500 000 元} \times 100\% = 0.69\%$$

即本案例折扣率不得高于 0.69%，高于 0.69% 是不合算的。

(4) 票据贴现。票据贴现就是将持有的尚未到期的商业汇票交给银行，支付银行贴现的利息后，提前取得现款的做法。票据贴现实质上是应收票据抵押借款，即企业将票据抵押给银行，银行预先扣除借款利息（即贴现利息）后，将剩余票据款提前借给企业。提前借出票据款的日数即为贴现日数，也就是借款期限。票据贴现可提前收回货款，解决货币资金短缺的问题。

票据贴现可筹现款的计算方法如下：

1) 不计息票据。不计息票据就是票据款在票据期限内不计利息的票据，票据到期后按

票面金额收款。其贴现可得现款的计算方法为

$$可得现款 = 票面金额 - 贴现利息$$

$$= 票面金额 - 票面金额 \times 贴现利率 \times \frac{贴现日数}{360}$$

2) 计息票据。计息票据就是票据款在期限内计算利息的票据,票据到期后按本息之和收款。计息票据贴现是企业将票据到期本息之和提前从银行借出,所以贴现利息应按到期价值计算。其贴现可得现款的计算方法为

$$票据到期价值 = 票面金额 \times \left(1 + 票据利率 \times \frac{票据期限日数}{360}\right)$$

$$贴现利息 = 票据到期价值 \times 贴现利率 \times \frac{贴现日数}{360}$$

$$可得现款 = 票据到期价值 - 贴现利息$$

例 8-11 甲公司向乙公司购进材料一批,价款为 10 000 元,商定两个月后付款,采取商业承兑汇票结算。乙公司于 4 月 13 日开出汇票,期限为两个月,经甲公司承兑。汇票到期日为 6 月 12 日。后乙公司急需用款,于 4 月 22 日到银行办理贴现。其贴现日数为 50 天(60 天 -10 天)。票据年利率为 5%,贴现年利率为 8%。则票据贴现所得现款金额计算如下:

$$票据到期价值 = 10\,000 元 \times \left(1 + 5\% \times \frac{60 天}{360 天}\right) = 10\,083.33 元$$

$$贴现利息 = 10\,083.33 元 \times 8\% \times \frac{50 天}{360 天} = 112.04 元$$

$$可得现款 = 10\,083.33 - 112.04 = 9\,971.29 元$$

如果是不计息票据,则贴现可得现款的计算方法为

$$可得现款 = 10\,000 元 - 10\,000 元 \times 8\% \times \frac{50 天}{360 天} = 9\,888.89 元$$

(5) 应收账款转让。应收账款转让是当企业急需用款时,将应收账款转让给从事应收账款保理业务的机构或银行,以取得货币资金的做法。保理机构要扣除可能的坏账损失、收账费用和应得报酬,企业只能得到剩余部分的账款。

(6) 出售证券。当企业货币资金短缺时,可将持有的债券、股票出售,以换回货币资金,应付支付的需要。

(7) 短期借款。当企业没有可变现的资产或筹集现款的办法时,可以考虑从银行或信用社借款来解决支付能力不足的问题。

(8) 利用商业信用。利用商业信用,主要是通过应付账款、应付票据的方式延期付款。当企业购进商品时,尽可能采用延期付款的赊购方式或与供应商签发商业汇票,推迟货款的

支付，这样可以缓解目前的支付压力，减少当期的货币支出。利用商业信用是采用"节流"的方式解决支付能力不足的办法。

2. 资金支付能力过剩的控制办法

资金支付能力过剩是指货币资金持有量过多，满足生产经营的支付需要后有剩余。由于货币资金本身是一种无收益的资产，若将货币资金对外投资会获得投资收益，货币不投资就没有收益。持有货币资金就失去了取得投资收益的机会，实际上是一种损失。因此，持有货币资金是有机会成本的，若闲置是有损失的。所以，不但要重视资金支付能力不足的问题，也要关心支付能力过剩的问题。对于过剩的支付能力即多余的货币资金，处理的办法有两个：

（1）购买有价证券等理财工具。即将剩余的货币资金用于购买债券、股票、基金等证券或理财工具，作为对外投资，获取利息、股利、分红、升值等投资收益，避免闲置损失，充分发挥资金的营运效益。

（2）提前归还借款。若企业有借款，在借款合同允许的条件下，可将剩余的货币资金用来提前归还银行借款，以减少利息费用。

（二）短期投资管理

短期投资是企业用暂时闲置的货币资金购入的准备在1年内售出或收回的股票、债券以及理财工具等。它随时可以出售变回货币资金，是货币资金的储备形式。

短期投资管理的主要任务为：当货币资金存量暂时过剩时，将其转换为短期投资，以获取收益；当货币资金存量不足时，将短期投资再转回货币资金，以保证支付能力。短期投资管理有关内容可参看货币资金管理部分。

（三）应收预付款项管理

应收款项主要是企业销售商品应收而未收的货款，预付款项是企业购进商品或材料时预先付给供应商的货款。应收预付款项是债权性资产。应收款项经过收回货款可变回货币形态，预付款项在收到商品或材料后即转化为实物形态的存货。

应收预付款项管理，主要是应收账款管理。应收账款管理的内容已在"第七章第三节 销售业务管理"中"货款回收的形式与应收账款管理"部分讲述。

（四）存货管理

存货是指企业库存的原材料、半成品、产成品、商品等物资。原材料经加工后转化为半成品，半成品再继续加工变为产成品，产成品或商业企业的商品销售后又转化为货币资金。

存货管理的内容已在"第二章 物资管理"部分讲述。

二、固定资产管理

固定资产是指使用期限长（在1年以上），价值较大，并在使用过程中保持原有实物形态的资产，包括房屋建筑物、设备、车辆、大型工具用具等。由于这种资产使用年限长，实物形态保持固定不变，所以称作固定资产。固定资产是企业生产经营的基础条件，是生的工具和手段，决定着企业生产的技术水平和国民经济的生产力水平。固定资产在企业资产中占有很大的比重。

固定资产管理主要是设备管理，设备管理的内容已在"第四章 设备管理"讲述。

三、对外长期投资管理

对外长期投资就是企业为获取投资收益而投向其他企业或国家财政的资金，表现为股权和长期持有的有价证券，是企业资产的组成部分。对外长期投资可分为长期债权投资和长期股权投资。

1．长期债权投资

长期债权投资就是企业购入的准备持有1年以上的债券，包括企业债券和国家财政债券。长期债权投资的收益为固定的利息收入，投资风险较小。长期债权投资不享有被投资企业的表决权，无权参与管理；可到期收回投资；在被投资企业清算时有优先受偿权。

长期债权投资的投资收益率相对较低，其投资收益率计算方法为

投资收益率 =[年利息收益 +（卖出或收回价总额 − 购入价总额）÷ 持有年数]/ 购入价总额

2．长期股权投资

长期股权投资是指向其他企业的投资入股，成为被投资企业的股东。长期股权投资包括向有限责任公司出资和购入股份有限公司的股票两种形式。长期股权投资的收益为被投资企业分配的股利，以及转让股票的价差收益。长期股权投资享有被投资企业的表决权，有权参与管理；不能要求退股，在企业终止前不能从公司收回股资，若为股票投资则可以通过转让给他人而收回股资；在被投资企业清算时求偿权在债权投资人之后；股利收益不固定，应视年盈利多少而定；股票价格波动大，投资风险较大。

长期股权投资的投资收益率一般相对较高，其投资收益率计算方法为

投资收益率 =[持有期间股利收益总额 +（卖出价总额 − 购入价总额）]÷ 持有年数 / 购入价总额

以上计算的投资收益率用百分数表示。计算时，卖出价总额中应减去交易费，购入价总额中应加上交易费。

对外长期投资管理的主要任务，是在控制投资风险的前提下获取较高的投资收益。

四、无形资产管理

无形资产是指那些不具有实物形态，但能长期利用并为企业提供经济利益的资产，内容包括：

1．专利权

专利权是指政府对各种发明创造，经法定程序确认后，给予发明者在一定年限内所拥有的制造、使用和出售等方面的专门权利，包括发明专利、实用新型和外观设计等方面。专利权一般有法定的有效期限。

2．商标权

商标权是指企业拥有的为标明某类商品或劳务而持有使用特定的名称或图案的权利。经商标局核准注册的商标为注册商标。注册商标享有商标专用权，受到法律保护。商标权的

内容包括：①独占使用权，即商标权享有在商标注册的范围内独家使用其商标的权利，它是商标权具有独占性的法律表现。②禁止权，即商标权享有排除和禁止他人对商标独占使用进行侵犯的权利，它是商标权具有排他性的法律表现。

3. 著作权

著作权也称版权，是对著作者或创作者在一定年限内发表、出版和发行其作品所享有的专有权利。

4. 土地使用权

土地使用权是指国家准予土地使用者在一定时期内对国有土地享有开发、利用和经营的权利。土地使用者只享有土地使用权，不享有土地所有权。

5. 非专利技术

非专利技术又称专有技术，是指拥有者专有的、未申请专利因而不为外界所知、不享受法律保护的各种技术知识和经验。它包括设计、建筑各种设施的准备与科学研究，有经验的技术人员所利用的方法、方式和技巧，制造过程的工艺和实施方案，原料、物质的结构和制造方法，医疗方法等。

非专利技术在生产经营过程中通常表现出经济性、机密性的特征。它与专利权的主要区别在于不受法律保护和没有法定的有效期限。

6. 经营特许权

经营特许权是指经政府或其他企业准许而取得在一定区域内经营某种特定商品或劳务的专有权利。例如，政府授予石油、煤气、烟草等行业对其经营的商品享有独占的经营特许权。

7. 商誉

商誉是指企业由于地理位置优越、技术先进、质量优良、管理水平高等有利因素而取得的高于同行业正常盈利水平的优势地位。

无形资产管理的主要任务，就是依法保护专有权，防止侵权。

＊第四节　项目投资管理

项目投资主要是指购建固定资产和购买无形资产的投资。由于项目投资影响重大，所以应慎重从事。项目投资管理的主要任务就是对投资方案的可行性进行评价和对方案进行优选，也就是进行投资决策。

一、投资决策的特点

1. 资金投入大

固定资产投资和无形资产投资，需要的资金投入比较大，对企业的财务状况影响较大，一旦决策失误，给企业造成的损失比较大。这就决定了投资决策必须谨慎，不可轻率。

2. 影响时间长

投资的结果形成长期资产，对未来多年的效益有影响，投资回收的时间也较长。决策正确，可以给企业带来长期的效益；决策失误，也会给企业带来长期的损失。因此，进行投资决策时，一定要对投资项目未来的效益准确地估计，防止决策失误。

3. 风险大

由于投资项目产生的效益涉及未来多年，而未来效益受多种因素的影响，具有很大的不确定性，很难精确地估计，这就可能导致投资项目达不到预期的效益，因而可能使投资决策失误，造成损失。也就是说，投资决策是要冒风险的，有失败的可能。这就要求在进行投资决策时，要尽可能准确地预计投资的未来效益，把风险降低到最小。

二、静态投资决策方法

静态投资决策方法是不考虑货币时间价值的决策方法，对投资方案的现金流入、流出量不进行折算，即把货币看作价值不变。静态投资决策方法是传统的方法，容易理解，但不够科学，所以只作为决策的辅助方法，供决策时参考。静态投资决策方法有投资回收期法和投资报酬率法两种。

1. 投资回收期法

投资回收期，就是以投资方案经营期每年产生的利润收回投资所需要的时间。投资回收期法，就是以投资回收期的长短作为决策标准的决策方法。回收期越短的方案越好。

在用投资回收期法决策时，一般以投资项目寿命期的一半作为回收期的上限。如果投资方案的回收期短于项目寿命期的一半，则方案可行；回收期最短的方案为最优方案。投资回收期的计算公式为

$$投资回收期（年）= \frac{投资额}{投资项目每年产生的净利润}$$

2. 投资报酬率法

投资报酬率也称投资收益率或投资利润率，是投资项目每年产生的净利润与投资额之比，反映投资的经济效果，其计算方法为

$$投资报酬率 = \frac{投资项目每年产生的净利润}{投资额} \times 100\%$$

用投资报酬率法决策时，如果投资方案的投资报酬率高于或等于预期投资报酬率，则方案可行。在可行方案中，投资报酬率最高的方案为最优方案。

三、动态投资决策方法

动态投资决策方法是考虑货币时间价值的决策方法，即将投资方案的现金流入、流出量折算为同一时间的可比价值进行比较决策的方法，是科学的决策方法。动态投资决策方法主要是净现值法。

（一）货币时间价值

1．货币时间价值的概念和作用

货币时间价值也称为资金时间价值，是指货币随时间的推移而产生的增值。货币时间价值是一种重要的理财观念，按照货币时间价值观念，货币的价值是可变的，不是固定不变的。今年的 100 元，在利率为 10% 的条件下，到明年就变成 110 元，而不再是 100 元。也就是说，不同时间的等量货币，其价值是不相等的，今年的 100 元，不等于明年的 100 元，也不等于去年的 100 元。换句话说，就是不同时间上的货币，其价值是没有可比性的。需要比较时，必须折算成同一时间上的价值，才具有可比性。

在投资决策中，由于投资项目的现金流出（投资）和流入（报酬）发生在前后不同的时间上，其价值是不可比的，在进行现金流入、流出量的比较时，就不能直接进行对比，必须将这些流入、流出量折算为同一时间的价值，才能比较，才能评价投资项目的可行性。

在管理实际中，对货币时间价值的应用，是将货币折算为终值或现值，以满足管理的需要。所谓货币的终值，是将现在一定量的货币折算为若干期后的价值；货币的现值，就是将未来一定量的货币折算为现在的价值。

2．货币终值与现值的计算

在投资决策中，货币时间价值统一按复利计算，由于复利不需要区分期限，所以按复利计算更简便和合理。

（1）货币终值的计算。在复利计息的条件下，现值 P 的终值为：

第 1 期后的终值 $=P+P\times i=P(1+i)$

第 2 期后的终值 $=P(1+i)+P(1+i)i=P(1+i)^2$

第 3 期后的终值 $=P(1+i)^2+P(1+i)^2 i=P(1+i)^3$

……

第 n 期后的终值 $=P(1+i)^n$

所以，复利终值的计算公式为

$$F=P(1+i)^n$$

例 8-12 现在存入银行 1 000 元，年利率为 2%，复利计息，3 年后本利和共多少元？3 年后的本利和为

$$\begin{aligned}F&=P(1+i)^n\\&=1\,000\,\text{元}\times(1+2\%)^3\\&=1\,000\,\text{元}\times 1.061\\&=1\,061\,\text{元}\end{aligned}$$

（2）货币现值的计算。由复利终值的计算公式可以推出复利现值的计算公式为

$$P=\frac{F}{(1+i)^n}$$

例 8-13 3 年后需要用款 10 000 元，在复利计息年利率为 2% 的条件下，现在应存入银行多少元？

现在应存款入银行

$$P = \frac{F}{(1+i)^n}$$

$$= \frac{10\,000\,\text{元}}{(1+2\%)^3}$$

$$= 10\,000\,\text{元} \div 1.061$$

$$= 9\,425\,\text{元}$$

（二）净现值法

净现值法是以净现值的大小作为决策标准的决策方法，是典型的动态投资决策方法。所谓净现值，就是以现值表示的投资项目的现金流入与投资额的净差额。

净现值 = 投资项目各年现金流入总现值 − 投资额的现值

其中

投资项目各年现金流入 = 年净利润 + 年折旧额

净现值法的决策方法是：投资方案净现值大于零，则方案可行；若有几个可行的备选方案时，净现值最大者为最优方案。

例 8-14 某企业准备购置一套设备，现有两个方案可供选择。两方案的投资额均为 100 万元，均为一次性投入，设备购入后即可投产使用，经营期为 5 年，设备残值忽略不计。投资为银行借款，年利率为 10%。甲方案每年可获净利润 30 万元；乙方案各年可获净利润依次为：60、40、30、20、10 万元。要求用净现值法进行投资决策。

甲方案每年现金流入 $= 30\,\text{万元} + \dfrac{100}{5}\,\text{万元} = 30\,\text{万元} + 20\,\text{万元} = 50\,\text{万元}$

乙方案各年现金流入为

第 1 年：$60\,\text{万元} + \dfrac{100}{5}\,\text{万元} = 80\,\text{万元}$

第 2 年：$40\,\text{万元} + \dfrac{100}{5}\,\text{万元} = 60\,\text{万元}$

第 3 年：$30\,\text{万元} + \dfrac{100}{5}\,\text{万元} = 50\,\text{万元}$

第 4 年：$20\,\text{万元} + \dfrac{100}{5}\,\text{万元} = 40\,\text{万元}$

第 5 年：$10\,\text{万元} + \dfrac{100}{5}\,\text{万元} = 30\,\text{万元}$

$$甲方案净现值 = \frac{50万元}{(1+10\%)} + \frac{50万元}{(1+10\%)^2} + \frac{50万元}{(1+10\%)^3} + \frac{50万元}{(1+10\%)^4} + \frac{50万元}{(1+10\%)^5} - 100万元$$

$$=189.54 \text{ 万元} - 100 \text{ 万元}$$

$$=89.54 \text{ 万元}$$

$$乙方案净现值 = \frac{80万元}{(1+10\%)} + \frac{60万元}{(1+10\%)^2} + \frac{50万元}{(1+10\%)^3} + \frac{40万元}{(1+10\%)^4} + \frac{30万元}{(1+10\%)^5} - 100万元$$

$$=205.83 \text{ 万元} - 100 \text{ 万元}$$

$$=105.83 \text{ 万元}$$

两个方案的净现值均大于 0，均为可行方案。但乙方案的净现值较大，所以乙方案为最优方案。

第五节　税金和利润

一、工业企业应缴纳的税金

工业企业应缴纳的税金包括三类，即销售税金、企业所得税、财产行为税。

（一）销售税金

销售税金也称流转税，是指按产品销售收入计算的应缴税金。工业企业的销售税金有增值税、消费税、资源税、城市维护建设税、教育费附加和水利建设基金。

1. 增值税

增值税是对国民经济各行各业（农业除外）取得营业收入普遍征收的税金。

增值税的计税方法有一般方法和简易方法两种，对一般纳税人实行一般方法，对小规模纳税人实行简易方法。

（1）一般纳税人的计税方法。对一般纳税人实行增值税专用发票制度，根据企业销售发票上载明的销项税额和购进发票上载明的进项税额计算当月应纳增值税。计算方法为

$$当月应纳增值税 = 当月销项税额合计 - 当月进项税额合计$$

$$销项税额 = 货物、无形资产、不动产、劳务、服务销售额 \times 适用税率$$

$$进项税额 = 货物、无形资产、不动产、劳务、服务购进额 \times 适用税率$$

增值税专用发票的样式如图 8-1 所示。

图 8-1 增值税专用发票的样式

（2）小规模纳税人的计税方法。对小规模纳税人采用增值税普通发票制度，其格式如图 8-2 所示。

图 8-2 增值税普通发票

对小规模纳税人实行简易计税方法，即以不含增值税的销售额与征收率计算，计算方法为

$$不含增值税的销售额 = 价税合计 / （1+征收率）$$

$$应纳增值税 = 不含增值税的销售额 × 征收率$$

2. 消费税

消费税是对生产销售部分消费品的工业企业征收的一种税。征税的产品主要是奢侈品、紧缺资源产品、限制性消费品和有害消费品等。目前列入征税范围的产品有 15 种，包括：烟，酒，成品油，小汽车，摩托车，涂料，电池，高档化妆品，贵重首饰及珠宝玉石，高尔夫球及球具，高档手表，游艇，鞭炮、焰火，木制一次性筷子，实木地板。

消费税的计税方法有从价计征、从量计征和复合计征三种，计算方法为

$$应纳消费税 = 不含增值税的销售额 × 适用比例税率（从价计征）$$

$$应纳消费税 = 销售量 × 适用定额税率（从量计征）$$

$$应纳消费税 = 不含增值税的销售额 × 适用比例税率 + 销售数量 × 适用定额税率（复合计征）$$

消费税的税率实行产品差别税率，各种产品的税率不相同。不含增值税的销售额就是一般纳税人增值税专用发票上的销售额或小规模纳税人换算的不含增值税的销售额。

3. 资源税

资源税是对开采自然资源的工业企业征收的一种税。资源税的征税范围为矿产品和盐，具体包括：原油、天然气、煤炭、其他非金属矿原矿、黑色金属矿原矿、有色金属矿原矿、盐。

资源税从量计征与从价计征并行，计税方法为

$$应纳资源税 = 销售量 × 适用定额税率（从量计征）$$

$$应纳资源税 = 不含增值税的销售额 × 适用比例税率（从价计征）$$

资源税的税率为地区差别定额税率或比例税率，不同的采矿企业税率不同。

4. 城市维护建设税

城市维护建设税是对缴纳增值税、消费税的纳税人征收的一种附加税，按应纳增值税、消费税的税额计税。计税方法为

$$应纳城市维护建设税 = 应纳增值税、消费税的税额 × 适用税率$$

适用税率的规定为：企业在市区的，税率为 7%；企业在县城和镇的，税率为 5%；企业不在市区、县城和镇的，税率为 1%。

5. 教育费附加

教育费附加也是对缴纳增值税、消费税的纳税人征收的一种附加税，计税方法为

$$应纳教育费附加 = 应纳增值税、消费税的税额 × 3\%$$

教育费附加的税率统一为 3%，与城市维护建设税同时缴纳。

6. 水利建设基金

水利建设基金是为筹集水利建设和防洪事业资金征收的一种专用基金，实质上也是一种税，计税方法为

$$应纳水利建设基金 = 营业收入额 × 征收率$$

（二）企业所得税

企业所得税是根据企业的利润征收的一种税，计税依据为企业的应纳税所得额，大体上相当于利润，是对利润数额进行调整后确定的。计税方法为

$$应纳企业所得税 = 应纳税所得额 \times 适用税率$$

企业所得税的税率有三档：

一般企业为 25%；

小型微利企业为 20%（国家在不同时期有不同程度的税收减免优惠）；

国家扶持的高新技术企业为 15%。

企业所得税按年计算，按月或季预缴，年终汇算清缴，多退少补。

（三）财产行为税

企业缴纳的财产行为税是指对企业的财产和特定行为征收的税，目前企业缴纳的财产行为税主要有：房产税、车船税、城镇土地使用税、印花税、车辆购置税、环境保护税等。

1. 房产税

房产税是对城市、县城、建制镇和工矿区内企业的房产征收的一种税。房产税的计税方法有两种：①按房产余值计征；②按房产的租金收入计征。

（1）自用房产，按房产余值计征，计算方法为

$$年应纳房产税 = 房产原值 \times (1-10\% \sim 30\%) \times 1.2\%$$

（2）出租房产，按租金收入计征，计算方法为

$$应纳房产税 = 房产租金收入 \times 12\%$$

房产税按年计算，可以分期缴纳，也可以一次性缴纳。

2. 车船税

车船税是对拥有并使用车船的单位和个人征收的一种税，对企业来说，就是对机动车船征收。车船税从量征收，实行差别定额税率，计税方法为

$$载货车船年应纳税额 = 汽车自重吨数或船舶吨位数 \times 每吨税额$$

$$载人汽车年应纳税额 = 辆数 \times 每辆税额$$

车船税按年计算，可以分期缴纳。

3. 城镇土地使用税

城镇土地使用税是对城市、县城、建制镇和工矿区内使用土地的企业征收的一种税。城镇土地使用税按使用土地的面积从量计征，实行地区差别定额税率，计税方法为

$$年应纳税额 = 使用土地的面积（平方米数） \times 适用每平方米税额$$

每平方米的税额为：大城市 1.5～30 元，中等城市 1.2～24 元，小城市 0.9～18 元，县城、建制镇、工矿区 0.6～12 元。

城镇土地使用税按年计算，可以分期缴纳。

4. 印花税

印花税是对订立经济合同、书立产权转移书据、设立营业账簿、进行证券交易的单位和个人征收的一种税。

(1) 订立经济合同。订立合同各方均需纳税，计税方法为

$$应纳印花税 = 合同金额 \times 适用税率$$

(2) 书立产权转移书据。立据双方均需纳税，计税方法为

$$应纳印花税 = 书据所载金额 \times 适用税率$$

(3) 设立营业账簿。设立营业账簿的单位为纳税人，计税方法为

$$营业账簿应纳印花税 = 实收资本和资本公积增加额 \times 税率$$

(4) 进行证券交易。对证券交易的出让方征收，不对受让方征收，计税方法为

$$应纳证券交易印花税 = 证券交易额 \times 税率$$

5. 车辆购置税

车辆购置税是对购置并使用机动车辆的单位和个人征收的一种税，按车辆的购买价格计算征收，计税方法为

$$应纳车辆购置税 = 车辆购买价格 \times 10\%$$

6. 环境保护税

环境保护税是对企业排放污染物（废水、废气、固体污染物及噪声）行为征收的一种税，计税方法为

$$应纳环境保护税 = 污染物排放量 \times 适用定额税率$$

二、工业企业利润的构成和核算

利润就是收入减去成本、费用、支出后的差额。利润是企业追求的目标，也是企业生存和发展的必要条件。企业要扩大再生产，就必须追加投资，而利润的积累是追加投资的主要资金来源。

企业的利润总额由两部分构成，即为营业利润和营业外收支净额。

1. 营业利润

营业利润是企业的生产经营活动产生的利润，是利润总额的主要组成部分。营业利润的计算方法为

$$营业利润 = 主营业务收入 + 其他业务收入 - 主营业务成本 - 其他业务成本 \\ - 税金及附加 - 销售费用 - 管理费用 - 财务费用 + 投资收益$$

其中：

主营业务收入就是企业从事主营业务取得的收入，如工业企业的产品销售收入。

主营业务成本就是从事主营业务而支付的直接成本，如工业企业的产品销售成本（已销产品的制造成本）。

其他业务收入就是企业附营业务取得的收入，如工业企业的车辆对外运输收入、固定资产出租收入、销售多余材料的收入、转让商标使用权的收入、兼营业务的收入等。

其他业务成本就是为取得附营业务收入而支付的成本，如工业企业的车辆对外运输的加油费、修理费等，出租固定资产的折旧费，转让使用权商标的摊销费，所销售材料的购进成本等。

税金及附加就是企业取得主营业务收入和其他业务收入按税法规定缴纳的各种税金及其附加，与工业企业有关的税金及附加包括消费税、资源税、城市维护建设税、教育费附加等。

销售费用是指工业企业为了销售产品而发生的费用；管理费用是指企业行政管理部门发生的费用；财务费用是指为筹集资金而发生的费用。

投资收益就是企业对外投资取得的收益，包括对外债权投资取得的利息收益和对外股权投资取得的股利收益，还包括债券、股票买卖的价差收益。

2. 营业外收支净额

营业外收支净额就是营业外收入与营业外支出的差额，是企业利润总额的又一组成部分，只占利润总额的很小比例。

营业外收入包括固定资产盘盈收入、现金长款、出售固定资产净收益、出售无形资产净收益、得到的违约金和赔偿收入等。

营业外支出包括固定资产盘亏损失、出售固定资产净损失、出售无形资产净损失、非常损失（水灾、火灾、被盗、事故等损失）、违约金和赔偿支出、罚款和没收财产支出、债务重组损失等。

利润总额减去所得税后的部分称为净利润或税后利润，是归企业所有的利润。

三、利润的分配

对企业当年取得的净利润，要在企业和投资者之间进行分配，一部分留作企业积累，一部分分配给投资者作为投资的回报。分配的次序为：

1. 提取盈余公积金

盈余公积金按净利润的一定比例提取。提取盈余公积金比例由公司自定。盈余公积金是企业发展的积累资金，是筹集权益性资金的主要来源。

2. 向投资者分配股利

有限责任公司按股东的出资比例分配；股份有限公司按股东持有的股份多少分配，每股股利相同。若存在优先股时，先向优先股股东分配，后向普通股股东分配。合伙企业按合伙协议约定的办法向合伙人分配利润；个人独资企业的利润归业主所有。

向投资者分配股利后剩余的利润，称为未分配利润，作为以后年度补充可供分配的利润或弥补亏损用。

*第六节　企业经济效益评价

企业经济效益是企业的经营业绩，是企业市场竞争力和发展潜力的表现。企业发展要坚持经济效益和社会效益相统一，更好承担起社会责任和道德责任。企业经济效益评价（即财务分析）指标是根据财务报表提供的数据计算的。因此，进行企业经济效益评价，首先要了解财务报表。

一、企业财务报表

企业财务报表主要有资产负债表、利润表和现金流量表,在经济效益评价时,主要应用资产负债表和利润表中的数据,因此,这里只介绍资产负债表和利润表,其格式见表 8-3、表 8-4。

表 8-3 资产负债表

会企 01 表

编制单位:某有限责任公司　　　　　　　　20××年 12 月 31 日　　　　　　　　（单位:元）

资　产	期末余额	年初余额	负债和所有者权益（或股东权益）	期末余额	年初余额
流动资产:			流动负债:		
货币资金	815 534	1 406 300	短期借款	50 000	300 000
以公允价值计量且其变动计入当期损益的金融资产		15 000	以公允价值计量且其变动计入当期损益的金融负债		
应收票据	46 000	246 000	应付票据	100 000	200 000
应收账款	598 200	299 100	应付账款	953 800	953 800
预付款项	100 000	100 000	预收款项		
应收利息			应付职工薪酬	180 000	110 000
应收股利			应交税费	206 634	36 600
其他应收款	5 000	5 000	应付利息		1 000
存货	2 574 700	2 580 000	应付股利	70 000	
一年内到期的非流动资产			其他应付款	50 000	50 000
其他流动资产		100 000	一年内到期的非流动负债		1 000 000
流动资产合计	4 139 434	4 751 400	其他流动负债		
非流动资产:			流动负债合计	1 610 434	2 651 400
可供出售金融资产			非流动负债:		
持有至到期投资			长期借款	1 160 000	600 000
长期应收款			应付债券		
长期股权投资	250 000	250 000	长期应付款		
投资性房地产			专项应付款		
固定资产	2 201 000	1 100 000	预计负债		
在建工程	578 000	1 500 000	递延所得税负债		
工程物资	150 000		其他非流动负债		
固定资产清理			非流动负债合计	1 160 000	600 000
生产性生物资产			负债合计	2 770 434	3 251 400
油气资产			所有者权益（或股东权益）:		
无形资产	540 000	600 000	实收资本（或股本）	5 000 000	5 000 000
开发支出			资本公积		
商誉			减:库存股		
长期待摊费用			盈余公积	131 200	100 000
递延所得税资产			未分配利润	156 800	50 000
其他非流动资产	200 000	200 000	所有者权益（或股东权益）合计	5 288 000	5 150 000
非流动资产合计	3 919 000	3 650 000			
资产总计	8 058 434	8 401 400	负债和所有者权益（或股东权益）总计	8 058 434	8 401 400

表 8-4　利润表　　　　　　　　　　　　　　　　　　　　　会企 02 表

编制单位：某有限责任公司　　　　20×× 年　　　　　　　　　　（单位：元）

项　　目	本 期 金 额	上 期 金 额
一、营业收入	12 500 000	
减：营业成本	7 500 000	
税金及附加	20 000	
销售费用	200 000	
管理费用	1 580 000	
财务费用	415 000	
资产减值损失		
加：公允价值变动收益（损失以"－"号填列）		
投资收益（损失以"－"号填列）	315 000	
其中：对联营企业和合营企业的投资收益		
二、营业利润（亏损以"－"号填列）	3 100 000	
加：营业外收入	500 000	
减：营业外支出	497 000	
其中：非流动资产处置损失		
三、利润总额（亏损总额以"－"号填列）	3 103 000	
减：所得税费用	1 023 000	
四、净利润（净亏损以"－"号填列）	2 080 000	
五、每股收益		
（一）基本每股收益		
（二）稀释每股收益		

二、经济效益评价指标

企业经济效益评价指标包括三个方面的指标，即盈利能力指标、偿债能力指标和资金营运能力指标。

（一）盈利能力指标

1. 销售利润率

销售利润率的计算方法为

$$销售利润率 = \frac{产品销售利润}{产品销售收入} \times 100\%$$

式中的产品销售利润，就是利润表中的营业利润减其他业务利润和投资收益。产品销售收入就是利润表中的营业收入减其他业务收入。

本例中企业没有其他业务收入也没有其他业务利润。

根据表 8-3 和表 8-4 的资料计算如下：

$$销售利润率 = \frac{2\,785\,000 元}{12\,500\,000 元} \times 100\% = 22.28\%$$

销售利润率说明销售收入中的利润含量，销售利润率越高说明利润越丰厚，盈利能力越强。

2．总资产收益率

总资产收益率的计算方法为

$$总资产收益率 = \frac{净利润}{平均资产总额} \times 100\%$$

其中

$$平均资产总额 = （年初资产总额 + 年末资产总额）\div 2$$

资产总额就是资产负债表中的资产总计。

根据表 8-3 和表 8-4 的资料计算如下：

$$总资产收益率 = \frac{2\,080\,000 元}{(8\,401\,400 元 + 8\,058\,434 元) \div 2} \times 100\% = 25.27\%$$

总资产收益率反映投入资产与取得净利润之间的比率，说明每百元资产投入实现的净利润数额，比率越高说明盈利能力越强。

3．净资产收益率

净资产收益率的计算方法为

$$净资产收益率 = \frac{净利润}{平均股东权益} \times 100\%$$

其中

$$平均股东权益 = （年初股东权益合计 + 年末股东权益合计）\div 2$$

根据表 8-3 和表 8-4 的资料计算如下：

$$净资产收益率 = \frac{2\,080\,000 元}{(5\,150\,000 元 + 5\,288\,000 元) \div 2} \times 100\% = 39.85\%$$

净资产就是股东权益，即企业的自有资金。净资产收益率反映企业自有资金的收益率，更能反映企业的盈利能力，它不仅反映资产的收益水平，还能反映企业利用负债经营的能力。企业利用负债筹资，可以提高净资产收益率。

4．资本（股本）收益率

资本（股本）收益率的计算方法为

$$资本（股本）收益率 = \frac{净利润}{实收资本（股本）} \times 100\%$$

根据表 8-3 和表 8-4 的资料计算如下：

$$资本（股本）收益率 = \frac{2\,080\,000 元}{5\,000\,000 元} \times 100\% = 41.6\%$$

资本（股本）收益率，反映股东投入的资本或股本的收益水平，即每百元资本或股本投入获取净利润的数额，对于股份有限公司来说就是每股收益。资本（股本）收益率越高，说明股东的投资回报越多。

（二）偿债能力指标

1．资产负债率

资产负债率的计算方法为

$$资产负债率 = \frac{负债总额}{资产总额} \times 100\%$$

式中的负债总额就是资产负债表中的负债合计。

根据表 8-3 的资料计算如下：

$$年末资产负债率 = \frac{2\,770\,434元}{8\,058\,434元} \times 100\% = 34.38\%$$

资产负债率反映全部资产与负债的对比关系，即以资产偿还债务的能力。资产负债率越高，表示债务负担越重，企业面临的财务风险越大。一般认为资产负债率为 50% 左右比较合适。

2．流动比率

流动比率的计算方法为

$$流动比率 = \frac{流动资产}{流动负债}$$

式中流动资产就是资产负债表中的流动资产合计，流动负债就是流动负债合计。

根据表 8-3 的资料计算如下：

$$年末流动比率 = \frac{4\,139\,434元}{1\,610\,434元} = 2.57$$

流动比率反映短期偿债能力，即偿还一年内到期的债务的能力，用一年内可以变现的流动资产与一年内到期的流动负债对比的倍数来说明。流动比率越高，表示短期偿债能力越强。一般认为，流动比率为 2 左右比较合适。

3．速动比率

速动比率的计算方法为

$$速动比率 = \frac{流动资产 - 存货}{流动负债}$$

根据表 8-3 的资料计算如下：

$$年末速动比率 = \frac{4\,139\,434元 - 2\,574\,700元}{1\,610\,434元} = 0.97$$

速动比率以速动资产与流动负债相对比,反映近期偿债能力。所谓速动资产,就是近期可以变现用于偿债的资产,它等于流动资产减去近期难以变现的存货后剩余的部分。速动比率越高,表明近期偿债能力越强。一般认为,速动比率为1左右比较合适。

(三) 资金营运能力指标

1. 存货周转速度

存货周转速度反映工业企业由材料购进入库到产品销售出库这一过程的资金流转速度。存货周转速度越快,说明企业生产、销售顺畅,存货资金运用效率高,资金营运能力强。

反映存货周转速度的指标有两种,一种是年周转次数,简称周转次数;一种是周转一次需要的天数,简称周转天数。其计算方法为

$$存货周转次数 = \frac{产品销售成本}{存货平均占用额}$$

$$存货周转天数 = \frac{360}{存货周转次数}$$

式中的产品销售成本,为利润表中的营业成本减其他业务成本,存货平均占用额就是资产负债表中存货年初数加年末数除以2。

本例企业没有其他业务成本。

根据表8-3和表8-4的资料计算如下:

$$存货周转次数 = \frac{7\,500\,000元}{(2\,580\,000元 + 2\,574\,700元) \div 2} = 2.9次$$

$$存货周转天数 = \frac{360天}{2.9次} = 124天/次$$

计算结果表明,全年存货资金周转了2.9次,周转一次的时间为124天。

存货周转次数越多,周转天数越短,表示存货资金周转速度越快。

2. 应收账款周转速度

应收账款周转速度反映赊销账款的收账速度,即从赊销到收回货款这一过程的流转速度。应收账款周转速度越快,说明应收账款占用资金的运营效率越高,资金营运能力越强。

反映应收账款周转速度的指标同样有两种,一种是年周转次数;一种是周转一次需要的天数。其计算方法为

$$应收账款周转次数 = \frac{赊销收入}{应收账款平均占用额}$$

$$应收账款周转天数 = \frac{360}{周转次数}$$

式中的赊销收入就是赊销账款收回的金额,应收账款平均占用额就是资产负债表中应收账款年初数加年末数除以2。

根据表 8-3 和表 8-4 的资料计算，假定当年赊销账款收回的金额为 10 000 000 元，当年应收账款周转次数和周转天数计算如下：

$$应收账款周转次数 = \frac{10\,000\,000元}{(299\,100元 + 598\,200元) \div 2} = 22.3次$$

$$应收账款周转天数 = \frac{360天}{22.3次} = 16天/次$$

计算结果表明，全年应收账款周转了 22.3 次，平均收账周期为 16 天。

应收账款周转次数越多，周转天数越短，表示应收账款周转速度越快。

3. 流动资产周转速度

流动资产周转速度反映全部流动资产的周转速度，是指从支付购货款到收回销货款整个营业周期的周转速度。流动资产周转速度越快，说明流动资金运营效率越高，营运能力越强。流动资产周转速度是存货周转速度和应收账款周转速度的综合反映。流动资产周转速度指标同样有两种：

$$流动资产周转次数 = \frac{产品销售收入}{流动资产平均占用额}$$

$$流动资产周转天数 = \frac{360}{周转天数}$$

式中的产品销售收入应为收回的产品销售货款，流动资产平均占用额为资产负债表中的流动资产合计年初数加年末数除以 2。

根据表 8-3 和表 8-4 的资料计算，假定当年产品销售收入货款全部收回，则：

$$流动资产周转次数 = \frac{12\,500\,000元}{(4\,751\,400元 + 4\,139\,434元) \div 2} = 2.8次$$

$$流动资产周转天数 = \frac{360天}{2.8次} = 129天/次$$

计算结果表明，全年全部流动资产周转了 2.8 次，周转一次需要 129 天。

流动资产周转次数越多，周转天数越短，表示流动资产周转速度越快。

本 章 小 结

工业产品的生产成本，包括直接材料成本、直接人工成本和间接费用（制造费用）三部分，三项成本之和为产品总成本。成本分析包括产品成本变动分析和变动的原因分析，成本变动分析，就是计算产品成本升降率及其对总成本的影响。成本变动的原因分析，就是从各个成本项目的变动额来找出成本升降的原因。工业企业的经营费用，包括销售费用、管理费用和财务费用三部分。对成本费用支出的控制、材料费用的控制措施主要是节约材料消耗和降低材料采购成本；工资费用的控制措施主要是实行劳动定额和编制定员，提高劳动效率；制造费用和管理费用的控制措施主要是按月制定费用预算，严格考核奖惩；销售费用的控制措施主要是制定费用预算和控制销售收入费用率；财务费用的控制措施主要是合理选择筹资来源和规划现金收支，减少借款，及时归还借款，减少利息支出。

企业筹集资金的种类有权益资金和负债资金两类，筹集资金的方式有吸收股东出资、发行债券、发行股票、向银行等金融机构借款、租赁、商业信用和留存收益等，筹集资金的形态可有货币、实物和无形资产。资金成本是筹集和使用资金的代价，是筹资、投资决策的重要影响因素。不同的资金结构，资金收益水平不同、综合资金成本高低不同、财务风险不同。资金筹集管理的主要任务是在保证资金需要的前提下，降低资金成本和控制负债资金比例。

企业的资产包括流动资产、固定资产、对外长期投资和无形资产。流动资产是指货币资金、短期投资、应收预付款项和存货；固定资产包括建筑物、设备、车辆及大型工具用具等；对外长期投资包括购买的长期债券、股票和对其他企业的出资；无形资产包括专利权、商标权、著作权、土地使用权、非专利技术、经营特许权和商誉。资产管理主要讲述了货币资金管理，重点是资金支付能力控制。

企业购建固定资产和无形资产的投资为项目投资。项目投资决策就是选择最优投资方案，不考虑货币时间价值的静态投资决策方法，包括投资回收期法和投资报酬率法，考虑货币时间价值的动态投资决策方法为净现值法。

工业企业应缴纳的税金包括销售税金、企业所得税和财产行为税三类。销售税金包括增值税、消费税、资源税、城市维护建设税、教育费附加和水利建设基金。财产行为税包括房产税、车船税、城镇土地使用税、印花税和车辆购置税等。

企业的利润由营业利润和营业外收支净额两部分组成。营业利润是营业收入（主营业务收入和其他业务收入）减去营业成本（主营业务成本和其他业务成本）、销售税金和经营费用后的差额加上投资收益；投资收益是指对外投资取得的股利、利息以及证券买卖价差收益；营业外收支净额是经营活动以外的收入和支出的净差额。企业缴纳所得税后的净利润，一部分作为盈余公积金留作企业积累，剩余的部分向投资者分配股利或红利。

企业的经济效益评价指标，包括盈利能力指标、偿债能力指标和资金营运能力指标三类。盈利能力指标有销售利润率、总资产收益率、净资产收益率和资本（股本）收益率；偿债能力指标有资产负债率、流动比率和速动比率；资金营运能力指标有存货周转速度、应收账款周转速度和流动资产周转速度。

课后习题

一、选择题

1. 工业产品成本的构成包括（　　）。
   A. 直接材料成本　　　　　　　　B. 直接人工成本
   C. 间接费用　　　　　　　　　　D. 管理费用

2. 工业企业的经营费用包括（   ）。
   A．销售费用   B．管理费用   C．财务费用   D．制造费用
3. 企业筹集资金的种类有（   ）。
   A．权益资金   B．负债资金   C．企业资金   D．个人资金
4. 企业筹集资金的来源有（   ）。
   A．其他企业或单位   B．个人
   C．银行   D．企业自身
5. 筹集资金的方式有（   ）。
   A．股东出资   B．从银行借款
   C．租赁设备   D．应付、预收货款
6. 企业筹集资金的形态包括（   ）。
   A．货币   B．实物   C．无形资产   D．债务
7. 企业的资产包括（   ）。
   A．流动资产   B．固定资产
   C．对外长期投资   D．无形资产
8. 流动资产包括（   ）。
   A．货币资金   B．持有的短期证券
   C．应收预付款项   D．存货
9. 无形资产包括（   ）。
   A．专利权   B．商标权   C．土地使用权   D．非专利技术
10. 对外投资分为（   ）。
    A．股权投资   B．债权投资   C．权益投资   D．负债投资
11. 投资决策的方法有（   ）。
    A．投资回收期法   B．投资报酬率法
    C．净现值法   D．经验判断法
12. 工业企业应缴纳的税金包括（   ）。
    A．销售税金   B．企业所得税   C．财产行为税   D．个人所得税
13. 销售税金包括（   ）。
    A．增值税   B．消费税
    C．资源税   D．城建税和教育费附加
14. 财产行为税包括（   ）。
    A．房产税   B．车船税
    C．城镇土地使用税   D．印花税
15. 企业利润总额的构成包括（   ）。
    A．营业利润   B．投资收益
    C．营业外收支净额   D．净利润
16. 利润分配的项目包括（   ）。
    A．提取盈余公积   B．分配股利
    C．缴纳税金   D．支付利息

二、简答题

1. 如何进行成本费用控制？
2. 什么是货币时间价值？什么是终值与现值？如何计算？
3. 企业经济效益评价指标分为哪几类？
4. 企业筹集资金的种类有哪些？如何筹集？
5. 资金成本的内容有哪些？资金成本率的计算原理是什么？
6. 控制资金支付能力不足和过剩的方法有哪些？

三、计算题

1. 某公司本年度资金（产）总额为2 000万元，其中：资本金500万元，留存收益500万元，银行借款700万元，应付预收款项和应交税费共300万元。

社会平均股利率一般为10%，借款利率为6%，借款申请费用为借款额的0.2%，企业所得税率为25%。

要求：请计算各种资金的资金成本率和全部资金综合资金成本率。

2. 某企业拟采用现金折扣政策加快应收账款回款，该企业允许的最长欠账时间为3个月，准备采用的折扣政策为半个月内付款者货款折扣2%。企业有条件取得银行短期借款，借款利率为5%。

要求：请计算此现金折扣政策是否可行？

3. 某企业持有一张金额为200 000元的不计息应收票据，期限为3个月。1个月后因支付能力不足到银行申请贴现，贴现利率为5%。

要求：请计算贴现可得现款多少元。

4. 某企业某年度资产负债表（简表）和利润表（简表）见表8-5、表8-6。

要求：据以计算各种经济效益评价指标。（赊销账款收回金额为15 000万元，产品销售收入与收回的货款相等，本年度没有其他经营业务）

表8-5 资产负债表（简表）

20××年12月31日 （单位：万元）

资　产	年初余额	期末余额	负债及所有者权益	年初余额	期末余额
流动资产：			流动负债：		
货币资金	800	900	短期借款	2 000	2 300
交易性金融资产	1 000	500	应付账款	1 000	1 200
应收账款	1 200	1 300	预收款项	300	400
预付款项	40	70	其他应付款	100	100
存货	4 000	5 200	流动负债合计	3 400	4 000
其他流动资产	60	80	非流动负债合计	2 000	2 500
流动资产合计	7 100	8 050	负债合计	5 400	6 500
非流动资产：			所有者权益：		
长期股权投资	400	400	实收资本	12 000	12 000
固定资产	12 000	14 000	盈余公积	1 600	1 600
无形资产	500	550	未分配利润	1 000	2 900
非流动资产合计	12 900	14 950	所有者权益合计	14 600	16 500
资产总计	20 000	23 000	负债及所有者权益合计	20 000	23 000

表 8-6　利润表（简表）

20×× 年 × 月　　　　　　　　　　　　　　　　　（单位：万元）

项　目	本 期 金 额	上 期 金 额
一、营业收入	21 000	18 600
减：营业成本	12 200	10 700
税金及附加	1 200	1 080
销售费用	1 900	1 620
管理费用	1 000	800
财务费用	300	200
资产减值损失		
加：公允价值变动收益（损失以"－"号填列）		
投资收益（损失以"－"号填列）	300	300
其中：对联营企业和合营企业的投资收益		
二、营业利润（亏损以"－"号填列）	4 700	4 500
加：营业外收入	150	100
减：营业外支出	650	600
其中：非流动资产处置损失		
三、利润总额（亏损总额以"－"号填列）	4 200	4 000
减：所得税费用	1 680	1 600
四、净利润（净亏损以"－"号填列）	2 520	2 400
五、每股收益		
（一）基本每股收益		
（二）稀释每股收益		

四、案例分析题

1. 某公司要解决员工住房问题，需要 90m² 的房子。若购买，房价每平方米 4 000 元，装修还需 40 000 元，资金全部用借款解决，年利率为 5%。若租入同样面积的房子，月租金为 1 500 元。借款手续费和租赁中介费很少，可忽略不计，假定房价稳定。

要求：请做出是买房还是租房的决策。

2. 某工业企业欲购置一种设备，现有国产和进口两种设备可供选择。国产设备：投资需 80 万元，使用寿命为 10 年，每年可带来净利润 20 万元。进口设备：投资需 90 万元，使用寿命为 10 年，每年可带来净利润 25 万元。设备购入后立即可以投产使用，按平均年限法折旧，残值忽略不计。投资资金利率为 10%。

要求：分别用投资回收期法、投资报酬率法、净现值法选择最优方案。

第九章

企业管理中常用应用文写作

学习目标
- 掌握管理制度、商务信函和其他应用文书的写作方法。
- 懂得经济合同的内容要求、格式和写作方法。

第一节 管理制度的写作

一、写作方法

管理制度的篇章结构可繁可简，但无论繁简，大体上都由标题、发布或落款、正文三部分组成。

1. 标题

一般由制度的基本内容和文种组成，如"仓库管理（内容）制度（文种）"等。

2. 发布或落款

发布是在标题下注明制定或发布的单位、时间，或者在落款处写上亦可。

3. 正文

比较复杂的制度，也像条例、规定、办法那样，其正文可以按总则、分则、附则式去写，也可以按前言、主体、结语式去写。比较简单的制度，其正文可以采用前言加主体式，也可以只有实实在在的几条规定性文字。

二、例文赏析

例文一

借支、报销制度

1. 部门经费指标内借款（含现金和支票）：由经办人填写借款单，千元以下由主管经理审批，千元以上由总经理审批，连同经费本一同交财务科审核，办理借款手续。

差旅费借款：省内出差，由科室负责人签注出差地点、期限，由财务科依据差旅费标准审核，注销经费指标，办理借款手续。省外出差从严控制，一律由总经理审批。

2. 物资采购借款：根据库存周转和实际消耗需要，由物资主管科室负责人签注意见，由财务科根据财力审批。

3. 专项经费借支，由主办科室依据施工合同或购置计划，签注意见，由财务科审批。

4. 报销单据：内容必须填写齐全，审批手续完整。

5. 采购物品单据必须是盖有税务部门印章的正式发票并加盖出售单位公章。报销时，单据应有经办人、物资主管科室负责人签审，并附有"验收入库单"，才能报销。手续不齐全者，会计人员有权拒绝报销。

××有限责任公司

××××年×月×日制定

例文二

仓库管理制度

1. 保管人员要提高警惕，注意防火、防盗，严禁在仓库内吸烟、点火，下班后要及时熄灯，关门上锁。

2. 进库货物验收后，应根据分区、分类的规定，按照货物性能、数量、体积、包装情况，根据库房条件，按安全、节约、方便的原则进行堆码。

3. 定期检查干湿温度计并做记录。注意气候变化对货物的影响，及时采取有效措施。

4. 发现货物在进库或储存过程中有异常现象，应立即记载，并通知货主和有关部门及时处理。

5. 每批货物发放完毕后，如有损溢，应主动办理报销、报溢手续，听候上级处理，不得与其他货物冲抵。

6. 保管人员如因玩忽职守造成事故，要追究责任，并给予处分。

7. 本制度自公布之日起执行。

××公司

××××年×月×日

例文三

财产管理制度

1. 公司财产的范围

（1）公司财产包括固定资产和低值易耗品。

（2）凡公司购入或自制的机器设备、动力设备、运输设备、工具仪器、管理用具、房屋建筑物等，同时具备单项价值在2 000元以上和使用年限在1年以上的列为固定资产。

（3）凡单项价值在2 000元以下或价值在2 000元以上但耐用年限不足1年的用品、用具均属低值易耗品。

2. 公司财务部负责公司所有财产的会计核算

（1）公司本部使用的所有固定资产及公司所有办公用品、用具由办公室归口管理。

（2）公司各施工工地使用机器设备、动力设备、工具仪器等由工程部归口管理。

（3）办公室和工程部应指定专人负责公司财产的业务核算，应设立台账，登记公司财产的购入、使用及库存情况，负责组织公司财产的保管、维修并制定相应的措施、办法。

3. 财产的购置与调拨

（1）办公室根据公司发展需要编制财产采购计划及进行市场询价工作，经财务部会签，报公司主管领导批准后方可采购。

（2）财产购回后，应填写财产收入验收单。财产收入验收单一式两联，财务部凭财产收入验收单、发票及采购计划办理报销手续。财产归口管理部门凭验收单登记台账。

（3）各部门需领用固定资产时，应填写领用单，领用单需经部门经理同意，报办公室审批，公司主管领导批准。

（4）固定资产的领用单由使用部门开具，领用单一式三联。一联由领用部门存查，一联送财产归口管理部门作为财产发出凭据，一联由财产归口管理部门定期汇总后向财务部报账。

（5）财产在公司内部之间转移使用应办理移交手续，移交手续由财产归口管理部门办理，送财务部备案。

4. 财产的清查、盘点

（1）公司财产归口管理部门应定期进行财产清查盘点工作，年终必须进行一次全面的盘点清查。

（2）各部门的年终财产盘点必须有财务人员参加。

（3）财产盘点清查后发现盘盈、盘亏和毁损的，均应填报损溢报告表，书面说明损溢原因。对因个人失职造成财产损失的，必须追究主管人员和经办人员的责任。

（4）凡已达到自然报废条件的固定资产，财产归口管理部门应会同财务部组织评估，评估情况上报公司主管领导，由公司主管领导决定处理意见。

（5）凡尚未达到自然报废条件，但已不能正常使用的固定资产，使用部门应查明原因，如实上报；属个人责任事故的应由有关责任人员负责赔偿损失；属自然灾害或其他不可抗力原因造成损失的，应上报总经理，决定处理意见。

××有限责任公司
××××年×月×日制定

第二节　经济合同的写作

一、写作方法

经济合同是由发生经济关系的双方（法人之间，以及法人与自然人之间），为了实现某一经济目的，按照有关法律的规定，经过彼此双方的协商，在平等自愿、等价互利的基础上，为了确立相互之间的经济权利和义务而签订的共同遵守的协议文书。

在一般情况下，经济合同应包括以下几项基本内容：

1. 标的

经济合同的标的是签订双方权利和义务所指的对象，是经济活动所要达到的目的。实物、货币、工程、劳务或脑力劳动的成果都可称为标的。由于经济合同都是以一定的经济关系即物质利益关系为内容的，因此，不论哪一种合同都必须有标的，而且表述一定要明确。否则，合同就无法执行。

2. 标的数量与质量

这是经济合同签订双方所制定的数量与质量要求，数量和计量单位应该明确，质量标准应该清楚。对标的质量的技术要求一般应包括产品质量等级、表面质量和内在质量、各种性能耗能指标、工艺要求等。不然，发生纠纷后，其责任就难以判定了。

3. 标的代价及其劳务费

这是取得对方产品、接受对方劳务所支付的代价，一般是以货币形式来表示。结算方式、结算银行、账号也必须在合同中写明。

4. 履行的期限和地点

经济合同必须明确写明履行合同的期限、地点和方式。这里所说的期限，包括合同的签订时间、有效时间和履行时间。签订时间是指签约时间，有效时间是指合同具有法律效力的期限，履行时间是指完成合同各项任务的期限。经济合同的期限和地点越具体，越有利于双方当事人遵守。所说的地点是指双方共同指定的交货场所。方式是指交货、付款的程序和形式。

5. 有关违约责任的规定

这是对不按经济合同规定履行义务的制裁措施，即不履行合同应付的违约金和应负的损失赔偿责任，以及发生意外事故的处理。它对维护经济合同的法律严肃性和合同各方合法权益均有重要意义。

经济合同的写作格式是起草合同文书应该遵循的书面原则。它一般有标题、双方单位名称、正文和结尾四个部分。

1. 标题

标题一般只写明经济合同的性质，如"购销合同""订货合同""加工合同"，有的合同还冠以某市或某单位名称，如"××市建筑安装工程承包合同""××厂汽轮发电机组产品购销合同"等。标题右下方写明合同的编号。

2. 双方单位名称

双方单位名称即写明签订合同的双方单位名称，并注明甲方（即销货方）、乙方（即购货方），或者注明"需方""供方"，或写"买方""卖方"。

3. 正文

正文是经济合同的核心部分，是经济合同的条款内容。它由立约开头语、立约款项、附则、附件四部分组成。

（1）立约开头语写在双方单位的下方，一般注明××××（简称需方）向××××（简称供方）订购××××，经双方协商，签订本合同等用语。

（2）立约款项位于立约开头语的下方。立约款项要将双方议定的条款方案分项写明，包括双方需要完成的任务、需要承担的责任、怎样去完成、完成到什么程序、何时完成等。

（3）附则位于立约款项之后，包括合同的有效期限、合同的份数，以及补充办法等。

（4）附件位于附则的左下方。合同若有附件，则需写上附件的名称。

4. 结尾

结尾写明合同使用的文字及其效力，双方或多方当事人签名盖章及地址、电话、账号等，最后写上签订的日期。

以上主要是条款式经济合同的写作格式。至于表格式经济合同，只要将协商同意的内容逐项填入印制好的表格即可。

二、例文赏析

例文（条款式经济合同）

租 赁 合 同

出租人：____王××____　　　　合同编号：____H2024-3____

承租人：____黄河商贸有限公司____　　签订地点：____西安市劳动路____

签订时间：2024 年 11 月 5 日

根据《中华人民共和国合同法》及有关规定，为明确出租人与承租人的权利义务关系，经双方协商一致，签订本合同。

第一条，租赁物为 150 平方米房屋，作为黄河商贸有限公司办公用房。

第二条，租赁期限共 2 年，出租人从 2024 年 11 月 10 日起将 房屋 交付承租人使用，至 2026 年 11 月 10 日收回。

第三条，租金每月 3 000 元，按月支付。

第四条，租赁期间房屋的水电维修由承租人负责，其他房屋质量问题由出租人负责。

第五条，出租人与承租人的变更。

（1）在租赁期间，出租人如将出租财产所有权转移给第三方，不必征求承租人同意，但应告知承租人所有权转移情况。所有权转移后，出租财产所有权取得方即成为本合同的当然出租人，享有原出租人享有的权利，承担原出租人承担的义务。

（2）承租人如因工作需要，将租用财产转让给第三方承租使用，必须事先征得出租人的同意。

第六条，出租人不能按时交付房屋时，每延迟一天需支付给承租人违约金 100 元。承租人不按时支付租金时，每延期一天需支付给出租人违约金 50 元；若连续 3 个月不支付租金，出租人有权收回房屋，解除合同。

第七条，因履行本合同发生的争议，由当事人协商解决，协商不成的，提交西安市仲裁委员会仲裁。

第八条，……

第九条，本合同在规定的租赁期届满前 30 日内，双方如愿意延长租赁期，应重新签订合同。

本合同未尽事宜，一律按《中华人民共和国合同法》的有关规定，经合同双方协商，做出补充规定，补充规定与本合同有同等效力。

本合同一式 2 份，合同双方各执 1 份；合同副本 1 份，送物业管理单位备案。

出租人（章）＿＿王××＿＿	承租人（章）＿黄河商贸有限公司＿
单位地址＿劳动南路明园小区＿	单位地址＿＿西安市劳动路＿＿
法定代表人＿＿王××＿＿	法定代表人＿＿张××＿＿
委托代理人＿＿×××＿＿	委托代理人＿＿×××＿＿
电　话＿＿×××＿＿	电　话＿＿×××＿＿
开户银行＿＿×××＿＿	开户银行＿＿×××＿＿
账　号＿＿×××＿＿	账　号＿＿×××＿＿
邮政编码＿＿××××××＿	邮政编码＿＿××××××＿

第三节　商务信函的写作

一、写作方法

商务信函就是企业之间、企业同其他单位或个人之间进行商务活动、联系业务、洽谈生意、磋商问题的信件。商务信函是一种公函，它用于平级企业或不相属单位之间洽谈生意，目的是达成交易。

1. 商务信函的特点

商务信函的特点是：使用范围较广泛，内容结构具有单一性，不具有法规的约束力，语言简明、语气谦和。

2. 商务信函的体式构成

商务信函的体式结构包括标题（事由）、行文对象、正文及落款四个部分。

（1）标题即信函的名称。

（2）行文对象是指商务信函的受文者。必须写清楚受文单位或主要负责人的名称，且置于标题之下的第一行左边，顶格写，并加上冒号。

（3）正文是商务信函的主体部分，由开头语、主体、结尾组成。

1）开头语是商务信函正文的起始部分，有三种写法：

①直截了当地说明发函的主旨和意图。

②做自我介绍，让对方了解本企业的业务范围及特点。

③写明商谈的问题。

2）主体用来阐明发函者的意见，并提出解决问题的办法。必须实事求是地说明情况，要观点正确、论据确凿、论证合乎逻辑，以使对方信服和接受。

3）信函的结尾一般都比较简单，往往只用一两句话来表示希望或要求。

（4）落款包括发函单位的名称、主要负责人的签名以及发函日期。

3. 商务信函的写作要求

商务信函的写作要求是：开门见山，观点明确；以诚相商，态度友好；用词准确，语言庄重。

二、例文赏析

例文一

关于召开股东会议的通知

鉴于陕西××科技发展有限公司（以下简称××公司）目前经营管理状况，现公司有关股东要求召开紧急股东会议，就该公司目前的经营现状及日后的发展规划等相关的重大问题进行商讨。事关重大，敬请××公司各位股东及相关人员届时务必准时出席，或于接到本通知两日内做出书面回复，否则视其拒绝参加此次公司股东会议，其他股东有权做出相关决议。

会议议题：

1. 协商××公司股东陕西××投资置业发展有限公司于3月26日致×××女士"关于《合作协议》的有关问题的函"。
2. 总结××公司一年来的经营状况。
3. 做出××公司的发展规划。

会议地点：西安市×路×号801室

西安××科技发展有限公司会议室

会议时间：××××年×月×日下午2:00

特此函达。

××科技发展有限公司董事会
××××年×月×日

例文二

询 价 函

××公司光源事业部：

我公司对贵公司生产的光源产品有浓厚的兴趣，需订购××节能灯管。品质：一级。规格：每箱25支。望尽快就下列条件报价：

1. 单价。
2. 交货期限。
3. 结算方式。
4. 质量保证方式。

如贵方报价合理，且能给予优惠，我公司将考虑大量进货。

××发展有限公司
××××年×月×日

例文三

报 价 函

××发展有限公司：

贵方××××年×月×日第23号询价函收悉。兹按贵方需求报价如下：

商品：××节能灯管。

规格：一级。

单价：每支××元。

包装：标准硬质纸箱，每箱25支。

结算方式：商业汇票。

交货方式：送货上门。

送货日期：收到订单3日内。

我方所报价格很有吸引力，如果贵方订货量在300箱以上，可按照94%的折扣价计算。如符合贵方要求，敬请早日订货。

恭盼佳音。

××公司光源事业部
××××年×月×日

例文四

订 购 函

××公司光源事业部：

贵公司×月×日的报价单获悉，谢谢。贵方报价较合理，特订购下列货物：××节能灯管60箱，单价250元/箱，总价15 000元。

交货日期：××××年×月底之前。

交货地点：××市××仓储部。

结算方式：转账支票。

请准时发货，我方收到贵方货物，将立即开具转账支票。

请即予办理为盼。

××发展有限公司
××××年×月×日

例文五

催 款 函

××发展有限公司：

贵方于××××年×月×日订购××节能灯管60箱，货款金额合计1.5万元，发票号为××××××。贵方业务繁忙，疏忽大意在所难免，故致函提醒，敬请及时结算。我公司账号××××××，逾期将按照合同约定加收2‰的罚金。如有特殊情况，请与我公司财务科××联系，电话：××××××××，邮编：××××××，地址：××××××××。

谢谢。

××公司光源事业部
××××年×月×日

例文六

索 赔 函

××公司光源事业部：

　　根据××省××市质量检验报告，贵方销售的××产品中有一部分产品明显不符合国家相关标准，其质量指标明显低于贵方所提供的样品。因此，特向贵方提出不符合质量的产品按降低原成交价格36%处理。

　　特此函达。

　　附：××省××市质量检验报告一份。

××发展有限公司
××××年×月×日

例文七

协 商 函

×××公司：

　　××××年×月×日，贵方和本公司签订合同，由本公司承担贵方的房屋装修，工程总金额为¥90 522元。现工程已完工，但贵方仅支付了73.3%的工程款，即¥66 357元，余额¥24 165元尚未付清。虽然工程发生不如意的情况，但我方在××××年×月份已将工程完工交付使用至今。至于贵方提出的装修质量问题，我公司有两个处理方案可供您选择：

　　一、免费将工程所发生的质量问题进行维修及更换。

　　二、将工程有质量问题的施工项目给予一定的折扣补偿。

　　本着友好合作、协商解决问题的原则，以上的处理方案请贵方尽快决定及洽谈处理细节，或对以上处理有任何意见，请尽快与我方联系，协调解决。多谢合作！

陕西××装饰工程有限公司
联系人：×××
电　话：××××××××
××××年×月×日

例文八

对 账 函

××有限公司财务部：

　　承蒙贵公司在业务上对我公司多年的支持与厚爱，在此谨致以真诚的谢意！

　　截至目前，我公司账面显示贵公司应付未付我公司款项为200 000元人民币（贰拾万元整），现将相关资料和具体明细对账提供如下，以方便贵公司稽核。

付款明细

客户：××有限公司

截止时间：2024年4月30日

合同总金额：1 000 000元

序　号	付款时间	付款金额（单位：元）
1	2023年1月1日	500 000.00
2	2024年1月1日	300 000.00
合计付款		800 000.00
剩余应付账款		200 000.00

附件资料：产品订货合同。

合同价款：1 000 000元。

使用单位：云南××项目部。

贵公司项目负责人：张三。

敬请贵公司在对上述资料核实后，于2024年5月15日前回复我公司。

宏达商贸有限公司
（公章或财务章）
2024年5月1日

第四节　其他应用文书写作

一、委托书的写作

1. 写作方法

委托书也称授权委托书，是单位或个人委托他人以自己的名义进行诉讼或实施民事、经济行为而制作的证明性文书，它是确定代理关系的法律依据。

委托书通常由标题、首部、主部和尾部四部分组成。

（1）标题亦即名称，写"授权委托书"或"委托书"。

（2）首部写委托人和受委托人的自然状况，包括姓名、性别、年龄、民族、籍贯、职业、工作单位、住址。委托人是企业的，要写明企业名称（全称）和法定代表人姓名、职务。

（3）主部写委托的基本内容。诉讼委托书，基本内容一般包括三项：委托代理诉讼的案件名称，写明委托人和被委托人双方自愿或同意的字样，写明委托的事项和权限。其他民事、经济活动委托书，写明委托的事项和权限即可。

（4）尾部写委托人名称或姓名及签章、委托时间。

2. 例文赏析

例文一

授权委托书

委托单位：××实业有限公司。

法定代表人：高××，公司董事长兼总经理。

受委托人：张××，××市律师事务所律师。

现委托受委托人在我单位与××区建筑工程公司第一工程队工程承包合同纠纷一案中，作为我方的诉讼代理人。

代理人张××的代理权限为：处理此纠纷案的全权代表。

委托单位：××实业有限公司（盖章）
法定代表人：高××（盖章）
20××年×月×日

例文二

委 托 书

委 托 人：　　　　　　身份证号：

受委托人：　　　　　　身份证号：

本人因_____不能亲自办理_____业务，特委托_____作为我的合法代理人，全权代表我办理相关事项。对受委托人在办理上述事项过程所签署的有关材料，我均予以认可，并承担相关的法律责任。

委托时限：自　　年　　月　　日至　　年　　月　　日

委托人亲笔签名：　　　　　　委托人电话：

受委托人亲笔签名：　　　　　　受委托人电话：

年　　月　　日

二、聘书的写作

1. 写作方法

聘书是企业聘请外单位的专家、教授、工程师、技术人员、退休工人等来本企业工作时所使用的文书。

聘书一般由标题、正文、结尾、署名和日期五个部分组成。

（1）标题。一般印刷好的聘书，在封面上印上"聘书"二字，字号要求较大，制作美观、大方，有的套红、烫金。书写的聘书在用纸的第一行中间书写"聘书"或"聘请书"字样。

（2）正文。第一行顶格写，写被聘请人姓名、称呼，如"××先生""××同志"等。也可第一行空两格写"兹聘请×××先生"，接着写聘请他担任什么职务或做什么工作，期限多久，待遇多少等。

（3）结尾。有的结尾另起一行，写"此聘"，也有的不写。
（4）署名。一般在正文后边，另起一行，偏右，署上聘请单位名称，并盖上公章。
（5）日期。紧接聘请单位名称后，另起一行写上年、月、日。

2．例文赏析

例文一

聘 书

×××先生：

  我厂为增加产品品种，提高设计质量，特聘请你为总设计师，聘期暂定2年，月薪暂定8 000元，奖金按效益情况发放。

  此聘。

××制衣有限公司

××××年×月×日

例文二

聘 书

  兹聘请×××为我公司法律顾问，聘期1年，月薪5 500元。

××有限公司

××××年×月×日

三、条据的写作

（一）借条

1．写作方法

当因工作需要从财务部门预借款或从单位暂借实物时，就需要写借条。借条的格式包括：

（1）标题。居中写"借条"或"借据"。

（2）正文。写明因什么理由借款多少元或实物几件。金额或数量要大写并不得涂改，以防被别人改动。

（3）落款。写借款（物）人的姓名和填写日期。

如使用购入的表格式借款单，只要按要求填写即可。

2．例文赏析

例文一

借 条

  因去北京出差预借差旅费贰仟元整。

借款人：张××

××××年×月×日

例文二

借　条

因工作需要，借用××公司笔记本电脑壹台。

借物人：李××
××××年×月×日

（二）欠条

1．写作方法

当出现应付而未付的款项或应交付而未交付实物的情况时，需要写欠条。欠条的格式与借条类似，包括：

（1）标题。居中写"欠条"。

（2）正文。写明因什么原因欠哪个单位或部门款多少元或实物几件。金额或数量要大写并不得涂改，以防被别人改动。

（3）落款。写欠款（物）人姓名和填写日期。

2．例文赏析

例文一

欠　条

因购买××暂欠××商店货款壹佰伍拾元整。

欠款人：王××
××××年×月×日

例文二

欠　条

因交货数量不足暂欠××公司电机壹台。

交货人：刘××
××××年×月×日

（三）收据

1．写作方法

在商品交易中，收到供货方的商品时，需要给交货人写收据以证明货已收到。收据的格式包括：

（1）标题。居中写"收据"。

（2）正文。写明收到哪个单位商品数量多少。数量要大写并不得涂改，以防被别人改动。

（3）落款。写收物人的姓名和填写日期。

收到现金时，应填写印制的正式收款收据，若无印制的正式收款收据，也可参照上面的格式书写。

2．例文赏析

例文一

收　据

今收到××公司笔记本电脑伍拾台。

收货人：王××
××××年×月×日

例文二

收　据

今收到张××现金伍佰元。

收款人：郑××
××××年×月×日

本章小结

管理制度、商务信函、经济合同和其他应用文书，是企业管理中常用的应用文书。

管理制度的内容包括标题、发布或落款、正文。落款是指发布制度单位的名称和发布时间，也可以写在标题下面。

经济合同的结构由标题、双方单位名称、正文、结尾四部分组成。正文的主要内容有合同标的、数量与质量、价款、履行期限和地点、违约责任等，结尾的内容为双方及相关方当事人签名盖章和地址、电话、账号、日期等。

商务信函的格式包括标题、行文对象、正文、落款。正文是信函的主体部分，应写明商谈的问题和意见，落款为发函单位的名称和发函日期等。

其他应用文书包括委托书、聘书和条据，基本结构均由标题、正文、落款组成。正文部分为：委托事项，被聘请人和职务工作，借、欠、收的内容等。落款部分为：委托人的名称，聘请单位名称，借、欠、收当事人名称，日期等。

一、选择题

1．管理制度的构成包括（　　　）。

　　A．标题　　　　　　　　　　　　　B．正文
　　C．制定单位名称　　　　　　　　　D．制定或发布日期

2．经济合同的格式由（　　　）组成。
　　A．标题　　　　　　B．双方单位名称　　　C．正文　　　　　　D．结尾
3．经济合同的正文由（　　　）组成。
　　A．立约开头语　　　B．立约款项　　　　　C．附则　　　　　　D．附件
4．经济合同结尾的内容包括（　　　）。
　　A．双方单位名称及盖章　　　　　　　　　B．法定代表人或委托人签名
　　C．签订日期　　　　　　　　　　　　　　D．双方地址、电话、银行账号等
5．商务信函的格式由（　　　）构成。
　　A．标题　　　　　　　　　　　　　　　　B．行文对象
　　C．正文　　　　　　　　　　　　　　　　D．发函单位名称和日期
6．委托书由（　　　）构成。
　　A．标题　　　　　　　　　　　　　　　　B．委托人和受托人的名称和身份信息
　　C．委托事项　　　　　　　　　　　　　　D．委托人的名称、签名或盖章、日期
7．聘书一般由（　　　）组成。
　　A．标题　　　　　　　　　　　　　　　　B．正文
　　C．结尾　　　　　　　　　　　　　　　　D．聘请单位名称和日期
8．条据的结构由（　　　）组成。
　　A．标题　　　　　　B．正文　　　　　　　C．立据人姓名　　　D．日期

二、简答题
经济合同的基本内容有哪些？

三、写作题
1．写一份班级管理制度。
2．根据以下资料制作一份租赁合同。
永兴机械有限公司向长城机电设备有限公司租入一台数控机床，租期一年，议定租金每月2 000元，每月月后5日内支付。日常维护保养由承租方负责，重大故障修理由出租方负责。在工作过程中，承租方若不能对设备重大故障进行排除，应及时通知出租方进行维修，设备因重大故障造成每月停工三天以上的部分应扣除相应天数的租金。租赁期满，承租方将设备完好交给出租方，若承租方继续使用，应在本合同期满前10日内重新签订续租合同。如果因承租方原因造成设备的损坏、丢失，应向出租方赔偿。承租方不得以租赁设备进行转租或抵押，否则由此造成的损失由承租方承担赔偿责任。若承租方未按合同规定期限支付租金或超期使用，出租方有权终止合同调回所租设备，每超一天承租方应向出租方正常交纳租金并加付月租金的5%作为违约金。合同签订之日起10日内交付数控机床。出租方不能按时交付机床时，每超一天应付给承租方月租金5%的违约金。
有关本合同的一切争议，双方应协商解决，协商不成，应提交××市仲裁委员会进行仲裁裁决。未尽事宜，双方另行协商解决。合同一式二份，双方各执一份，双方签字盖章后生效。
永兴机械有限公司：地址××市人民路，委托代理人李××，电话××××××××，开户银行工商银行人民路支行，账号××××。
长城机电设备有限公司：地址××市东风路，委托代理人王××，电话

××××××××，开户银行工商银行东风路分理处，账号××××。

3．根据下列案例，写作相应的商务信函。

案例一（询价、报价、订购、协商函）

甲公司向乙公司发函询问镀锌 8 号线的价格及交货期限、结算方式、质量保证方式等事项，并表示若报价合理，则购买 200t。

乙公司复函如下内容：价格，0.43 万元 /t；付款方式，银行汇款；付款期限，合同签订后一周内汇到乙方账号，如逾期货款未到，将不保证发货日期，此期间若市场价格上调，其价格将另行商定；交货方式及时间，乙方在货款收到后 10 日内送货上门，逾期送货，每天处以货款 1% 的违约金。甲方收到此函后，发函表示愿订购。

后甲乙两公司于 2024 年 8 月 6 日签订了合同，甲方于 8 月 12 日通过银行向乙方汇款 86 万元，货款 14 日到达乙方账号。因此货紧俏，其间市场价格每吨上调了 150 元，乙方没有发货，向甲方发函协商涨价，甲方发函坚持按原价要求乙方尽快发货，或退还全部货款及索要逾期发货的违约金，乙方再次发函要求当面协商解决。

案例二（催款函）

按照 D2024-12 号合同约定，大明科技有限公司应于 2024 年 10 月 15 日前支付海飞商贸有限公司电机产品货款 150 000 元，逾期每日支付违约金 0.5%，款项至今尚未收到。2024 年 10 月 31 日海飞商贸有限公司发函催款。

案例三（索赔函）

2024 年 7 月 16 日，红光机电设备有限公司（简称红光公司）委托畅通货运有限责任公司（简称畅通公司）将回流焊设备一台通过公路运输至深圳，交付给收货人刘某。在深圳，收货人验收时发现设备已经破损而拒绝接收。设备于 2024 年 7 月 30 日退回红光公司，经红光、畅通公司双方查验，是由于畅通公司运输、装卸不当，造成设备和包装破损。

此次事件，不但使红光公司设备损坏，遭受二次紧急调运设备的运费损失，而且使红光公司对客户逾期交货，信誉受损并要承担逾期交货的违约责任。2024 年 8 月 10 日，红光公司向畅通公司郑重要求立即赔偿以下设备修理费用和运输费损失：

上罩：两合页部分螺丝穿孔，严重掉漆 1 300 元。

温室：合页部分及四个边角破裂 1 900 元。

横梁：中间部分压损 800 元。

电机上罩：50 元。

包装箱：450 元。

修理设备运输费：400 元。

设备修理人工费：1 200 元。

费用合计：6 100 元。

4．写出下列事项的条据。

（1）何明因急需用钱预借本公司工资 500 元。

（2）张明因经济困难暂欠本校学费 1 000 元。

（3）李华收到广发商店送来的复印纸 10 包。

参 考 文 献

[1] 马翔，魏国平．企业管理基础 [M]．北京：高等教育出版社，2023．
[2] 陈建萍，杨勇．企业管理学：理论、案例与实训 [M]．4 版．北京：中国人民大学出版社，2023．
[3] 赖文燕，蔡影妮．现代企业管理 [M]．2 版．南京：南京大学出版社，2023．